Das politische System der Bundesrepublik Deutschland

Nationale Politik im Zeichen der Europäisierung

Kolleg Politik und Wirtschaft

Unterrichtswerk für die Oberstufe

Bearbeitet von:
Erik Müller
Martina Tschirner
Friedrich Wölfl
Andreas Wolfrum

C.C. Buchners Verlag · Bamberg

BILDNACHWEIS

Marco Bülow, Dortmund – S. 150; Bundesinstitut für Bevölkerungsforschung (BIB), Wiesbaden – S. 163; dfd Deutscher Fotodienst GmbH, Hamburg – S. 101; dpa Picture-Alliance, Frankfurt – S. 5 (4), 17, 19 (2), 23, 25, 41, 45, 53, 56 (4), 71, 73 (4), 90, 104, 118 (2), 125, 127, 138, 166, 172, 181, 186, 194, 197; dpa-Infografik, Hamburg – S. 59, 112; Globus Infografik, Hamburg – S. 49, 64, 95, 111, 112, 165, 167, 176; Haitzinger / CCC,www.c5.net – S. 36, 147; iStockphoto / TommL – Einband; König, Manuel – S. 103; Mester / CCC,www.c5.net – S. 135, 191; Murschetz / CCC,www.c5.net – S. 81; Pepsch / CCC, www.c5.net – S. 185, 186; Presse- und Informationsamt der Bundesregierung / Bundesbildstelle, Berlin – S. 127 (4); Erich Schmidt Verlag, Berlin – S. 31, 129, 136, 176; SPD-Bundesgeschäftsstelle, Berlin – S. 166; Ströbele, Hans-Christian, Berlin – S. 152; Stuttmann / CCC,www.c5.net – S. 119, 156, 177; Ullstein-Bild, Berlin – S. 16, 166; Thomas Willemsen, Stadtlohn – S. 161; TNS Infratest Holding GmbH & Co KG, München – S. 7; Universität Duisburg-Essen, Institut für Politikwissenschaft, Essen – S. 96; Wildner + Designer, Fürth – S. 85; www.dadalos.org – S. 17; www.Punch.co.uk – S. 50

Kolleg Politik und Wirtschaft

Das politische System der Bundesrepublik Deutschland
Nationale Politik im Zeichen der Europäisierung

Bearbeitet von Erik Müller (Kapitel 7 und 8), Martina Tschirner (Kapitel 3 und 9), Friedrich Wölfl (Kapitel 1.1, 4, 5 und 6), Andreas Wolfrum (Kapitel 1.2 und 2)

1. Auflage 5 4 3 2013 2012 2011
Die letzte Zahl bedeutet das Jahr des Druckes.
Alle Drucke dieser Auflage sind, weil untereinander unverändert, nebeneinander benutzbar.
Dieses Werk folgt der reformierten Rechtschreibung und Zeichensetzung.

www.ccbuchner.de

Grafische Gestaltung und Herstellung: Wildner+Designer GmbH, Fürth · www.wildner-designer.de
Druck- und Bindearbeiten: creo Druck & Medienservice GmbH, Bamberg
Umschlagfoto: Reichstag in Berlin bei Sonnenuntergang
(TommL / iStockphoto)

ISBN 978 3 7661 **6843** 6

INHALT

ZUR BENUTZUNG DER LEHR- UND ARBEITSBÜCHER

Die Reihe **Kolleg Politik und Wirtschaft** ist für den Unterricht in der gymnasialen Oberstufe konzipiert. Ziel der Bände ist es, den Schülerinnen und Schülern Anregungen zur selbstständigen Arbeit zu geben und den Unterrichtenden Hilfen für einen strukturierten, methoden- und handlungsorientierten Unterricht anzubieten.

Zum Aufbau der Kapitel

Einführung	Zu Beginn jedes Kapitels werden in einer kurzen didaktischen Begründung die zentralen Fragestellungen und die Anordnung der Unterkapitel vorgestellt.
Tipps & Links	In den Abschnitten *Lernen vor Ort* sowie *Referieren und Präsentieren* werden Projekte und Themen vorgeschlagen, die die Schülerinnen und Schüler eigenverantwortlich im Rahmen der Unterrichtssequenz erarbeiten können. Unter den Stichworten *Weiterlesen* und *Recherchieren* finden sich Lektürehinweise und ausgewählte Internetadressen, die zur vertiefenden Beschäftigung anregen sollen.
Materialien	Der Materialienteil bietet repräsentatives und altersgerechtes Text- und Bildmaterial, das Interesse an politischen, wirtschaftlichen und soziologischen Themen wecken soll. In herausgehobenen *Info-Kästen* werden zentrale Begriffe oder wichtige Zusatzinformationen gut verständlich erklärt, um eine exakte fachwissenschaftliche Verwendung zu erleichtern. Gezielt werden auch aktuelle *Kontroversen* dargestellt, die die Urteilsfähigkeit der Schülerinnen und Schüler herausfordern. Die Fülle der Materialien stellt ein Angebot dar, eigene Schwerpunkte zu setzen. Sie ermöglicht ein quellenorientiertes Lernen, leitet Schülerinnen und Schüler zu selbstständigem Arbeiten an und fördert damit Fach- und Methodenkompetenz.
Aufgaben	Nach jeder abgeschlossenen Themeneinheit finden sich Aufgaben, die nicht die Inhalte einzelner Texte/Materialien abfragen, sondern gezielt auf die Probleme und Zusammenhänge der vorausgegangenen Lernsequenz eingehen.
Methoden	Auf diesen Seiten werden politische, wirtschaftliche und soziologische Forschungsmethoden und Arbeitsweisen eingeführt. An geeigneten Inhalten werden die Methoden exemplarisch dargestellt. Die Erläuterungen können und sollen aber auch unabhängig davon an anderer Stelle herangezogen werden.
Zusammenfassungen	Sie schließen die einzelnen Kapitel ab und ermöglichen eine gezielte Wiederholung und Überprüfung des Grundwissens. Die *Gliederung* am Textrand ermöglicht eine schnelle inhaltliche Orientierung, auf das notwendige vorausgehende *Basismaterial* wird in der Randspalte konkret verwiesen.

Das **Register** ist ein wichtiges Hilfsmittel für die Arbeit mit dem Buch. Es dient dem Auffinden zentraler **Begriffe** und ermöglicht **Querverbindungen** innerhalb der einzelnen Themengebiete. Zentrale Fundstellen (Basisartikel, Info-Kästen) der Begriffe sind daher fett gedruckt.

Demokratie lebt vom Mitmachen

1

Der Schriftsteller Max Frisch fasste es knapp, aber treffend zusammen: „Demokratie heißt, sich in die eigenen Angelegenheiten einmischen."

Eine Demokratie ohne Bürger wird es nicht geben können. Eine starke Demokratie setzt auf den Bürger und setzt sein aktives Mittun voraus. Und ihre Qualität hängt nicht zuletzt davon ab, in welcher Weise sich Einzelne um die gemeinsamen und ihre eigenen Belange kümmern.

Und wenn sie dies tun? Wie geht man dann mit der Vielzahl von Aktivitäten und Initiativen um? Wie kann man in einem Gemeinwesen die vielen Ansichten, Meinungen, Wertvorstellungen und Interessen zweckmäßig organisieren?

Kapitel 1.1 will auf die vielen Möglichkeiten des Mitmachens und ihre Notwendigkeit hinweisen, die rechtlichen Grundlagen dafür klären und grundsätzliche Wege aufzeigen, den Willen von vielen zur verbindlichen Regelung für alle zu machen.

Kapitel 1.2 stellt ausgewählte demokratietheoretische Konzeptionen vor und gibt einen Überblick, wie demokratische Systeme grundsätzlich organisiert sein können.

Tipps & Links

Lernen vor Ort

- In vielen Städten und Regionen sind Gruppen und Initiativen aktiv, die außerhalb des „normalen" Politikbetriebs, oft parteifrei oder -übergreifend, politische Entscheidungen beeinflussen oder herbeiführen wollen.

1. Erkunden Sie Ziele, Organisationsstruktur, Strategien, Instrumente und Adressaten einer Initiative in Ihrer Umgebung.
2. Stellen Sie Ihre Rechercheergebnisse dem Kurs vor, und moderieren Sie eine Diskussion zur Frage, ob Mittel und Vorgehen der Initiative Erfolg versprechend sind.
3. Entwickeln Sie gegebenenfalls ergänzende oder alternative Strategien.

Referieren und Präsentieren

- Online-Kampagnen: neue Themen, neue Formen für Bürgerbeteiligung?
- Das politische Engagement von Jugendlichen: Kontinuität und Wandel (zum Beispiel anhand der letzten Shell-Studien)
- „Bürgerhaushalt" - die Beteiligung von Bürgern an Planungen: Beispiele – Chancen – Grenzen

Weiterlesen

- Paul Ackermann, Bürgerhandbuch. Basisinformationen und 66 Tipps zum Tun, 3. Aufl., Schwalbach/Ts. 2004 (Wochenschau)
  Der Autor bietet vielfältige Informationen und praktische Tipps zur Beteiligung in verschiedenen politischen Handlungsfeldern.
- Stefan Frohloff, Gesicht zeigen! Handbuch für Zivilcourage, Bonn 2001 (Bundeszentrale für politische Bildung)
  Das Lexikon bietet eine Vielzahl von Möglichkeiten und Anregungen mit dem Ziel, Rassismus und Fremdenfeindlichkeit einzudämmen und als Einzelner oder in Gruppen aktiv zu werden.
- Informationen zur politischen Bildung Nr. 284, Demokratie, Bonn 3/2004 (Bundeszentrale für politische Bildung)
  Das Heft gibt einen kompakten Überblick über die Entwicklung der Demokratie bis zur Gegenwart. Dabei werden auch Probleme moderner Demokratien aufgezeigt.
- Peter Massing/Gotthard Breit (Hrsg.), Demokratie-Theorien. Von der Antike bis zur Gegenwart, 2. Auflage, Bonn 2003 (Bundeszentrale für politische Bildung)
  Anhand ausgewählter Textauszüge wird in die Demokratie-Theorien von der Antike bis zur Gegenwart eingeführt. Die Quellentexte werden von einzelnen Autoren erörtert und interpretiert.

Recherchieren

www.buergergesellschaft.de
Die Internetseite der Stiftung „Mitarbeit" fördert Bürgerbeteiligung, Engagement und Selbsthilfeaktivitäten.

www.mehr-demokratie.de
Der Verein Mehr Demokratie e.V. ist gemeinnützig und überparteilich. Er verfolgt das Ziel, dass die Bürger in Gemeinden und Ländern, im Bund und in der Europäischen Union in wichtigen Sachfragen selbst abstimmen können.

www.mitmischen.de
Das Jugendforum des Deutschen Bundestages will politisches Engagement fördern. Auf der Internetseite können Besucher mitreden, abstimmen und politisches Wissen erweitern.

1.1 Möglichkeiten politischer Beteiligung

Was sagen Jugendliche zu politischem Engagement? M 1

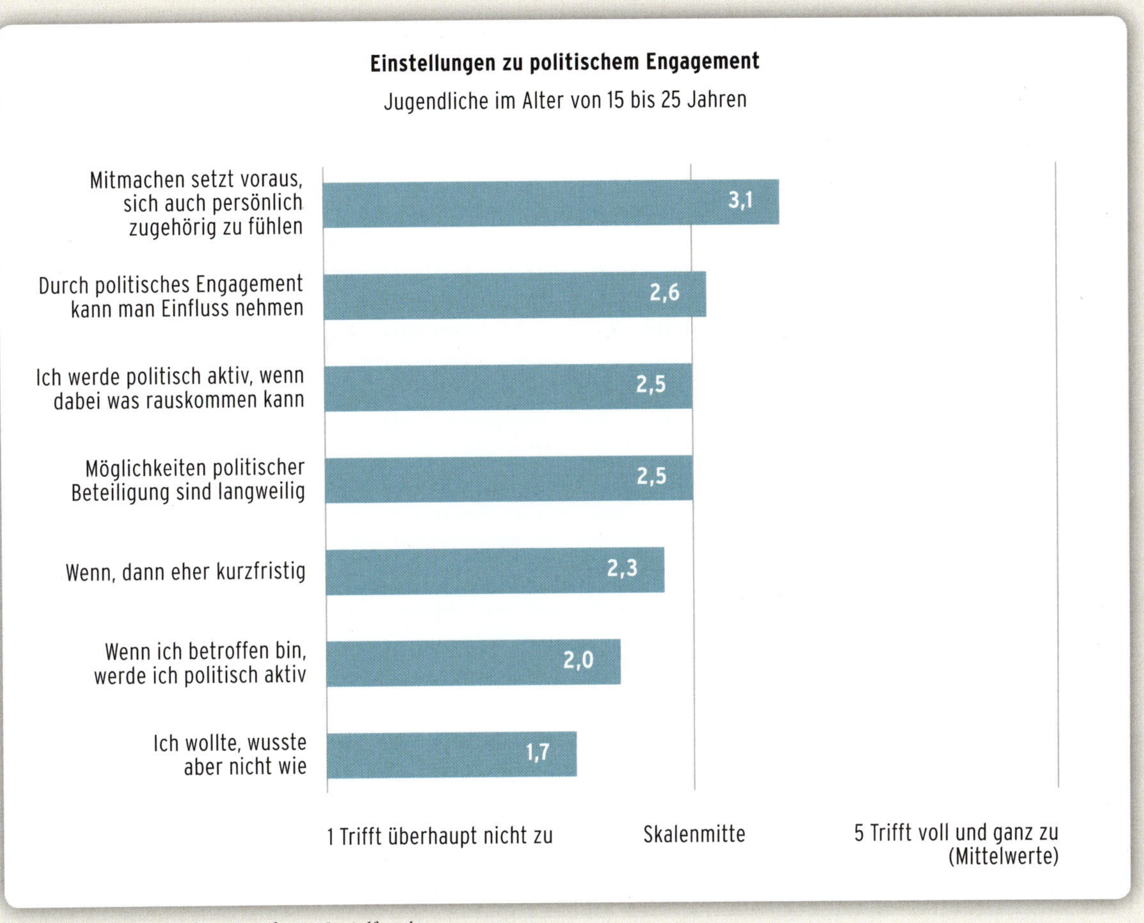

Shell Jugendstudie 2006 – TNS Infratest Sozialforschung

Die besondere Bedeutung politischen Engagements M 2

Das politische Handeln der Bürgerinnen und Bürger ist praktizierte Volkssouveränität (Art. 20 Abs. 2 GG). Auch wenn es keine Untergrenze für das nötige Ausmaß politischen Engagements gibt, wäre der Rückzug eines Großteils des Staatsvolkes aus der politischen Beteiligung für jede Demokratie bedrohlich. Politisches Engagement ist in Demokratien zwar grundsätzlich eine freiwillige Angelegenheit, aber es gilt auch als Gradmesser für eine „starke Demokratie". Je nach Handlungsfeld und demokratietheoretischer Perspektive wird politisches Engagement verstanden

- als Ausdruck und Lernort von demokratischen Fähigkeiten (Bereitschaft zum Zuhören, Einfühlungsvermögen, Offenheit, Achtung anderer Überzeugungen und Lebensweisen, aber auch die Vorbereitung von und die Mitwirkung an Beschlüssen etc.) und Bürgertugenden, wie zum Beispiel Gemeinsinn und Solidarität,
- als Beitrag zur Unterstützung politischer Institutionen und als Ausdruck des Vertrauens in Institutionen,
- als Garant für die demokratische Qualität von politischen Diskussions- und Entscheidungsprozessen oder
- als Übernahme öffentlicher Aufgaben (etwa durch Schöffen, Wahlhelfer etc.).

Deutscher Bundestag, 14. Wahlperiode, Drucksache 14/8900, 3.6.2002

M 3 Pluralismus bedarf der Regelung durch das politische System

Im Pluralismus konkurrieren eine Vielzahl verschiedener gesellschaftlicher Gruppen und Organisationen mit- und gegeneinander um gesellschaftliche, wirtschaftliche und politische Macht. Sie versuchen, ihren Einfluss in den politischen Prozess einzubringen und auf die staatliche Gewalt durchzusetzen. Verschiedene intermediäre Gruppen – zum Beispiel Parteien, Gewerkschaften, Arbeitgeberverbände, karitative Organisationen, Kirchen, wissenschaftliche Vereinigungen, Bürgerinitiativen und andere mehr – verfolgen selbstständig und autonom ihre Ziele innerhalb des politischen Systems, wobei sie theoretisch gleichberechtigt sind. [...] Da diese intermediären Gruppen notwendigerweise miteinander in Konflikt geraten und es zu keinem Chaos in der Gesellschaft oder gar zur Anarchie kommen soll, bedarf es einer Regelung potentieller Konflikte durch das politische System. Es stellt in Form des freiheitlichen Rechtsstaats den Ordnungsrahmen und die Regeln für den Konfliktaustrag zur Verfügung. Das politische System ist somit für den friedlichen Konfliktaustrag zwischen den Gruppen verantwortlich. Voraussetzung für das Funktionieren des Pluralismus ist die Akzeptanz eines Ordnungskonzepts durch alle Teilnehmer, das sich auf die Grundregeln (Prinzipien) und auf die Institutionen des politischen Systems bezieht, in diesem Fall auf die Akzeptanz des Grundgesetzes. [...] Kritiker des Pluralismus bemängeln, dass der etablierte Pluralismus ein relativ fest gefügtes Machtsystem darstellt, nur die Interessen von großen beziehungsweise starken sozialen Gruppen durchgesetzt werden, dass innerhalb der Verbände der Pluralismus kaum praktiziert wird, dass allgemeine Interessen, wie zum Beispiel eine saubere Umwelt, relativ unberücksichtigt bleiben und durch übersteigerte Gruppeninteressen das gesamtgesellschaftliche Interesse vernachlässigt wird.

Uwe Andersen/Wichard Woyke (Hrsg.), Handwörterbuch des politischen Systems der Bundesrepublik Deutschland, 5., aktualisierte Auflage, Bonn 2003, S. 430

Aufgaben

1. Beschreiben Sie, welche Mitwirkungs- und Einflussmöglichkeiten Sie ergreifen würden, um zum Beispiel eine Verbesserung der Kinderbetreuung in Ihrem Ort zu erreichen! Welche Gesichtspunkte müssen Sie beachten, wenn Sie der Initiative einen möglichst hohen Wirkungsgrad verschaffen wollen?
2. Bei Umfragen zeigt sich regelmäßig, dass die Beteiligung an Unterschriftensammlungen und die Teilnahme an genehmigten Demonstrationen eine sehr hohe Akzeptanz bei den Befragten genießen. Erstellen Sie dafür ein Erklärungsmodell!
3. Sammeln sie Faktoren, die Ihrer Meinung nach die Bereitschaft zur Partizipation beeinflussen. Erläutern Sie in diesem Zusammenhang die Bedeutung der politischen Bildung in der Schule (M 2).
4. Die deutsche Wiedervereinigung habe, so behaupten Sozialwissenschaftler, das Spektrum der unterschiedlichen Ansichten und Interessen erweitert. Nehmen Sie Stellung zu dieser These, und beziehen Sie in Ihre Begründung einschlägige gesellschaftliche und politische Entwicklungen der letzten Jahre mit ein (M 3).

Die Beteiligungsrechte im Grundgesetz

M4

Das Grundgesetz verankert die rechtlichen und politischen Voraussetzungen für die Beteiligung der Bürger an der Politik als Bestandteil der Grundrechte in Art. 4 GG (Glaubens-, Gewissens- und Bekenntnisfreiheit und Prinzip der freien Religionsausübung), in Art. 5 GG (Meinungs-, Informations- und Pressefreiheit), in Art. 8 GG (Versammlungsfreiheit) und in Art. 17 GG (Petitionsrecht). Damit werden Rechte und Chancen bestimmt, die die einzelnen Bürger oder Gruppen von Bürgern nutzen oder auch ausschlagen können. [...] Den institutionellen Rahmen für politische Beteiligung normiert das Grundgesetz in drei Bereichen: der Stellung der Bürger bei der Bildung des Willens in Art. 20 Abs. 2 GG, in der Hervorhebung der politischen Parteien in Art. 21 Abs. 1 GG und in der Vereinigung- und Koalitionsfreiheit des Art. 9 GG.

1. Die Formulierung in Art. 20 Abs. 2 GG, dass alle staatliche Gewalt vom Volke ausgehe und vom Volk in Wahlen und Abstimmungen und durch besondere Organe der Gesetzgebung, der vollziehenden Gewalt und der Rechtsprechung ausgeübt werde, bedeutet nach der übereinstimmenden Interpretation der Verfassungsrichter, dass neben den Wahlen auch andere Formen der Beteiligung an der Staatsgewalt wie Volksinitiativen, Volksbegehren und Volksentscheide durch das Grundgesetz gedeckt sind. Einigkeit besteht auch darüber, dass die Schöpfer des Grundgesetzes einem eindeutig repräsentativen System den Vorzug gegeben haben. In den Länderverfassungen, vor allem denen jüngeren Datums, sind plebiszitäre Elemente eingebaut.
2. Die herausragende Rolle der Parteien in Art. 21 GG als politische Organisationen, die „bei der politischen Willensbildung mitwirken" und daher in ihrer Binnenstruktur demokratischen Grundsätzen entsprechen müssen, etabliert sie als Mittler zwischen der Herrschaftsstruktur des Staates und den Bürgern.
3. Die Sicherung der Vereinigungs- und Koalitionsfreiheit in Art. 9 GG stellt die freien Vereinigungen der Bürger unter Grundrechtsschutz und betont zusätzlich im Abs. 3 die besondere Bedeutung von Vereinigungen „zur Wahrung und Förderung der Arbeits- und Wirtschaftsbedingungen".

Beteiligung an Wahlen, die Mitgliedschaft in Parteien, Verbänden und Vereinen sind die traditionellen, verfassungsrechtlich garantierten und im Laufe der Jahrzehnte rechtlich differenziert ausgestalteten Formen der politischen Beteiligung. Neuere Formen der Partizipation können sich auf die Grundrechte in Art. 2 Abs. 1 GG (Recht auf freie Entfaltung der Persönlichkeit), Art. 5 Abs. 1 GG (Meinungs-, Informations- und Pressefreiheit), Art. 8 Abs. 1 GG (Versammlungsfreiheit) und Art. 9 Abs. 1 GG (Vereinigungsfreiheit) berufen, solange sie die in diesen Grundrechtsartikeln formulierten Schranken und die Strafgesetze achten.

Gert Joachim Glaeßner, Politik in Deutschland, 2., aktualisierte Auflage, Wiesbaden 2006, S. 499 f.

„Wir bitten Sie, uns zu unterstützen"

M5

Mit einer breit angelegten Öffentlichkeitsarbeit macht die „Kinderhilfe Afghanistan" auf sich aufmerksam.

Die „Kinderhilfe Afghanistan" ist eine private Initiative der Regensburger Familie Dr. med. Reinhard und Annette Erös und ihrer fünf Kinder. Sie unterstützt seit 1998 Frauen und Kinder in Ost-Afghanistan mit medizinischen und schulischen Einrichtungen. Die Initiative finanziert sich aus Spendengeldern. Im Frühjahr 2007 versuchte sie, die bevorstehende Ausweitung des militärischen Engagements der Bundesrepublik in Afghanistan zu verhindern. Sie begründete ihre Ablehnung damit, dass der Einsatz von deutschen Tornados sich negativ auf die Aufbauarbeit auswirken würde. Auf der folgenden Seite finden Sie Auszüge aus E-Mails an Freunde der Initiative und die Entscheidung des Bundestages.

Betreff: Kinderhilfe Afghanistan
Von: ReinhardAnnette.Eroes@online.de
An: freunde@kinderhilfe-afghanistan.de

Liebe Freunde,

der Einsatz deutscher Hochleistungskampfflugzeuge - Tornados - in Afghanistan steht vor der politischen Entscheidung durch den Deutschen Bundestag. Da eine Entscheidung für einen solchen Einsatz nach unserer Überzeugung auch unsere und die Arbeit vieler anderer Hilfsorganisationen betreffen wird, haben wir erstmals eine "politische" Stellungnahme an die Medien und uns bekannte Politiker verfasst. Wir bitten Sie/Euch, diese Position selbst zu prüfen und uns gegebenenfalls zu unterstützen.

Betreff: Kinderhilfe Afghanistan
Von: ReinhardAnnette.Eroes@online.de
An: freunde@kinderhilfe-afghanistan.de

Liebe Freunde der "Kinderhilfe Afghanistan",

sollten Sie unsere Ablehnung teilen, bitten wir Sie, dies ihren Abgeordneten umgehend mitzuteilen und durch Leserbriefe u.ä. auf die negativen Folgen für die Wiederaufbauarbeit hinzuweisen.

Betreff: Kinderhilfe Afghanistan
Von: ReinhardAnnette.Eroes@online.de
An: freunde@kinderhilfe-afghanistan.de

Liebe Freunde der "Kinderhilfe Afghanistan",

sehr viele von Ihnen haben uns gebeten, unsere Stellungnahme in der Süddeutschen Zeitung in Sachen "Tornado-Einsatz in Afghanistan" zu versenden. Wir freuen uns, wenn Sie diesen Bericht auch in Ihrem Bereich streuen, ihn zum Beispiel Ihren Abgeordneten und Regional-Politikern zukommen ließen und mit Leserbriefen an die Süddeutsche Zeitung reagierten.

Der Bundestag entscheidet
Der Bundestag hat den Weg für den Einsatz von Tornado-Aufklärungsflugzeugen in Afghanistan freigemacht. In namentlicher Abstimmung votierten 405 Abgeordnete für die Entsendung der Flugzeuge. 157 stimmten dagegen, darunter auch einige Abgeordnete der Regierungskoalition aus SPD und CDU/CSU, 11 enthielten sich. Überschattet wurde die Debatte von der Nachricht über die Ermordung eines deutschen Entwicklungshelfers in Afghanistan. Bei der namentlichen Abstimmungen im Bundestag votierte rund ein Drittel der SPD-Fraktion gegen den Einsatz. 133 SPD-Abgeordnete stimmten mit Ja, 69 mit Nein, zwei enthielten sich. Zuvor war von rund 50 Nein-Stimmen die Rede gewesen.

Auszüge aus E-Mails der „Kinderhilfe Afghanistan"/Zeitungsmeldung, 10.3.2007

M 6 Bürgerentscheid gegen Schweinemast

Im Frühsommer 2007 wurde im schwäbischen Friedberg ein Interessenkonflikt ausgetragen, der schließlich zu einem Bürgerentscheid führte. Landwirte hatten sich zusammengeschlossen und planten in der Nähe eines Erholungsgebiets auf ihnen gehörenden Grundstücken einen Mastbetrieb für Schweine und Rinder. Schnell formierte sich eine breite Front von Gegnern.

Die 30.000 Einwohner der Stadt Friedberg, die im Osten an Augsburg grenzt, sind aufgerufen, bei einem Bürgerentscheid über sehr Grundsätzliches abzustimmen. Herbert Scheel von der Industrie- und Handelskammer formulierte es so: Friedberg stehe vor der Frage, ob man aufstrebendes Mittelzentrum sein oder zur dörflichen Struktur zurückkehren wolle. Aber es geht auch darum, wie man heute mit Bauern umgeht, die ihren Beitrag zum Fortkommen der Stadt leisten wollen.
Der Saustall-Konflikt hat Ausmaße angenommen, mit denen wohl niemand gerechnet hatte. Bürger liefen schon mit Wäscheklammern auf der Nase herum. Die Stadt Friedberg ist zugepflastert mit 150 Straßenplakaten. Die Gegner verteilten etwa 20.000 Flugblätter. Regionale Unternehmer halfen, die Kampagne zu finanzieren.
Auch die Friedberger Familie Segmüller, die mit ihren Möbelhäusern reich geworden ist, soll zum Unterstützerkreis gehören. Man erkennt schnell, wer die Hoheit über die öffentliche Meinung hat – die Gegner. Es dauerte auch nicht lange, bis sie 2900 Unterschriften für den Bürgerentscheid zusammen hatten. Sie mussten nur oft genug wiederholen, dass ein Saustall stinkt.
Sachargumente sind längst in den Hintergrund geraten. Die Stellungnahmen, die die Stadt von Fachbehörden eingeholt hat, fallen positiv aus. „Unproblematisch" nennt das städtische Baureferat die Pläne der Bauern.
Mit dem Bürgerentscheid soll nun erreicht werden, dass die Friedberger Au ein Erholungs- und Freizeitgebiet bleibt. Die Bauern hätten dann mit ihrem Schweinestall dort nichts mehr zu suchen. Bevor die Bauern mit ihren Plänen kamen, hatten es die Politiker aber lange versäumt, sich Gedanken zur Zukunft der Friedberger Au zu machen und entsprechende Beschlüsse zu fassen.
Bauer Hintermayr sagt, sie wären ja auch mit alternativen Standorten für ihren Betrieb einverstanden gewesen – wenn die Stadt geholfen hätte, geeignete Flächen zu finden. Aber je hitziger und un-

sachlicher die Diskussion wurde, desto schlechter standen die Chancen. „Sobald andere Standorte ins Gespräch kamen, hieß es gleich: Bei uns nicht“, erzählt Hintermayr. Auf Info-Veranstaltungen seien sie niedergebrüllt worden. Und Hintermayr fragt: „Wo soll Landwirtschaft denn heute noch hin?“

Mike Szymanski, Süddeutsche Zeitung, 11.6.2007

Elemente direkter Demokratie in Deutschland und der EU

M 7

Gemeinde	Land	Bund	EU
■ In allen Gemeinden in Deutschland können die Bürger mitentscheiden. In Baden-Württemberg z.B. kann ein Bürgerentscheid zu einem bestimmten Sachthema durch Beschluss des Gemeinderats oder auf Antrag der Bürger (Bürgerbegehren) herbeigeführt werden. Seit Ende 1996 gibt es in Niedersachsen das Recht auf Bürgerbegehren und Bürgerentscheid. Die gesetzlichen Grundlagen sind in Artikel 22b der niedersächsischen Gemeindeordnung zu finden.	■ Alle Landesverfassungen kennen den Volksentscheid. In Baden-Württemberg können die Bürgerinnen und Bürger durch ein Volksbegehren die Auflösung des Landtags oder eine Rechtsänderung (Verfassung oder Gesetz) beantragen. Stimmt der Landtag einem Volksbegehren zu, findet keine Volksabstimmung statt (Art. 59, 60 Abs. 1). Seit 1993 gibt es in der niedersächsischen Verfassung Volksbegehren und Volksentscheid. Die Volksinitiative führt „nur“ zur Befassung des Landtages. ■ Außerdem gibt es das Petitionsrecht bei den Landtagen.	■ Den Volksentscheid auf Bundesebene gibt es nur bei einer Neugliederung des Bundesgebiets in den betroffenen Ländern. Ein Gesetzentwurf der rot-grünen Bundesregierung zur Einführung von Volksentscheiden auf Bundesebene scheiterte. ■ Beim Deutschen Bundestag können Petitionen eingebracht werden.	■ Wenn der Vertrag von Lissabon in Kraft tritt, können EU-Bürger die Europäische Kommission auffordern, einen Vorschlag zur Änderung des europäischen Rechts vorzulegen – Vorraussetzung ist, dass das Anliegen von mindestens einer Million Bürgern per Unterschrift unterstützt wird. ■ Der Europäische Bürgerbeauftragte untersucht Beschwerden über Missstände in der Verwaltungstätigkeit der Organe und Institutionen der Europäischen Union. ■ Auch das Europäische Parlament kennt das Petitionsrecht.

Autorentext

M8 Überblick über Dimensionen und Formen politischer Beteiligung

Dimension politischer Beteiligung	Formen politischer Beteiligung	Konkrete Akte politischer Beteiligung
Konventionell bzw. verfasst	– Staatsbürgerrolle	– sich an Wahlen beteiligen
	– parteienorientierte Partizipation	– in eine Partei eintreten, aktiv mitarbeiten
Unkonventionell bzw. unverfasst a) legal	– problemorientierte Partizipation	– Mitarbeit in einer Bürgerinitiative, Teilnahme an einer genehmigten Demonstration, Unterschriften sammeln, sich in Versammlungen beteiligen
b) illegal – gewaltlos	– ziviler Ungehorsam	– Teilnahme an einer verbotenen Demonstration, Beteiligung an wilden Streiks, Hausbesetzungen, Blockaden
– gewaltsam	– politische Gewalt	– Gewalt gegen Personen und Sachen

Autorentext

M9 Kontrovers diskutiert: Brauchen wir mehr direkte Demokratie?

Beatrice von Weizsäcker, Jahrgang 1958, ist eines der vier Kinder des ehemaligen Bundespräsidenten Richard von Weizsäcker und seiner Frau Marianne. Die gebürtige Essenerin hat das Buch „Warum ich mich nicht für Politik interessiere" geschrieben.

sueddeutsche.de: Eigentlich müsste das Buch anders heißen: „Warum Politik interessant ist". Oder: „Warum sich jeder für Politik interessieren sollte".

von Weizsäcker: Fänden Sie das besser?

sueddeutsche.de: Ihrer ist jedenfalls provokanter.

von Weizsäcker: Eben. Der Titel ist natürlich ironisch gemeint. Das Gegenteil ist der Fall – Politik interessiert und beschäftigt mich sehr.

sueddeutsche.de: In Ihrem Buch gehen Sie mit Politikern und Parteien hart ins Gericht. Knüpfen Sie an die Kritik ihres Vaters Richard von Weizsäcker an, der die „Machtvergessenheit" und „Machtversessenheit" der Politiker geißelte? [...]

von Weizsäcker: Nein. An vergangene Debatten knüpfe ich nicht an. Mein Buch basiert auf eigenen Beobachtungen. Die Partei- und Politikverdrossenheit von heute ist überall zu beobachten. Ein bedauerliches Phänomen, leider aber kein neues. [...] Ich denke, es ist an der Zeit, mehr direkte Demokratie auch auf Landes- und Bundesebene zuzulassen.

sueddeutsche.de: Eine Lehre aus der NS-Zeit ist, dass das Grundgesetz kaum plebiszitäre Elemente enthält. Die Mehrheit der Deutschen hatte 1933 demokratiefeindliche Parteien gewählt – und Hitler damit im Endeffekt legitim zur Macht verholfen. War dieses Misstrauen der Verfassungsväter falsch?

von Weizsäcker: Der Parlamentarische Rat[1] stand unter dem Eindruck der historischen Erfahrungen der Nazi-Zeit, das ist nachvollziehbar. Inzwischen sind 60 Jahre vergangen. Die Deutschen haben gezeigt, dass sie sich verändert haben.

sueddeutsche.de: Man kann den Deutschen inzwischen vertrauen?

von Weizsäcker: Ja. Wir sind kein unzuverlässiges Volk mehr. Wir Bürger können sehr wohl sachorientierte Fragen beantworten – mehr noch: Es steht uns zu. Fragen Sie mal einen Schweizer: Der wird nur den Kopf schütteln darüber, was wir Deutsche alles nicht direkt entscheiden können.

sueddeutsche.de: Umfragen zeigen immer wieder, dass die Mehrheit der Deutschen für die Todesstrafe ist. Würden Sie auch darüber abstimmen lassen wollen?

von Weizsäcker: Bestimmte Fragen sollten jenseits der politischen Diskussion bleiben. Die Todesstrafe zählt dazu. Eine Einführung ist nicht verhandelbar. Wohl aber wichtige Fragen, die auf eine

Grundgesetzänderung hinauslaufen. Zum Beispiel die Wehrpflicht.
sueddeutsche.de: Sie halten mehr direkte Demokratie für ein Mittel gegen Politikverdrossenheit. Wie soll das funktionieren?
von Weizsäcker: Dadurch, dass jeder Bürger seine Stimme abgeben könnte, würden sich alle mehr für Sachthemen interessieren. Direkter Einfluss regt zum Denken an. Auch die Argumentation derjenigen, die sich für das Pro und Kontra bei einem Plebiszit einsetzen, würde nicht mehr so wolkig sein. Alle Seiten wären gezwungen, den Bürgern klipp und klar darzustellen, was für ihre jeweilige Ansicht spricht – sonst würden sie keine Zustimmung erhalten. Ein Beispiel aus der jüngsten Vergangenheit gibt es auch.
sueddeutsche.de: Welches meinen Sie?
von Weizsäcker: Den Berliner Volksentscheid zu „Pro Reli". Egal, wie man dazu steht: Es hat in Berlin noch nie eine solche Debatte über den Religionsunterricht an Schulen gegeben.
sueddeutsche.de: Sollten die Deutschen Ihrer Meinung nach über Militäreinsätze wie den in Afghanistan abstimmen?
von Weizsäcker: Bei konkreten Einzelfällen bin ich kritisch, da wird es zu tagespolitisch. Aber wenn es ums Grundsätzliche geht, wäre es sinnvoll, wenn das Volk in der Frage entscheidet [...].

Interview: Oliver Das Gupta, Süddeutsche Zeitung, 18.8.2009

[1] *Gremium mit ausgewählten Mitgliedern aus den Landesparlamenten der drei westlichen Besatzungszonen. Es hatte den Auftrag, das Grundgesetz für die Bundesrepublik Deutschland auszuarbeiten (vgl. Kapitel 2.1.1, M 1).*

Repräsentation durch Lotterie?

M 10

Könnte man zur Stärkung der Demokratie, wenn schon die Verfassung geändert werden soll, nicht andere Methoden einführen? Etwa diese: Jeder Bürger, der Interesse an einem politischen Amt hat – an einem Abgeordnetensitz oder an einem Ministerposten –, der meldet sich. Er bekommt daraufhin ein Los. Sodann werden in einer staatlich überwachten Auslosung unter den Interessenten die Gewinner bestimmt. Der ausgeloste Bürger kann dann für eine Zeit das Amt ausüben, ohne irgendeine zusätzliche Qualifikation, aber unter der Auflage, dass er sich bei einer Rechenschaftsablage für etwaiges Fehlverhalten im Amt verantworten muss. Und es gilt das Rotationsprinzip, das heißt, derselbe Bürger kann nicht dasselbe Amt mehrfach hintereinander innehaben. Nein, so wird man sagen, so geht das aber auch nicht. Das Leben selbst mag eine Lotterie sein, aber der Bundestag ist doch nicht die Glücksspirale! Wollen wir etwa so über die Rentenversicherung oder über Tornadoeinsätze entscheiden? Doch genau so hat man es im klassischen Athen gemacht, in der ersten Demokratie, dem Urbild aller späteren. In den Rat der Fünfhundert [...] zogen ausgeloste Bürger für die Amtszeit.

Johan Schloemann, Süddeutsche Zeitung, 20.3.2007

Aufgaben

Die Beispiele in M 5 und M 6 zeigen zwei grundsätzliche Methoden, wie in einem demokratischen Staat die verbindlichen Entscheidungen beeinflusst bzw. herbeigeführt werden können.

1. Versetzen Sie sich in die Position der Bürger, die auf die Entscheidungen in den Beispielen Einfluss nehmen wollen. Stellen Sie aus deren Sicht für jedes der Modelle die Vorteile den Nachteilen gegenüber (M 5, M 6).
2. Recherchieren Sie, welche Hürden für Volksentscheide in den einzelnen Ländern bestehen (M 7, Link-Tipp: www.mehr-demokratie.de)
3. Diskutieren Sie, ob Volksentscheide auch auf Bundesebene eingeführt werden sollten (M 9).
4. Sammeln Sie Argumente für bzw. gegen den in M 10 gemachten Vorschlag. Halten Sie anschließend ein dreiminütiges Plädoyer für bzw. gegen diese Reform des repräsentativen Prinzips.

Wissen kompakt

Demokratie lebt von der Beteiligung
M 2

Wer immer das Zusammenleben mit anderen beeinflussen, die bestehenden Regeln sichern oder verändern, Ziele für sich und die Gesellschaft verwirklichen will, wird und muss etwas dafür tun. Die einzige Staatsform, die allen Bürgern dieses Mitmachen in irgendeiner Form ermöglicht, ist die Demokratie.

Pluralismus als Grundprinzip
M 3

Wie lässt sich aber die Vielzahl der Meinungen, Ansichten, Wünsche und Ziele von Millionen von Menschen so bündeln und organisieren, dass daraus entscheidungsfähige Alternativen und schließlich eine für alle verbindliche Regel entsteht? Zur Lösung des Problems haben sich einige Grundsätze herausgebildet. Es gilt zunächst, einen Konsens darüber herzustellen und abzusichern, dass jeder Einzelne sich an diesem Prozess beteiligen darf. Mithin müssen dem Einzelnen Rechte zugesichert werden, die ihm eine legale Beteiligung ermöglichen. Diese sind verfassungsrechtlich abzusichern. Da der Einzelne sich dazu auch mit anderen zu Gruppen oder Parteien zusammenschließen können muss, sind auch ihnen Mitwirkungsrechte einzuräumen. Das Grundgesetz der Bundesrepublik Deutschland sichert die **Beteiligungsrechte** in den Artikeln 1-9, 17, 20 und 21. Dazu gehören vor allem

Beteiligungsrechte im Grundgesetz
M 4

- das Wahlrecht,
- die Möglichkeit, sich in Parteien und Verbänden zu engagieren,
- das Recht, die eigene Meinung in der Öffentlichkeit darzustellen und zu verbreiten oder
- sich mit anderen zu versammeln oder in Organisationen zusammenzuschließen.

Indirekte und direkte Demokratie
M 5 – M 9

Um den Willen der vielen zu einem für alle verbindlichen Ergebnis zusammenzuführen, gibt es in der Demokratie grundsätzlich zwei Wege: Entweder die Bürger übertragen die Entscheidungen gewählten Vertretern (**„indirekte Demokratie"**) oder die Sachfragen werden der Bevölkerung vorgelegt und von ihr nach der Mehrheitsregel entschieden (**„direkte Demokratie"**). In beiden Fällen dürfen die Grundsätze des pluralistischen Prinzips und der demokratischen Beteiligung nicht zur Abstimmung gestellt werden. Die indirekte Demokratie steht vor der Frage, wie sie die Repräsentanten bestellt, die direkte muss eine Lösung dafür finden, nach welchen Regeln und über welche Themen die Bevölkerung abstimmen soll.

1.2 Grundformen der Demokratie

Demokratische Systeme im Überblick

M 1

Unterscheidungskriterium	Gegensatzpaar
Art der Bürgerbeteiligung	repräsentative/unmittelbare/indirekte vs. plebiszitäre/mittelbare/direkte Demokratie
Machtverteilung (Gewaltenteilung und Gewaltenverschränkung)	präsidentielle vs. parlamentarische Demokratie
Verhältnis von Regierenden und Regierten	Identitätstheorie vs. Konkurrenztheorie der Demokratie
Entscheidungsträger (Mehrheits- und Verhältnisregel)	Konkurrenz-/Mehrheits- vs. Konkordanz-/Konsensdemokratie

Autorentext

Identitätstheorie und Pluralismustheorie der Demokratie

M 2

Die *Identitätstheorie der Demokratie* geht zurück auf Jean-Jacques Rousseau (siehe Kasten). Er war ein Vordenker der modernen Demokratie. [...] Im Mittelpunkt seines Denkens stand auf den ersten Blick die Idee der Volkssouveränität. Allerdings ging es ihm nicht vorrangig darum, dass in einem Staat nach dem Mehrheitswillen des Volkes entschieden wird. Vielmehr forderte er vor allem, dass die Staatsgeschäfte auf der Grundlage der Gesetze der Vernunft im Sinne des Volkes geführt werden. Ausgangspunkt der Argumentation der Identitätstheorie ist eine homogene Gemeinschaft. Darüber hinaus sind folgende Punkte bestimmend für die Gesellschaftsauffassung der Identitätstheorie:

- Die Menschen schließen auf der Grundlage der Vernunft einen Vertrag – den Gesellschaftsvertrag – und bilden einen Staat.
- Der Grundgedanke ist, dass im Staat das Gesetz der Vernunft herrscht. An dieses haben sich mit dem Gesellschaftsvertrag alle, also Herrschende wie Beherrschte gebunden. Zwischen ihnen besteht nun eine Interessenidentität (homogener Volkswille).
- Das Gemeinwohl steht gemäß der Identitätstheorie der Demokratie von vornherein fest. Es ist aus den Gesetzen der Vernunft erschließbar.
- Das Menschenbild der Anhänger der Identitätstheorie ist ausgesprochen positiv. Menschen sind demnach allein am Gemeinwohl orientiert bzw. ordnen sich diesem unter.
- Gesellschaftliche Teilinteressen und Opposition gegen Regierende sind nicht zulässig, da es nur ein aus der Vernunft abgeleitetes Gemeinwohl geben kann.
- Die Herrschenden im Staat beanspruchen, das Gemeinwohl zu kennen, und erheben auf dieser Grundlage einen uneingeschränkten Souveränitätsanspruch.

Die Anhänger der Identitätstheorie haben im Laufe des 19. und 20. Jahrhunderts stark dazu beigetragen, dass das allgemeine und gleiche Wahlrecht entwickelt und die Sklaverei abgeschafft wurde. Dies ist ein großer historischer Verdienst. Zugleich diente die Identitätstheorie der Demokratie aber zur Legitimation von Diktaturen: In der Tradition dieses Demokratieverständnisses standen die kommunistischen „Volksdemokratien". Auch der Staatsrechtler Carl Schmitt, der die Herrschaft Hitlers theoretisch zu rechtfertigen suchte, war ein Anhänger der Identitätstheorie der Demokratie. Dass die Identitätstheorie in der Praxis auch zur Entwicklung von Diktaturen führen kann, ist dabei bereits in der Theorie von Jean-Jacques Rousseau angelegt, da die Unterordnung des Einzelnen unter die Gemeinschaft die Gefahr totalitärer Entwicklungen birgt.

Der Textauszug stammt aus Jean-Jacques Rousseaus (1712-1778) „Du Contract Social", einer Schrift, die 1762 erschienen ist und die den Diskurs über Demokratie nachhaltig beeinflusste.

„Aus dem Vorhergehenden folgt, dass der Gemeinwille immer auf dem rechten Weg ist und auf das öffentliche Wohl abzielt [...]. Es gibt oft einen beträchtlichen Unterschied zwischen dem Gesamtwillen und dem Gemeinwillen; dieser sieht nur auf das Gemeininteresse, jener auf das private Interesse und ist nichts anderes als die Summe von Sonderfällen: aber nimm von eben diesen das Mehr und Weniger weg, das sich gegenseitig aufhebt, so bleibt als Summe der Unterschiede der Gemeinwille. [...] Um wirklich die Aussage des Gemeinwillens zu bekommen, ist es deshalb wichtig, dass es im Staat keine Teilgesellschaften gibt und dass jeder Bürger nur seine eigene Stimme vertritt."

Jean Jacques Rousseau, Vom Gesellschaftsvertrag oder Grundsätze des Staatsrechts, übers. u. hgg. von Hans Brockhard in Zusammenarbeit mit Eva Pietzker, Stuttgart 1991, S. 28 ff.

Die zentrale These der *Pluralismustheorie* der Demokratie lautet: Die Chancen, die beste politische Lösung zu erreichen, sind am größten, wenn um diese ein offener und ungehinderter Wettbewerb stattfindet. Ausgangspunkt der Argumentation der Pluralismustheorie ist der einzelne Mensch mit seinen Interessen in einer heterogenen Gesellschaft. Die Theorie geht von folgenden Grundsätzen aus:

- Die Menschen leben in einem Staat zusammen, haben aber verschiedene, zum Teil gegensätzliche Interessen. Es gibt lediglich einen Minimalkonsens über die Frage, wie politische Entscheidungen zustande kommen sollen.
- Konkurrierende Ideen im Parlament sollen durch unterschiedliche Parteien vertreten werden.
- Das Gemeinwohl soll durch Interessenausgleich erreicht werden. Dies kann allerdings bei Mehrheitsentscheiden nicht garantiert werden. Keine politische Partei kann demnach die Wahrheit für sich beanspruchen.
- Das Menschenbild ist realistisch. Die Menschen streben laut der Pluralismustheorie vorrangig nach dem eigenen Wohl, haben aber auch eine gewisse Gemeinwohlorientierung.
- Gesellschaftliche Teilinteressen und die Opposition gegen Regierende sind laut der Pluralismustheorie zulässig, da sich so etwas wie ein Gemeinwohl erst aus dem legitimen Streit der Interessen ergibt.
- Der Staat hat in einem pluralistischen System die Funktion, die Spielregeln zu setzen und die Herstellung eines Ausgleichs zwischen den einzelnen Interessen anzustreben.

Der Pluralismustheorie zufolge ist eine Demokratie ohne eine staatliche Garantie von Freiheitsrechten wie Meinungs- und Pressefreiheit sowie Versammlungs- und Vereinigungsfreiheit undenkbar. Vorläufer und Vertreter der Pluralismustheorie sind John Locke, John Stuart Mill, die „Föderalisten" und Ernst Fraenkel (siehe Kasten).

Steffen Kailitz, Kompendium Politik, Bamberg 2009, S. 190 ff.

Ernst Fraenkel (1898-1975) gilt als einer der wichtigsten Vertreter der Pluralismustheorie. Die grundlegenden Abhandlungen zum Pluralismus publizierte Fraenkel in dem Band „Deutschland und die westlichen Demokratien" (1964).

„Die pluralistische Theorie des Gemeinwohls bestreitet keineswegs, dass es weite Gebiete des staatlichen und gesellschaftlichen Lebens gibt, über deren Ordnung ein consensus omnium[1] vorliegt [...]. Sie nimmt jedoch den Umstand, dass es weite Gebiete des staatlichen und gesellschaftlichen Lebens gibt, über deren Regelung Meinungsverschiedenheiten zwischen verschiedenen Gruppen existieren, nicht nur mit Gleichmut hin, sondern erachtet dies als unvermeidlich, ja geradezu als ein Indiz eines in Freiheit pulsierenden öffentlichen Lebens. Sie hält es weder für wünschenswert noch für möglich, dass in einem freiheitlichen Staatswesen ein einheitlicher Gemeinwille besteht, der die divergierenden Gruppenwillen restlos in sich aufsaugt. [...] Die offene Austragung der in jedem freien Staat unausbleiblichen Meinungsverschiedenheiten und die Kompromisse, durch die diese Konflikte beigelegt werden, betrachtet sie als den einzig geeigneten Weg, eine tragbare Lösung der Probleme zu finden, über die ein consensus omnium nicht besteht."

Ernst Fraenkel, Gesammelte Schriften, Bd. 5: Demokratie und Pluralismus, hrsg. von A. v. Brünneck, Baden-Baden 2007, S. 37– 280

[1] *consensus omnium = allgemeine Übereinstimmung*

Identitäts- und Pluralismustheorie im Überblick

M 3

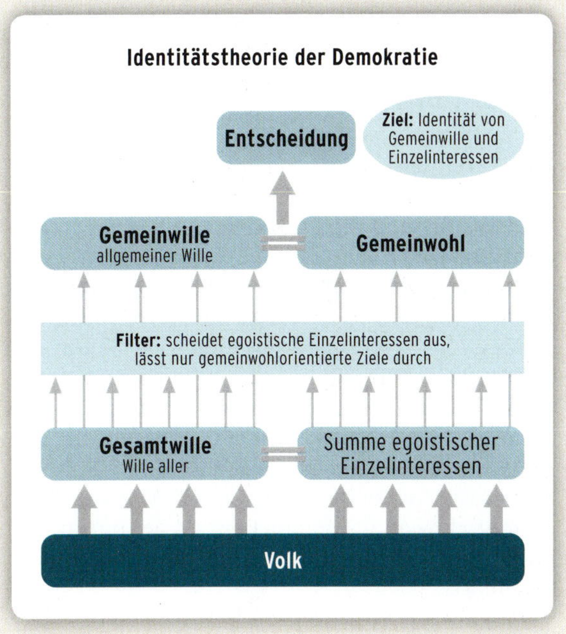

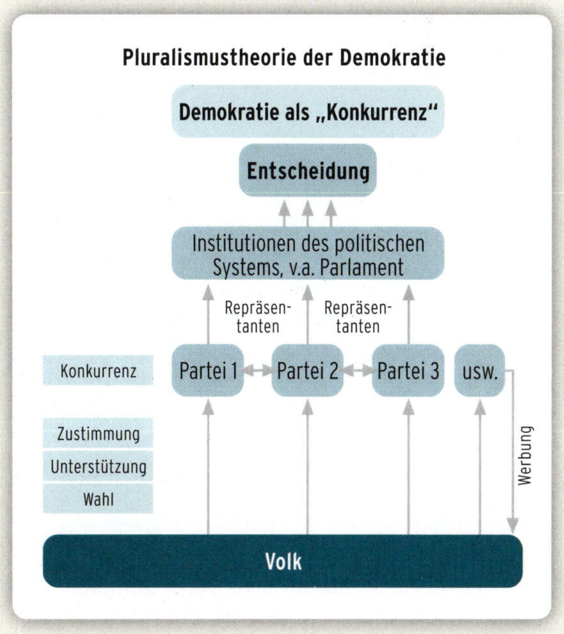

www.dadalos.org

M4 Repräsentative und plebiszitäre Regierungssysteme

Repräsentative und *plebiszitäre Regierungssysteme* stellen als Typen unterschiedliche Modelle demokratischer Kontrolle staatlichen Handelns dar. Beide basieren auf dem Prinzip der Volkssouveränität, das heißt auf dem Prinzip der Kontrolle von Herrschaft und staatlichem Handeln durch die Bürger. In einem rein plebiszitären System wird diese Kontrolle durch Volksabstimmungen ausgeübt; in repräsentativen Systemen dagegen erfolgt die Kontrolle mittelbar durch das Parlament. In repräsentativen Systemen entscheidet damit das vom Volk gewählte Parlament stellvertretend für das Volk, in plebiszitären Systemen dagegen das Volk (das heißt die stimmberechtigten Bürger) unmittelbar. In der Praxis äußert sich dieser Umstand so, dass in repräsentativen Demokratien die Gesetzgebung beim Parlament liegt und die Partizipation der Bürger an politischen Entscheidungen auf Wahlen und die Mitwirkung in Parteien und Verbänden beschränkt ist. In plebiszitären Demokratien können sich die Bürger über Volksabstimmungen direkt an der Gesetzgebung beteiligen. Das bedeutet aber nicht, dass es in realen Systemen keine repräsentativen Organe (Parlamente) mit Gesetzgebungskompetenz gibt. Ihre politische Handlungsfähigkeit bei der Gesetzgebung wird jedoch durch die plebiszitären Elemente der Verfassung eingeschränkt.

Ein Modell mit weitgehenden plebiszitären Elementen ist auf der national-staatlichen Ebene gegenwärtig in der Schweiz realisiert. Plebiszitäre Verfahren gibt es darüber hinaus in einigen Bundesstaaten der Vereinigten Staaten von Nordamerika und mit geringerer Bedeutung auch in Frankreich und in kleineren Ländern Westeuropas. Die Bedeutung des plebiszitären Modells liegt nicht in seiner realen Verbreitung; es ist aber ordnungspolitisch als theoretische Alternative zur repräsentativen Demokratie interessant und der Gegensatz beider Modelle bestimmt in hohem Maße die ideengeschichtliche und theoretische Diskussion über die Demokratie als Herrschaftsform.

Franz Lehner/Ulrich Widmaier, Vergleichende Regierungslehre, 4. Auflage, Opladen 2002, S. 15

M5 Parlamentarische und präsidentielle Demokratie

Zu den grundlegenden Unterscheidungen der vergleichenden Institutionenkunde gehört die zwischen *präsidentieller* und *parlamentarischer Demokratie*. Beide Typen sind Grundformen des im weiteren Sinne definierten Parlamentarismus, also des Regierungssystems, in dem das Parlament der Gesetzgeber ist und das Staatsbudget kontrolliert und in dem das Volk oder von ihm gewählte Repräsentanten über Wahl und gegebenenfalls Abwahl der Regierungen entscheiden. Das Hauptunterscheidungsmerkmal der parlamentarischen Demokratie und der Präsidialform ist die Abberufbarkeit im Unterschied zur Nichtabberufbarkeit der Regierung oder des Regierungschefs durch die Legislative. In der parlamentarischen Demokratie sind Amtsdauer und Amtsführung der Regierung grundsätzlich vom Vertrauen der Parlamentsmehrheit abhängig. Sie hat das Recht, die Regierung abzuberufen. In der parlamentarischen Demokratie bestehen normalerweise enge Verbindungen zwischen der Parlamentsmehrheit und der Regierung. Die Regierung geht aus dem Parlament – meist aus dessen Mehrheit – hervor, und die Fraktionen der Parlamentsmehrheit tragen in der Regel im eigenen Interesse Sorge für die Stabilität und das politische Überleben der Regierung.

Im präsidentiellen System hingegen sind Regierung und Parlament voneinander relativ unabhängig. Die Amtsdauer der Regierung ist in der Regel verfassungsrechtlich bindend festgelegt. Die Parlamentsmehrheit kann die Regierung aus politischen Gründen nicht abgerufen, es sei denn, es handelt sich um schwerwiegenden Missbrauch des Amtes. Von dieser Ausnahme abgesehen, kann das Parlament den Präsidenten während seiner Amtszeit nicht stürzen, ungeachtet der Mehrheitsverhältnisse im Parlament. Unter Umständen hat der Präsident ein Parlament gegen sich, in dem die Oppositionspartei die Mehrheit der Abgeordneten hinter sich weiß. [...] Paradebeispiel der präsidentiellen Demokratie sind die Vereinigten Staaten von Amerika.

Manfred G. Schmidt, Demokratietheorien, 3. Auflage, Opladen 2000, S. 309 ff.

Britisches Unterhaus: Regierungsmehrheit (inkl. Kabinett) und Opposition sitzen sich frontal gegenüber. US-Kongress: Der Präsident betritt den Kongress nur für seine Rede zur „Lage der Nation" (rechtes Bild).

Konkurrenz-, Konkordanz- und Verhandlungsdemokratie

M 6

Die Modelle der Konkurrenz- bzw. Konkordanz- oder Verhandlungsdemokratie betonen weniger das Repräsentationsprinzip, sondern die Art und Weise, wie Entscheidungen in einer Demokratie getroffen werden.

In der *Konkurrenzdemokratie* werden Konfliktregelungen und Entscheidungen wesentlich vom Mehrheitsprinzip und vom Wettbewerb der politischen Parteien geprägt. Ausgangspunkt ist die Vorstellung, dass der Wettbewerb von Eliten bei Wahlen zu klaren Alternativen und zur Ausbildung eines Zweiparteiensystems führt. Ferner wird davon ausgegangen, dass eine stabile und effektive Mehrheitsregierung entsteht, der eine starke Opposition als Regierungsalternative gegenübersteht. Das Musterbeispiel für diese Form der Wettbewerbsdemokratie ist das britische Regierungssystem. Vorteile der Konkurrenzdemokratie bestehen in der Struktur klarer Alternativen und der Chance effektiven Regierens. Nachteile sind in tief greifenden Politikwechseln und der Gefahr einer Dominanz von Mehrheiten über Minderheiten zu sehen.

In der *Konkordanzdemokratie* werden Konfliktregelungen und politische Entscheidungen weniger über den Wettbewerb, als vielmehr über Verhandlung, Kompromiss und Proporz gesucht. Alle wichtigen sozialen Kräfte und politischen Gruppen einer Gesellschaft sollen an der Willens- und Entscheidungsbildung beteiligt werden. Konkordanzdemokratien fanden oder finden sich in der Schweiz, in Österreich, in Belgien und den Niederlanden. Ihre Vorteile bestehen in der Integration aller gesellschaftlichen (ethnischen, sprachlichen, kulturellen und religiösen) Gruppen, ihrer Repräsentation auf der politischen Entscheidungsebene und im Schutz von Minderheiten. Nachteile sind im langwierigen Aushandlungsprozess, im hohen Konsensbildungsbedarf und im Entscheidungsergebnis (Kompromiss auf kleinstem gemeinsamem Nenner) zu sehen. [...]

Unter *Verhandlungsdemokratie* wird die Überlagerung von Parteienwettbewerb und Mehrheitsverfahren durch ein auf Verhandlung und Konsensfindung abgestelltes Netzwerk von Entscheidungsträgern aus Politik, Verwaltung und Interessengruppen verstanden. Ziel ist dabei, Verhandlungspakete zu schnüren, die es den Beteiligten erlauben, den so erarbeiteten Ergebnissen zuzustimmen.

Verhandlungsdemokratien kommen dort vor, wo die politische Macht geteilt ist, so dass Mehrheitsentscheidungen nicht zustande kommen oder zu hohe Kosten verursachen würden, weshalb die Suche nach einem umfassenden Konsens in einzelnen Sachfragen zielführender erscheint. Formen der Verhandlungsdemokratie finden sich im kooperativen Föderalismus (Bund-Länder- und Länder-Länder-Verhältnis), in Mehrparteiensystemen, in Koalitionsregierungen, in korporatistischen Strukturen der Beteiligung (Regierung verhandelt mit Interessengruppen und Wirtschaftsverbänden) und in so genannten Runden Tischen von politischen Kräften und gesellschaftlichen Interessengruppen.

Die Vorteile der Verhandlungsdemokratie bestehen darin, dass auch in komplexen politischen Regelungsfeldern Lösungen erzielt werden können. Problematisch ist der Mangel an Transparenz und Kontrolle bei vielen Verhandlungsprozessen. Wenn zudem verbindliche Entscheidungen außerhalb der dafür vorgesehenen Parlamente getroffen und legitimiert werden, gefährdet dies das Prinzip der repräsentativen Demokratie.

Hans Vorländer, Informationen zur politischen Bildung Nr. 284, Demokratie, Bonn 3/2004, S. 44 ff.

M 7 Exkurs: Ökonomische Theorie der Demokratie

Anthony Downs (geboren 1930) gilt als ein Begründer der ökonomischen Theorie der Demokratie. Im Jahre 1957 veröffentlichte er sein wegweisendes Buch „An Economic Theory of Democracy“. Die aus der Wirtschaftswissenschaft stammende Theorie wird auch als Rational-Choice-Theorie bezeichnet.

Die ökonomische Analyse besteht [...] aus zwei Hauptschritten: aus der Auffindung der Ziele, die der betreffende Entscheidungsträger anstrebt, und aus einer Analyse, die zeigt, auf welche Weise sie am besten zu erreichen sind, das heißt mit dem geringsten Aufwand an knappen Mitteln. Bei der Durchführung des ersten Schrittes haben die Theoretiker im Allgemeinen versucht, die Zwecke jedes Wirtschaftssubjekts auf ein einziges Ziel zu reduzieren, so dass man einen wirtschaftlichsten Weg zu seiner Erreichung finden kann. Wenn eine Vielzahl von Zielen zugelassen wird, dann können die zur Erreichung des einen geeigneten Mittel den Weg zu einem anderen versperren. Folglich kann man dann dem rationalen Entscheidungsträger keinen Kurs vorschreiben, den er als den allein richtigen verfolgen müsste. Um diese Schwierigkeiten zu vermeiden, setzen die Theoretiker fest, dass die Unternehmungen den Gewinn und die Verbraucher den Nutzen maximieren. Alle anderen Ziele, die beide Seiten haben mögen, werden als Abweichungen betrachtet, die den rationalen Kurs auf das Hauptziel modifizieren.

In einer solchen Analyse wird der Begriff rational niemals auf die Ziele, sondern stets nur auf die Mittel eines Handlungsträgers angewendet. Dies folgt aus der Definition von rational als wirtschaftlich, das heißt den Output eines bestimmten Input maximierend bzw. den zur Erreichung eines bestimmten Output nötigen Input minimierend.

Ökonomische Rationalität lässt sich formell [...] definieren. Ein rationaler Mensch ist einer, der sich wie folgt verhält:

(1) wenn er vor einer Reihe von Alternativen gestellt wird, ist er stets im Stande, eine Entscheidung zu treffen;

(2) er ordnet alle Alternativen, denen er gegenübersteht, nach seinen Präferenzen so, dass jede im Hinblick auf jede andere entweder vorgezogen wird oder indifferent oder weniger wünschenswert ist;

(3) seine Präferenzordnung ist transitiv;

(4) er wählt aus den möglichen Alternativen stets jene aus, die in seiner Präferenzordnung den höchsten Rang einnimmt;

(5) er trifft, wenn er vor den gleichen Alternativen steht, immer die gleiche Entscheidung.

Alle rationalen Entscheidungsträger in unserem Modell – politische Parteien, Interessengruppen und Regierungen eingeschlossen – besitzen diese Eigenschaften. [...] Unser Ansatz zur Analyse von Wahlen veranschaulicht, wie sich diese Definition der Rationalität auswirkt. Die politische Funktion von Wahlen in einer Demokratie ist, so nehmen wir an, das Auswählen einer Regierung. Daher ist im Zusammenhang mit Wahlen ein Verhalten rational, das auf dieses Ziel und kein anderes ausgerichtet ist.

Unser Modell beruht auf der Annahme, dass jede Regierung das Ausmaß an Ansehen und Unterstützung, das sie beim Volk genießt, zu maximieren sucht. Wir nehmen ferner an, dass wir es mit einer Regierung in einer demokratischen Gesellschaft zu tun haben, in der periodisch Wahlen abgehalten werden, dass das Hauptziel der Regierenden die Wiederwahl ist und dass ferner ein Wahlsieg das Ziel auch jener Parteien ist, die im Augenblick nicht regieren. Nach jeder Wahl beherrscht die Partei, die die meisten Stimmen (wenn auch nicht unbedingt eine absolute Mehrheit) erhält, bis zur nächsten Wahl den gesamten Staatsapparat, Zwischenabstimmungen, entweder durch das Volk als Ganzes oder durch ein Parlament, sind dabei ausgeschlossen. Die regierende Partei verfügt daher über unbegrenzte Handlungsfreiheit innerhalb der durch die Verfassung gesetzten Grenzen.

Schlussfolgerungen aus der Theorie

[...]

Satz 2. In einem Zweiparteiensystem stimmen beide Partner in allen Fragen überein, für die eine Mehrheit der Bürger eine starke Vorliebe hat.

Satz 3. In einem Zweiparteiensystem sind die politischen Konzepte der Parteien (a) verschwommener, (b) einander ähnlicher und (c) weniger direkt mit Ideologien verknüpft als in einem Mehrparteiensystem.

Satz 4. In einem von einer Koalition regierten Mehrparteiensystem unternimmt die Regierung weniger wirksame Schritte zur Lösung der sozialen Grundprobleme, und ihre Politik ist weniger integriert und folgerichtig als in einem Zweiparteiensystem.

Anthony Downs, Ökonomische Theorie der Demokratie, Tübingen 1968, S. 4 ff.

Aufgaben

1. Gesetzt den Fall, Sie müssten für Ihre Klasse (einen Flächenstaat) eine demokratische Ordnung wählen. Bilden Sie Gruppen, und entscheiden Sie sich für eine der in M 2 – M 6 vorgestellten Demokratien. Begründen Sie Ihre Entscheidung.
2. Theorien der demokratischen Legitimität lassen sich danach unterscheiden, wie stark die Bürger am politischen Willensbildungsprozess beteiligt werden (inputorientierte Legitimität, „government by the people") bzw. wie gut das politische System in der Lage ist, Probleme zu lösen (outputorientierte Legitimität, „government for the people"). Ordnen Sie die Demokratietheorien diesen beiden Varianten zu (M 2 – M 6).
3. Überprüfen Sie die Aussagen der ökonomischen Theorie der Demokratie, indem Sie das Verhalten der Parteien in Wahlkämpfen beobachten. Welche Aussagen der Theorie treffen zu, welche nicht (M 7)?

Wissen kompakt

Kernelemente der Demokratie

Die Demokratie ist keine klar definierte Staatsform und so gibt es eine große Vielfalt demokratischer Theorien und demokratischer Systeme auf der Welt. Allerdings enthält jede **Demokratie** bestimmte **Kernelemente**, die sie als solche auszeichnen. Dazu gehören die Achtung der Grund- und Menschenrechte, die Ermöglichung politischer Beteiligung, politischer Wettbewerb von Parteien und Interessengruppen, freie Wahlen, Rechtsstaatlichkeit, Gewaltenteilung und der Schutz von Minderheiten. Darüber hinaus zielen die meisten Demokratien auf die Verwirklichung von Freiheit, Gleichheit, Gerechtigkeit, Sicherheit und Wohlfahrt.

Identitäts- und Pluralismustheorie der Demokratie
M 2, M 3

Demokratietheorien lassen sich zunächst grundsätzlich danach unterscheiden, wie aus dem Willen des Volkes der staatliche Wille gebildet werden soll.
Der **Identitätstheorie** Jean-Jaques Rousseaus zufolge wird aus der Summe der Einzelinteressen der Bürger in einem Prozess der freiwilligen Übereinkunft der Gemeinwille gebildet. Der Wille der Bürger und des Staates sind also identisch.
Die (moderne) **Pluralismustheorie** Ernst Fraenkels geht dagegen davon aus, dass das Gemeinwohl erst in einem ungehinderten Wettbewerb freier Interessengruppen und Parteien bestimmt werden kann. Diese müssen jedoch die grundlegenden Regeln des Konfliktaustrags und das Mehrheitsprinzip akzeptieren.

Direkte und repräsentative Demokratien
M 4, M 5

Bei der **direkten Demokratie**, die auf der Identitätstheorie beruht, entscheidet das Volk zumindest in einer Vielzahl von Fällen direkt über Gesetzesvorhaben (z.B. durch Volksentscheid, Volksinitiative). In **indirekten oder repräsentativen Demokratien**, die auf der Pluralismustheorie beruhen, erfolgt die Entscheidung über Gesetzesvorhaben mittelbar durch das vom Volk gewählte Parlament. Die modernen repräsentativen Demokratien lassen sich wiederum zwei Grundtypen zuordnen, die sich durch die Kompetenzen und Beziehungen zwischen Parlament, Regierung und Staatsoberhaupt unterscheiden. Im **parlamentarischen Regierungssystem** steht das Parlament im Mittelpunkt. Die vom Volk gewählten Vertreter wählen die Regierung und können diese abberufen. Im **präsidentiellen Regierungssystem** sind Parlament und Präsident vom Volk gewählt. Das Parlament kann die Regierung (den Präsidenten) nicht abberufen (außer bei einer Amtsenthebung).

Konkurrenz- und Konkordanzdemokratie
M 6

Nach der Entscheidungsregel lassen sich **Konkurrenz- und Konkordanz-** bzw. **Verhandlungsdemokratien** unterscheiden. In der Konkurrenzdemokratie ist das Mehrheitsprinzip vorherrschend. In der Konkordanzdemokratie werden politische Entscheidungen in der Regel über Verhandlungen, Kompromisse und Beteiligung aller von einer Maßnahme betroffenen Gruppen getroffen.

Ökonomische Theorie der Demokratie
M 7

Die **ökonomische Theorie der Demokratie** überträgt Erkenntnisse aus der Wirtschaftswissenschaft auf den demokratischen Prozess. Politische Akteure verhalten sich danach stets wie rationale Nutzenmaximierer. Dies wirkt sich insbesondere auf ihr Verhalten vor Wahlen aus.

Grundwerte und Grundgesetz

2

Glaswand der Grundrechte vor dem Reichstag in Berlin.

Im Jahre 2009 konnte das 60-jährige Bestehen des Grundgesetzes gefeiert werden. Damit ist das Grundgesetz die erste moderne deutsche Verfassung, die dieses respektable Alter erreicht hat. Entstanden auf den Trümmern der Nazidiktatur, hätte wohl niemand damit gerechnet, dass das Grundgesetz den Weg für eine freiheitliche, offene und stabile Demokratie in der Bundesrepublik Deutschland bereiten würde.

Der Erfolg des Grundgesetzes war jedoch keineswegs vorgezeichnet. Zunächst bewusst als Provisorium konstruiert – deshalb auch der Begriff Grundgesetz anstelle von Verfassung –, sollte es nur die vorübergehende Grundlage des politischen und sozialen Neuanfangs nach den bitteren Erfahrungen von Krieg und Diktatur sein.

Heute genießt das Grundgesetz hohes Ansehen bei den Bürgerinnen und Bürgern und gilt als Vorbild für die Verfassungen anderer Staaten. Die fortdauernde Attraktivität des Grundgesetzes liegt dabei auch in der Fähigkeit begründet, die grundlegenden Werte der demokratischen Ordnung zu bewahren und gleichzeitig offen zu sein für neue politische und gesellschaftliche Entwicklungen.

Kapitel 2.1 geht der Frage nach, auf welchen Werten das Grundgesetz basiert und wie diese Werte auf die gesamte politische Ordnung ausstrahlen. Anschließend werden die prägenden Staatsstrukturprinzipien des Grundgesetzes vorgestellt.

Aufgrund der Erfahrungen mit der nationalsozialistischen Diktatur haben die Schöpfer der Verfassung eine „wehrhafte Demokratie" geschaffen, die ihren Kernbestand – die freiheitliche demokratische Grundordnung – auch gegen Feinde zu sichern vermag. Gleichzeitig hat unsere Verfassung bewiesen, dass sie offen genug ist, den notwendigen politischen und gesellschaftlichen Wandel zu ermöglichen (Kapitel 2.2).

Tipps & Links

Politik vor Ort

- Gedenkstätten am Ort bzw. in der Region. Ordnen Sie das erinnerte Ereignis in den historischen Gesamtzusammenhang ein, und stellen Sie seine politische Bedeutung dar.
- Führen Sie eine Umfrage zur Akzeptanz des Grundgesetzes durch.
- Der *Grundrechte-Report* ist ein gemeinsames Projekt von neun Bürger- und Menschenrechtsorganisationen. Informieren Sie sich über den aktuellsten Bericht, und laden Sie ggf. Vertreter der Organisationen zu einer Podiumsdiskussion ein (www.grundrechte-report.de).

Referieren und Präsentieren

- Neue Möglichkeiten der Biomedizin berühren auch die Grundrechte des Individuums. Stellen Sie ein Verfahren vor, und erörtern Sie die damit zusammenhängenden Probleme unter dem Aspekt des Grundrechtsschutzes.
- Informieren Sie Ihre Mitschülerinnen und Mitschüler über eine aktuelle oder geplante Änderung des Grundgesetzes. Tragen Sie den Inhalt der Änderungen und die Positionen und Argumente, die von verschiedenen Seiten dazu vorgebracht wurden bzw. werden, vor.
- Großbritannien besitzt keine schriftlich fixierte Verfassung und ist doch eine der ältesten Demokratien der Welt. Berichten Sie, auf welcher Grundlage die Grundrechte gesichert und die Machtverteilung der Institutionen organisiert sind.

Weiterlesen

- Dieter Hesselberger, Das Grundgesetz. Kommentar für die politische Bildung, 13., überarbeitete Auflage, Bonn 2003 (Bundeszentrale für politische Bildung)
  Der Autor verdeutlicht umfassend und übersichtlich die Verfassungsgeschichte, staatsrechtliche Begriffe und den Inhalt der einzelnen Artikel des Grundgesetzes.
- Hans-Joachim Hitschold, Staatskunde. Grundlagen für die politische Bildung, 13., überarbeitete Auflage, Stuttgart 2007 (Boorberg)
  In dem mit vielen Schaubildern angereicherten Werk erfährt der Leser alles Wichtige über Staatswesen allgemein, das politische System der Bundesrepublik Deutschland in seiner Entwicklung bis zum gegenwärtigen Zustand und in seiner Verflechtung mit den Institutionen der Europäischen Union.
- Melchior Robin, Grundgesetz leicht gemacht. Das Staats- und Verfassungsrecht der Bundesrepublik Deutschland, Berlin 2006 (Ewald von Kleist)
  In einer fallorientierten Darstellung gibt der Verfasser eine anschauliche Einführung in das Staatsrecht der Bundesrepublik Deutschland und in die Grundrechte (Menschen- und Bürgerrechte).

Recherchieren

dejure.org/Gesetze/GG
Aktuelle Fassung des Grundgesetzes; von den einzelnen Artikeln aus werden Querverweise zu weiteren Gesetzeswerken sowie zur diesbezüglichen Rechtsprechung gegeben.

amnesty.de
Homepage der deutschen Sektion von amnesty international; die Organisation setzt sich weltweit für die Einhaltung der Menschenrechte ein, zu einzelnen Ländern gibt es Berichte über die Menschenrechtssituation.

2.1 Grundwerte und Staatsstrukturprinzipien

2.1.1 Die Menschenwürde als oberster Wert der Verfassung

Die Entstehung des Grundgesetzes

M 1

Am 1. September 1948 trat in Bonn der Parlamentarische Rat zusammen, gebildet aus 65 Abgeordneten aller politischen Parteien, die von den Landtagen der 11 westdeutschen Länder gewählt worden waren, hinzu kamen fünf Vertreter Berlins als Gäste (27 CDU/CSU; 27 SPD; 5 FDP; 2 Zentrum; 2 DP; 2 KPD). [...]
Der Parlamentarische Rat tagte von September 1948 bis Mai 1949 in einer Gefahr drohenden Zeit der Berliner Blockade und der noch ungefestigten neuen Währung und Wirtschaft. [...] Am 8. Mai 1949 stimmte der Parlamentarische Rat über das Grundgesetz ab; es wurde mit 53 gegen 12 Stimmen angenommen. Bereits am 12. Mai 1949 wurde mit Vorbehalten zu einigen Artikeln die Genehmigung der Besatzungsmächte erteilt. In 10 von 11 Landtagen wurde das Grundgesetz ebenfalls angenommen. In Bayern wurde es mit 101 gegen 63 Stimmen bei neun Enthaltungen abgelehnt. Der bayerische Landtag bejahte jedoch die Zugehörigkeit Bayerns zum Bund mit 97 gegen sechs Stimmen bei 70 Enthaltungen. Das Grundgesetz wurde am 23. Mai 1949 in der Nr. I des Bundesgesetzblattes veröffentlicht und trat am 24. Mai 1949 in Kraft.

Der Präsident des Parlamentarischen Rates, Konrad Adenauer, unterzeichnet das Grundgesetz.

Dieter Hesselberger, Das Grundgesetz. Kommentar für die politische Bildung, 13. Auflage, Bonn 2003, S. 29 f.

Die Wertordnung des Grundgesetzes

M 2

Auch hinter einer Verfassung stehen Werte. Denn die in einem Staat vereinigte und sich eine Verfassung gebende Gesellschaft teilt bestimmte grundlegende Wertvorstellungen. Diese Wertvorstellungen prägen folglich die Verfassungsinstitutionen, die Staatszwecke und Staatsaufgaben sowie die Stellung des Einzelnen zum Staat. [...] Die Würde des Menschen bildet den obersten Verfassungswert. Das ergibt sich nicht nur daraus, dass der erste Satz des ersten Artikels des Grundgesetzes die Unantastbarkeit der Würde des Menschen feststellt, die Würde also an prominenter Stelle erwähnt ist. Explizit formuliert nämlich das Bundesverfassungsgericht: „In der freiheitlichen Demokratie ist die Würde des Menschen der oberste Wert“. Das Gericht stellt weiterhin einen engen Zusammenhang zwischen der Würde und der Eigenständigkeit, Selbstverantwortung und der Persönlichkeitsentfaltung des Menschen her. Damit deutet es an, dass die Würde auf andere Bereiche der Verfassung und auf das Recht allgemein ausstrahlt. Alle staatliche Gewalt hat gemäß Art. 1 Abs. 1 GG die Würde des Menschen zu achten und zu schützen. Der Anspruch auf Menschenwürde wird in Abs. 2 zu einem Bekenntnis zu unverletzlichen und unveräußerlichen Menschenrechten konkretisiert und in Abs. 3 zu Grundrechten mit Bindungswirkung für die Staatsgewalt aktualisiert. [...] Eine zweite Quelle zentraler Verfassungswerte ist die freiheitliche demokratische Grundordnung. Diesen Begriff führt das Grundgesetz an verschiedenen Stellen auf, ohne ihn jedoch näher zu definieren. Die Intention des Begriffes ist hingegen eindeutig: Er drückt die Entschlossenheit des Verfassungsgebers aus, die staatliche Ordnung gegen ihre Feinde zu verteidigen. In mehreren wegweisenden Entscheidungen entfaltete das Bundesverfassungsgericht den Begriff der freiheitlichen demokratischen Grundordnung. [...] Über die Grundmerkmale der freiheitlichen demokratischen Grundordnung führte das Gericht aus, es handle sich um eine Ordnung, „die unter Ausschluss jeglicher Gewalt- und Willkürherrschaft eine rechtsstaatliche Herrschaftsordnung auf der Grundlage der Selbstbestimmung des Volkes nach dem Willen der jeweiligen Mehrheit unter Freiheit und Gleichheit darstellt.“

Joachim Detjen, Verfassungswerte. Welche Werte bestimmen das Grundgesetz?, Bonn 2009, S. 21 ff.

M 3 Menschenwürde und Verfassungskern im Grundgesetz

Art. 1 enthält den obersten Verfassungswert. Art. 20 GG enthält tragende Grundsätze des Staatsaufbaus und der verfassungsmäßigen Ordnung der Bundesrepublik. Deswegen wird er als „Verfassung in Kurzform" bezeichnet. Seine überragende Bedeutung zeigt sich darin, dass im Art. 79 Abs. 3 GG eine Änderung oder Aufhebung der darin enthaltenen Verfassungsgrundsätze durch den Gesetzgeber verboten ist.

Grundgesetz – Artikel 1
(1) Die Würde des Menschen ist unantastbar. Sie zu achten und zu schützen ist Verpflichtung aller staatlichen Gewalt.
(2) Das deutsche Volk bekennt sich darum zu unverletzlichen und unveräußerlichen Menschenrechten als Grundlage jeder menschlichen Gemeinschaft, des Friedens und der Gerechtigkeit in der Welt.
(3) Die nachfolgenden Gesetze binden Gesetzgebung, vollziehende Gewalt und Rechtsprechung als unmittelbar geltendes Recht.

Grundgesetz – Artikel 20
(1) Die Bundesrepublik Deutschland ist ein demokratischer und sozialer Bundesstaat.
(2) Alle Staatsgewalt geht vom Volke aus. Sie wird vom Volke in Wahlen und Abstimmungen und durch besondere Organe der Gesetzgebung, der vollziehenden Gewalt und der Rechtsprechung ausgeübt.
(3) Die Gesetzgebung ist an die verfassungsmäßige Ordnung, die vollziehende Gewalt und die Rechtsprechung sind an Gesetz und Recht gebunden.
(4) Gegen jeden, der es unternimmt, diese Ordnung zu beseitigen, haben alle Deutschen das Recht zum Widerstand, wenn andere Abhilfe nicht möglich ist.

Grundgesetz – Artikel 79 Abs. 3
(3) Eine Änderung dieses Grundgesetzes, durch welche die Gliederung des Bundes in Länder, die grundsätzliche Mitwirkung der Länder bei der Gesetzgebung oder die in den Artikeln 1 und 20 niedergelegten Grundsätze berührt werden, ist unzulässig.

M 4 Menschenwürde – selbst ein Mörder bleibt ein Mensch

Am 27. September 2002 entführte der Jurastudent Magnus Gäfgen den elfjährigen Millionärssohn Jakob von Metzler, als dieser auf dem Heimweg von der Schule ist. In seiner Wohnung erstickt er den Jungen und deponiert die Leiche an einem See im Umland. Zuvor legt er den Eltern ein Erpresserschreiben vor die Haustür. Bald wird er festgenommen und verhört. Als im Verlauf des Verhörs immer ungewisser wird, ob Jakob von Metzler noch lebt, entschließt sich der Leiter der Ermittlungen, der Frankfurter Polizeivizepräsident Wolfgang Daschner, Magnus Gäfgen Folter anzudrohen, damit er verrät, wo sich der Junge befindet. Gäfgen gesteht daraufhin. Wochen später dringen die Foltervorwürfe an die Öffentlichkeit. Der Fall löste eine deutschlandweite Diskussion über die Erlaubnis von Folter aus.

Ein Interview mit dem Anwalt Gäfgens, Hans-Ulrich Endres:

fluter: In der Diskussion um den Fall Magnus Gäfgen ging es ja vor allem um die Frage, warum jemand, der alle Grundrechte eines anderen Menschen fundamental verletzt hat, selbst noch welche zugesprochen bekommen soll. Wie kann man erklären, dass das unbedingt notwendig ist?

Endres: Dazu erst einmal ein ganz einfacher Satz: Der Staat, in dem wir leben, darf sich nicht auf die Ebene des Verbrechers begeben. Wenn nun jemand verdächtigt wird, ein Mörder zu sein, und der Staat ihn deshalb mit Hilfe seines Gewaltmonopols festsetzt, dann steht dieser Mensch immer noch unter der Fürsorge des Staates. Er wird zwar gewaltsam in Obhut genommen und somit als Verbrecher behandelt, er muss auch nicht mit Samthandschuhen angefasst werden. Aber entscheidend ist, dass er genau dieselbe menschliche Würde hat wie das Opfer, das er umgebracht hat. Für seine Tat muss eine Vergeltung geschehen – die Frage ist nur: wie? Und eine Rache ist mit der Fürsorge für den Bürger, die der Staat hat, eben nicht vereinbar. Selbst der grausamste Mörder bleibt ein Mensch. Und unsere Größe, mit so einem Menschen umzugehen, bleibt eines der wichtigsten Merkmale unseres Rechtsstaates.

Autorentext, Interview aus: Fluter, Thema Menschenrechte, Ausgabe 29, Winter 2008, S. 17

Die grundlegende Bedeutung der Menschenwürde

M5

Hans-Joachim Hitschold, Staatskunde. Grundlagen für die politische Bildung, 13. Aufl., Stuttgart 2007, S. 140

Die Menschenwürde als oberster Verfassungswert

M6

- Die Würde des Menschen ist in unserer Rechts- und Wertordnung oberster Verfassungsgrundsatz, an dem sich alles staatliche Handeln zu orientieren hat. Folglich hat der Mensch im Mittelpunkt staatlichen Geschehens zu stehen. Der Grundsatz lautet: Der Staat ist für den Menschen da, und nicht umgekehrt.
- Träger der Menschenwürde ist jeder Mensch von der Geburt bis zum Tode, wobei es unerheblich ist, ob sich der Einzelne seiner Würde bewusst ist oder dieses Bewusstsein nicht hat (etwa der Geisteskranke).
- Die Würde kommt dem Menschen deshalb zu, weil er als einziges Wesen die Fähigkeit besitzt, sich in Freiheit zu entscheiden und sich selbst zu bestimmen.
- Die Menschenwürde ist Ursprung und Quelle aller weiteren Freiheits-, Gleichheits- und Unverletzlichkeitsrechte. Demnach sind es Ansprüche und Berechtigungen, die die Einmaligkeit des Mensch-Seins kennzeichnen und die Würde des Menschen verkörpern.

Aus der absoluten Verpflichtung der gesamten Staatsgewalt, die Würde des Menschen zu achten und zu schützen, folgt,

- dass jeder Träger staatlicher Gewalt bei der Begegnung mit dem Einzelnen dessen Würde nicht antasten oder gar verletzen darf (achten) und
- dass er (z.B. der Polizeibeamte) gleichermaßen abwehrend eingreifen muss, wenn die Würde des Menschen von dritter Seite verletzt zu werden droht bzw. verletzt wird (schützen). [...]

Wann ist die Menschenwürde verletzt?
Die Würde des Menschen ist allgemein immer dann verletzt, wenn

- er zum reinen Objekt staatlicher Maßnahmen gemacht,
- die innere Freiheit des Menschen angetastet oder
- seine Personenwertgleichheit geleugnet wird.

Die Rechtsprechung hat z.B. in folgenden Fällen auf eine Verletzung der Menschenwürde erkannt:

- Vorgänge, die den Menschen auf die Ebene des Tieres erniedrigen, wie Massenaustreibung, Ausrottung rassischer oder religiöser Gruppen durch Tötung, Geburtenverhinderung oder Kindesverschleppung (BVerfGE 1, 104).
- Beeinträchtigung der Willens- und Entschließungsfreiheit durch Misshandlung, um ein Zwangsgeständnis herbeizuführen.
- Verletzung der Privatsphäre (Geheimnisbruch) wie unberechtigte Ton- und Bildaufnahmen, widerrechtliches Abhören von Telefongesprächen oder das öffentliche Verlesen persönlicher Briefe.

Hans-Joachim Hitschold, Staatskunde. Grundlagen für die politische Bildung, 13. Aufl., Stuttgart 2007, S. 139 ff.

Aufgaben

1. Erläutern Sie, welche grundlegenden Werte das Grundgesetz prägen (M 2 – M 5).
2. Begründen Sie, warum die Androhung von Folter zur Erzwingung von Geständnissen mit dem Grundgesetz unvereinbar ist (M 4, M 5).

2.1.2 Die Staatstrukturprinzipien

M 7 Entscheidung für die parlamentarische Demokratie

Mit Art. 20 Abs. 1 legt das Grundgesetz die Demokratie als die Grundlage und den Rahmen unserer Verfassungsordnung fest. Die Demokratie des Grundgesetzes kann auf einige wenige Prinzipien zurückgeführt werden:

Volkssouveränität: Jede staatliche Machtausübung muss durch das Volk legitimiert sein. Die staatlichen Organe müssen entweder, wie die Parlamente, aus Volkswahlen hervorgehen oder, wie die Regierung und die von ihr berufene Verwaltung, von den gewählten Repräsentanten eingesetzt werden. Die Amtsinhaber sind dem Volke bzw. seinen Repräsentanten verantwortlich und können aus ihrem Amt entfernt werden.

Repräsentativsystem: Die Verfassungsgeber haben sich für ein reines Repräsentativsystem entschieden. Das Volk übt die Staatsgewalt nicht direkt aus, sondern überträgt sie durch Wahlen Repräsentanten, den Abgeordneten, die in seinem Auftrag die Entscheidungen im Staat treffen. Die in Art. 20 Abs. 2 genannten Abstimmungen sind nur für den Fall einer Neugliederung der Länder vorgesehen. […]

Mehrheitsprinzip: In einer Demokratie gilt der Grundsatz, dass bei Wahlen und Abstimmungen die Mehrheit entscheidet und daß die Minderheit die Mehrheitsentscheidung anerkennt. Sie hat dafür die Chance, bei künftigen Wahlen und Abstimmungen ihrerseits die Mehrheit zu erringen und kann erwarten, dass dann ihre Entscheidungen respektiert werden. Das Mehrheitsprinzip ist eine Kompromisslösung. Die Entscheidung der Mehrheit muss nicht „richtig" sein. Das Mehrheitsprinzip gewährleistet aber, dass Konflikte friedlich ausgetragen werden.

Streitbare Demokratie: Anders als die Weimarer Republik ist die Demokratie des Grundgesetzes nicht nur eine formale Demokratie, sondern eine Wertordnung, die freiheitliche demokratische Grundordnung mit ihren unantastbaren Prinzipien.

Karl-Rudolf Korte, http://korte-wahlenbuch.bpb.de (12.6.2009)

Das Rechtsstaatsprinzip im Grundgesetz

M 8

Das Rechtsstaatsprinzip konkretisiert sich in einer Reihe von Leitideen und Grundsätzen:
Prägend ist zunächst die Idee der Gerechtigkeit, die die Schaffung bzw. Erhaltung materieller Gerechtigkeit zum obersten Ziel staatlichen Handelns erklärt (BVerfGE 21, 378).
Die Rechtsbindung (Art. 20 Abs. 3 GG, Art. 79 GG, Art. 93 GG, Art. 104 GG) beinhaltet einerseits den Vorbehalt und andererseits den Vorrang des Gesetzes. Vorrang des Gesetzes bedeutet, dass der gesetzgeberische Wille gegenüber jeder anderen staatlichen Handlung wie z. B. der Rechtsverordnung, der Satzung oder einem Verwaltungsakt höherwertig ist. Der Grundsatz des Gesetzesvorbehaltes besagt, dass die Verwaltung nur dann tätig werden darf, wenn ein entsprechendes Gesetz vorliegt.
Der Grundsatz der Rechtssicherheit (Art. 103 GG, Art. 104 GG) beinhaltet einerseits das Recht auf die Rechtsweggarantie, andererseits das auf rechtliches Gehör für jedermann. Es ist v. a. als Garant der Kalkulierbarkeit für den Bürger zu werten. Dies schließt auch das u. U. für den Bürger nicht einzusehende Institut der Rechtskraft gerichtlicher Entscheidungen ein, d. h. die Tatsache, dass einmal ergangene gerichtliche Entscheidungen auch dann nicht angefochten werden können, wenn sie unrichtig sind. Ebenso zum Prinzip der Rechtssicherheit ist die Frage der Behandlungen von Rückwirkungen zu rechnen, d. h. des Umgangs mit Gesetzen, die bestimmte Sachlagen nachträglich ändern. Zu der rechtsstaatlichen Forderung der Messbar- und Vorausberechenbarkeit staatlichen Handelns gehört aber auch die größtmögliche Präzision und Klarheit der Gesetzgebung und damit die Vermeidung von unbestimmten Rechtsbegriffen, wo immer dies möglich erscheint.
Der Grundsatz der Rechtsgleichheit (Art. 3 Abs. 1 u. Abs. 3 GG, Art. 19 Abs. 1 GG) zwingt den Staat, gleichliegende Sachverhalte auch gleich zu behandeln. Im Grundsatz der Verhältnismäßigkeit ist festgelegt, dass der Einzelne vor unnötigen staatlichen Eingriffen zu schützen ist und dass bei der Notwendigkeit für staatliche Eingriffe diese durch hinreichende gesetzliche Regelungen bestimmt sein müssen. Die Verwaltung darf auch bei Eingriffen, für die eine Ermächtigung durch Gesetz vorliegt, nur diejenigen Mittel anwenden, die notwendig sind, um den angestrebten Erfolg zu garantieren, und diese wiederum auch nur dann, wenn das Mittel im Verhältnis zum angestrebten Erfolg steht.

Irene Gerlach, Bundesrepublik Deutschland. Entwicklung, Strukturen und Akteure eines politischen Systems, Opladen 1999, S. 60 f.

Formelles und materielles Rechtsstaatsverständnis

Info

Das Rechtsstaatsprinzip hat seine Wurzeln im liberalen Rechtsstaatsdenken des 19. Jahrhunderts und bedeutete zunächst in der Ausprägung des **formalen Rechtsstaates**, dass die Gesetze eines Staates nach bestimmten Regeln zustande kamen und dass der Staat in seinem Handeln an diese Gesetze gebunden sei. Die Tragik eines solchen formalen Rechtsstaates ist, dass trotz formal korrekten Handelns nach dem Recht der Gerechtigkeitsgedanke und insbesondere die Kongruenz mit einer unaufkündbaren Wertordnung (Grundrechte) im Handeln des Staates nicht bindend sind, wie wir aus der legalen Entstehung des nationalsozialistischen Terrorregimes gelernt haben.
Die Bundesrepublik Deutschland ist ein **materieller Rechtsstaat**, d. h. das Handeln des Staates ist nicht nur an Recht, sondern an die unmittelbare Geltung der Grundrechte und an den Gerechtigkeitsgedanken gebunden.

Autorentext

M 9 Die Grundrechte als Fundament des Rechtsstaats

Das Neuartige der Rechtsstaatskonstruktion des Grundgesetzes besteht in der herausgehobenen Rolle von Grundrechten und in der Errichtung eines Bundesverfassungsgerichts. In Abwendung von dem positivistischen Rechtsverständnis vor 1933, das Recht lediglich an der formellen Korrektheit des Rechtsetzungsverfahrens maß, sind die Grundrechte im Grundgesetz in ihrem Wesen auch Mehrheitsentscheiden entzogen. Die Grundrechte sind in Art. 1-19 an die Spitze des Grundgesetzes gestellt worden. Dies betont ihren zentralen Stellenwert als Wertebasis der Verfassung. Zu unterscheiden ist zwischen *allgemeinen Menschenrechten* („Jeder hat das Recht ...“), die ihrem Wesen nach überstaatliche Rechte sind, und jedem zustehen, und *Bürgerrechten*, die nur für Staatsangehörige gelten („Alle Deutschen haben das Recht ...“). Zu den Menschenrechten gehören die meisten Freiheitsrechte oder Grundfreiheiten, die Freiheit der Person, Meinungsfreiheit, Glaubensfreiheit. Bürgerrechte sind beispielsweise das Recht der Vereinigungs- und Koalitionsfreiheit.

Grundrechte im GG

Welche Grundrechte für wen?

Bürgerrechte

„Alle Deutschen ...“
z.B.
- Versammlungsfreiheit
- Vereinigungsfreiheit
- Freizügigkeit
- Berufsfreiheit
- Staatsbürgerliche Gleichheit
- Wahlstimmengleichheit

Menschenrechte

„Jeder Mensch hat das Recht ...“
z.B.
- Allgemeine Persönlichkeitsrechte
- Gleichheitssatz
- Berufsfreiheit
- Gleichberechtigungsgebot
- Glaubensfreiheit
- Meinungsfreiheit
- Rechtsschutzgarantie

Ausländerrechte

z.B.
- Asylrecht

Welche Ziele haben die Grundrechte?

Freiheit

wie:
- Recht auf Leben und körperliche Unversehrtheit
- Glaubensfreiheit
- Gewissensfreiheit
- Meinungsfreiheit
- Pressefreiheit
- Wissenschaftsfreiheit
- Versammlungsfreiheit
- Vereinigungsfreiheit
- Postgeheimnis
- Freizügigkeit
- Unverletzlichkeit der Wohnung

Gleichheit

wie:
- Gleichheitssatz und Willkürverbot
- Gleichberechtigungsgebot
- Diffamierungsverbot
- Staatsbürgerliche Gleichheit
- Wahlstimmengleichheit

faires Verfahren

wie:
- Rechtsschutzgarantie
- Garantie des gesetzlichen Richters
- Garantie des rechtlichen Gehörs
- Rechtsgarantie bei Freiheitsentziehung

Autorentext, Grafik nach Werner Glenewinkel, special Grundrechte, Reinbek bei Hamburg 1995, S. 40

Die Gewaltenteilung als Element des Rechtsstaates

M 10

Die Gewaltenteilung bezweckt, die Ausübung staatlicher Gewalt in ihren Grundfunktionen organisatorisch und personell zu trennen, auf verschiedene Mächte zu verteilen und in ein System gegenseitiger Hemmung zu bringen. [...] Die Gewaltenteilung wird dadurch erreicht, dass die drei staatlichen Grundfunktionen verschiedenen Organen zugewiesen werden, so dass keines dieser Organe legal über die gesamte Staatsgewalt verfügen kann (organisatorische Gewaltenteilung) und die Amtsträger der einen Gewalt nicht zugleich Amtsträger der anderen Gewalt sein dürfen (personelle Gewaltenteilung; sog. Inkompatibilität). So darf beispielsweise ein amtierender Richter nicht zugleich Abgeordneter oder Minister sein.

Dieter Hesselberger, Das Grundgesetz, Kommentar für die politische Bildung, 12. Aufl., Bonn 2003, S. 178 ff.

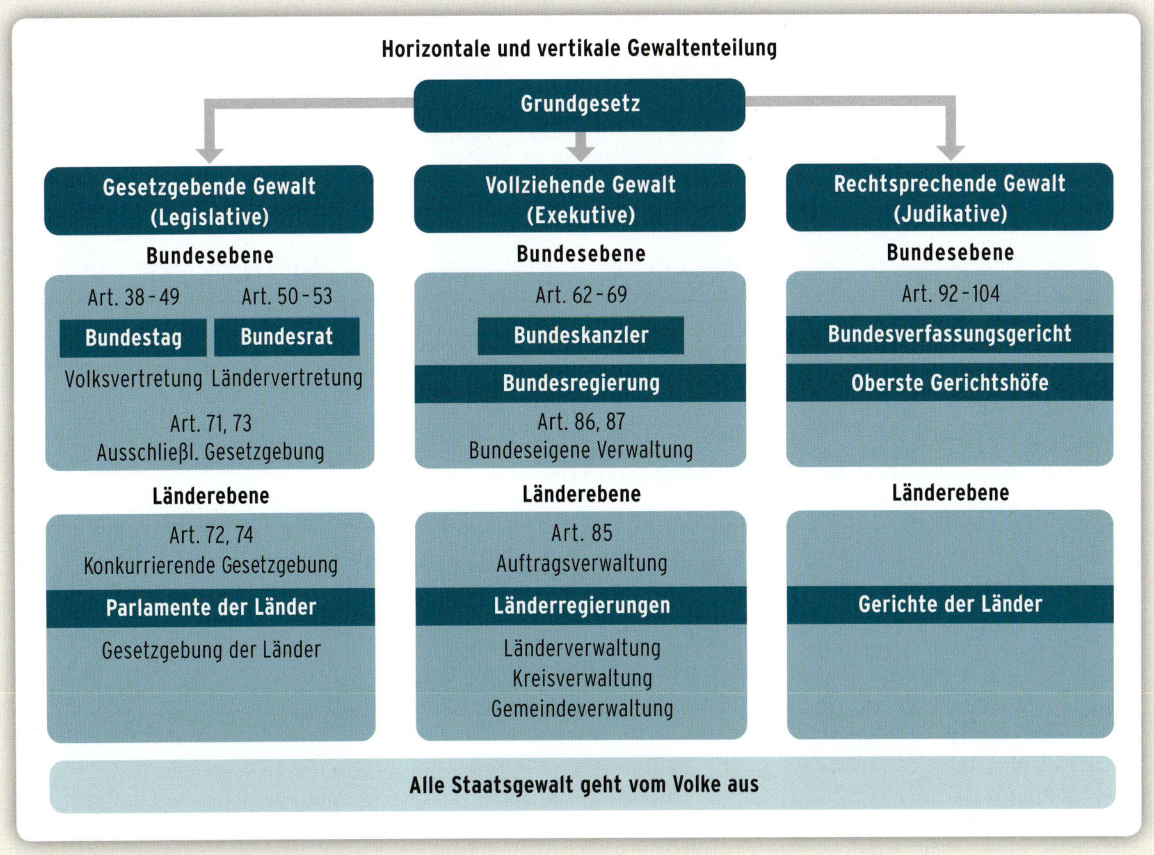

Erich Schmidt Verlag, Zahlenbilder 61 110

Aufgaben

1. Erstellen Sie in Partnerarbeit auf der Basis von M 7 ein Strukturmodell der parlamentarisch-repräsentativen Demokratie, und stellen Sie es dem Kurs vor.
2. Nennen Sie die wesentlichen Prinzipien des Rechtsstaats (M 8).
3. Erläutern Sie, warum Deutschland ein „materieller Rechtsstaat" ist (M 8 – M 9).
4. Erklären Sie, wie das System der Gewaltenteilung in Deutschland dazu beiträgt, eine Willkürherrschaft zu verhindern (M 10).

M 11 Der Sozialstaat ergänzt den Rechtsstaat

Sozialstaat bezeichnet die Gesamtheit staatlicher Einrichtungen, Steuerungsmaßnahmen und Normen innerhalb eines demokratischen Systems, mittels derer Lebensrisiken und soziale Folgewirkungen einer kapitalistisch-marktwirtschaftlichen Ökonomie aktiv innerhalb dieser selbst politisch bearbeitet werden. Der Marktprozess sorgt neben der Versorgung mit Gütern auch für eine Vielzahl sozialer Risiken und Problemlagen, die nicht vom Markt selbst reguliert werden können. Die politisch-staatliche Bewältigung solcher sozialen Wirkungen der Marktökonomie erfolgt in sozialstaatlich verfassten politischen Systemen ohne Antasten der Marktwirtschaft.

Sozialstaat bezeichnet zugleich die Ausrichtung staatlichen Handelns auf die Herstellung sozialer Gerechtigkeit und sozialer Sicherheit, auf die Sicherung eines sozialen Existenzminimums für alle sowie die Milderung der ökonomischen Ungleichverteilung und der sozialen (Klassen-, Schichten-, Gruppen-) Gegensätze. Als generelle Sozialbindung staatlichen Handelns fordert Sozialstaatlichkeit die politisch-demokratische Überformung der Marktprozesse nach Maßstäben sozialer Gerechtigkeit.

In dieser weiten und unbestimmten Fassung ist der Sozialstaat im Grundgesetz mit den Formulierungen „sozialer Bundesstaat" (Art. 20 Abs. 1) sowie „sozialer Rechtsstaat" (Art. 28 Abs. 1) als allgemeine Staatszielbestimmung normiert worden. Das Gemeinwesen wird durch dieses Sozialstaatsgebot zur Förderung sozialer Gerechtigkeit als allgemeiner Richtschnur der Erfüllung öffentlicher Aufgaben verpflichtet. Eine juristisch-schulmäßige Definition des Sozialstaates hat sich bis heute auch in der Rechtsprechung des Bundesverfassungsgerichtes nicht herausgebildet. Prinzipiell wird die Offenheit des Sozialstaatsprinzips betont, wonach es dem Gesetzgeber obliegt, die angemessenen Mittel und Wege zur Realisierung sozialer Gerechtigkeit zu bestimmen. Aus dem Sozialstaatsgebot als Staatsziel können direkt keine Rechtsansprüche und soziale Leistungsnormen abgeleitet werden.

Frank Nullmeier, Sozialstaat, in: Uwe Andersen / Wichard Woyke (Hrsg.), Handwörterbuch des politischen Systems der Bundesrepublik Deutschland, 5. Aufl., Bonn 2003, S. 568-572

M 12 Ausformungen des Sozialstaatsprinzips

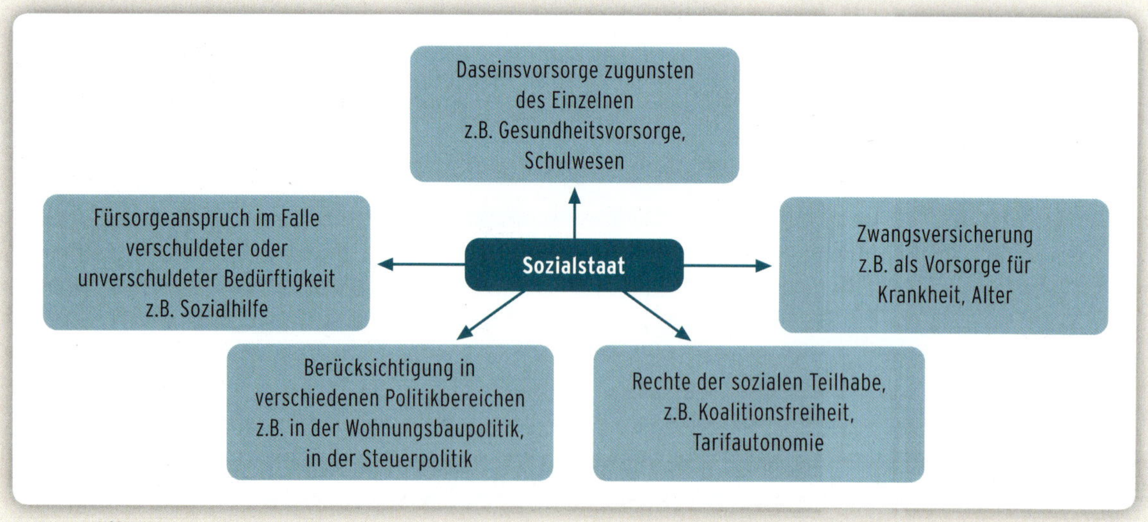

Autorengrafik

Deutschland – ein Bundesstaat

M 13

Das *Föderalismusprinzip* gehört mit dem Demokratieprinzip zu den Strukturmerkmalen unserer Verfassung [...], deren Bestand durch Art. 79 Abs. 3 für alle Zeit gesichert ist. Es legt in Art. 20 GG Abs. 1 die Organisation unseres Staates im Rahmen eines Bundesstaates, d. h. Zentralstaat auf der einen und Gliedstaaten auf der anderen Seite, fest und steht damit im Gegensatz zu den Prinzipien des Staatenbundes und des Einheitsstaates.

Mit Bezug auf Art. 28 Abs. 1 GG ist von der eigenstaatlichen Qualität der Länder auszugehen, die vom Parlamentarischen Rat mit der Zielsetzung der Kontrolle des Zentralstaates eindeutig so gewollt war. In dieser Eigenstaatlichkeit der Länder liegt der Unterschied zwischen Ländern und Gemeinden begründet, die zwar nach Art. 28 II das Recht haben, „alle Angelegenheiten der örtlichen Gemeinschaft im Rahmen der Gesetze in eigener Verantwortung zu regeln", aber keine eigenstaatlichen Subjekte und daher als Teile der Länder zu verstehen sind.

V. a. in Art. 30 GG ist das Verhältnis zwischen Bund und Ländern geklärt: „Die Ausübung der staatlichen Befugnisse und die Erfüllung der staatlichen Aufgaben ist Sache der Länder, soweit dieses Grundgesetz keine andere Regelung trifft oder zulässt." [...]

Wollen wir die Hauptprinzipien des bundesdeutschen Föderalismus zusammenfassen, so können wir das folgendermaßen tun:

- Zugleich das Prinzip der Subsidiarität als auch das der Komplementarität kennzeichnen den bundesdeutschen Föderalismus: Prinzipiell sollen im Bundesstaat diese betreffende Aufgaben jeweils von der kleineren Einheit erfüllt werden.
- Komplementär ist die Aufgabenverteilung z. B. dort, wo festgelegt ist, dass die Ausführung der staatlichen Befugnisse sowie die Verwaltung in der Regel Sache der Länder sind (Art. 30 u. 83 GG). Dasselbe gilt z. B. auch für die Rahmengesetzgebung.
- Die Länder sind an das Gebot der Homogenität ihrer staatlichen Organisation nach den Grundsätzen von Art. 28 Abs. 2 GG gebunden.
- Die Länder haben trotz weitgehender Ausschöpfung der Kompetenzen des Bundes bei der Bundesgesetzgebung wesentliche Mitwirkungsrechte.
- Im Konfliktfall bricht Bundesrecht Landesrecht (Art. 31 GG) und die Zuständigkeit, über die Träger von Kompetenz zu entscheiden, d. h. die Kompetenz-Kompetenz, liegt beim Bund.
- Die umfassend geregelten getrennten Kompetenzen bergen unweigerlich die Gefahr von Spannungen zwischen den Trägern Bund und Länder in sich. Die wechselseitige Abhängigkeit bedingt trotzdem den Willen zur Koordination.
- Der föderalistische Aufbau der Bundesrepublik ist – solange das Grundgesetz gilt – nicht abzuschaffen, für die Länder existiert kein Austrittsrecht. Allerdings ist mit Art. 29 GG die Möglichkeit zur Umstrukturierung der Ländergrenzen gegeben.

Irene Gerlach, Bundesrepublik Deutschland. Entwicklung, Strukturen und Akteure eines politischen Systems, Opladen 1999, S. 57 ff.

Aufgaben

1. In M 12 sind Ausformungen des Sozialstaatsprinzips genannt. Diskutieren Sie, ob ein Engagement des Staates in den genannten Bereichen notwendig ist, um dem Sozialstaatsprinzip gerecht zu werden (M 11, M 12).
2. Stellen Sie dar, inwieweit das Bundesstaatsprinzip einen Beitrag zur Gewaltenteilung und zur Akzeptanz politischer Entscheidungen leisten kann (M 10, M 13).
3. Die bundesstaatliche Ordnung in Deutschland gerät immer wieder in das Kreuzfeuer der Kritik, weil Reformvorhaben im föderalistischen System nur schwer durchzusetzen sind. Diskutieren Sie vor diesem Hintergrund die Vor- und Nachteile des Föderalismus (M 13, vgl. Kapitel 8.1 und 8.2).

Wissen kompakt

Die Entstehung des Grundgesetzes
M 1, M 2

„Grundgesetz" ist die Bezeichnung für die **Verfassung** der Bundesrepublik Deutschland. Es wurde am 23. Mai 1949 verkündet und trat am folgenden Tag in Kraft. In ihm sind die Grundzüge der Staatsordnung festgelegt: Es sichert die pluralistische Demokratie ab, indem es Rahmen und Regeln für die politischen Auseinandersetzungen („den politischen Prozess") setzt (Verfahrenskonsens) und grundlegende Werte und Prinzipien vorgibt (Wertekonsens).

Grundwerte im Grundgesetz
M 3 – M 6

Der **Wertekonsens** ist über die im Grundgesetz formulierten Grundrechte definiert. Von der Menschenwürde als oberstem Wert der Verfassung leiten sich die Grundrechte ab, die sich zum Beispiel in Freiheits-, Gleichheits- und Verfahrensrechte gliedern lassen. Das Grundgesetz sichert ihre Geltung, ihren Schutz und ihre Wirksamkeit in besonderen Grundgesetzartikeln („immanenter Schutz"). So dürfen sie zum Beispiel in ihrem Wesensgehalt nicht angetastet werden. Bei Verletzungen der Grundrechte durch den Staat ist die Möglichkeit der Verfassungsbeschwerde beim Bundesverfassungsgericht („institutioneller Schutz") für jedermann vorgesehen.

Strukturprinzipien des Grundgesetzes
M 7 – M 13

Aus den Erfahrungen der Weimarer Republik sowie der Selbstabschaffung der Demokratie und der Missachtung der Grundrechte ab 1933 garantiert das Grundgesetz in Art. 79 Abs. 3 GG (**„Ewigkeitsklausel"**) einen unaufhebbaren **„Verfassungskern"**, der in den Art. 1 und 20 GG festgelegt ist. Dazu gehören:

- Achtung der Menschen- und Grundrechte
- Demokratieprinzip
- Rechtsstaatsprinzip
- Sozialstaatsprinzip
- Bundesstaatsprinzip
- Gewaltenteilung

Gewaltenteilung
M 10

Der Grundsatz der **Gewaltenteilung** zeigt sich in der Begrenzung und Kontrolle der Staatsgewalt zur Vermeidung des Missbrauchs staatlicher Macht durch einzelne Institutionen bzw. Personen. Neben der Trennung von Legislative, Exekutive und Judikative, also gesetzgebender, ausführender und richterlicher Gewalt (horizontaler Gewaltenteilung), wirken sich in der Demokratie der Bundesrepublik noch andere Aspekte gewaltenteilend aus, wie z.B. die Vergabe politischer Macht auf Zeit (temporale Gewaltenteilung) oder die Aufteilung von Zuständigkeiten auf Bund und Länder (vertikale Gewaltenteilung).

2.2 Bewahrung und Offenheit des Grundgesetzes

2.2.1 Die wehrhafte Demokratie

Das zu schützende Gut: die freiheitliche demokratische Grundordnung

M 1

Besonders deutlich werden Konsequenzen aus dem Scheitern der Weimarer Republik in dem festschreiben unabänderlicher, das heißt durch keine Mehrheit aufhebbarer Verfassungsprinzipien: des Prinzips der Menschen- und Grundrechte, der Demokratie, des Rechts-, des Bundes- und des Sozialstaates (Art. 79 Abs. 3 in Verbindung mit Art. 1 und Art. 20 GG). Die demokratischen und rechtsstaatlichen Komponenten dieses unantastbaren Verfassungskerns werden unter dem Begriff der „freiheitlichen demokratischen Grundordnung" zusammengefasst. Diese hat das Bundesverfassungsgericht in einem Urteil so definiert:

„So lässt sich die freiheitliche demokratische Grundordnung als eine Ordnung bestimmen, die unter Ausschluss jeglicher Gewalt- und Willkürherrschaft eine rechtsstaatliche Herrschaftsordnung auf der Grundlage der Selbstbestimmung des Volkes nach dem Willen der jeweiligen Mehrheit und der Freiheit und Gleichheit darstellt. Zu den grundlegenden Prinzipien dieser Ordnung sind mindestens zu rechnen: die Achtung vor den im Grundgesetz konkretisierten Menschenrechten, vor allem vor dem Recht der Persönlichkeit auf Leben und freie Entfaltung, die Volkssouveränität, die Gewaltenteilung, die Verantwortlichkeit der Regierung, die Gesetzmäßigkeit der Verwaltung, die Unabhängigkeit der Gerichte, das Mehrparteiensystem und die Chancengleichheit für alle politischen Parteien mit dem Recht auf verfassungsmäßige Bildung und Ausübung einer Opposition."

Wolfgang Rudzio, Das politische System der Bundesrepublik Deutschland, 7. Aufl., Wiesbaden 2006, S. 36 f. „SRP-Urteil" des BVerfG vom 22. Oktober 1952, BVerfGE 2, S. 12 f.

Die Instrumente der wehrhaften Demokratie

M 2

Durch Art. 79 Abs. 3 GG wurden die in Art. 1 und 20 niedergelegten Verfassungsgrundsätze und der föderale Aufbau des Staates jeglicher Verfassungsänderung entzogen. Diese Wertgebundenheit wird mit einer Wehrhaftigkeit verknüpft, die in den verfassungsmäßigen Sanktionsmöglichkeiten gegenüber extremistischen Bestrebungen ihre Verankerung findet. Zu den wichtigsten Normen der streitbaren Demokratie, in denen die Wehrhaftigkeit des Grundgesetzes sichtbar wird, zählen:

- das Verbot von Vereinigungen, „deren Zwecke oder deren Tätigkeiten den Strafgesetzen zuwiderlaufen oder die sich gegen die verfassungsmäßige Ordnung richten" (Art. 9 Abs. 2 GG);
- die Grundrechtsverwirkung der Meinungsfreiheit (Art. 5), insbesondere der Pressefreiheit (Art. 5 Abs. 1), der Lehrfreiheit (Art. 5 Abs. 3), der Versammlungsfreiheit (Art. 8), der Vereinigungsfreiheit (Art. 9), des Brief-, Post- und Fernmeldegeheimnisses (Art. 10), des Eigentumsrechts (Art. 14) oder des Asylrechts (Art. 16 Abs. 2), wenn diese zum Kampf gegen die freiheitliche demokratische Grundordnung missbraucht werden (Art. 18 GG);
- die Möglichkeit des Verbotes verfassungsfeindlicher Parteien (Art. 21 Abs. 2 GG);
- die Verpflichtung des öffentlichen Dienstes zur Verfassungstreue (Art. 33 Abs. 4 GG).

Zu den besonderen Kennzeichen der Grundmaximen der streitbaren Demokratie des Grundgesetzes gehört die Vorverlagerung des Demokratieschutzes. Im Gegensatz zu anderen westlichen Demokratien wird in der Bundesrepublik nicht erst die Verletzung von Strafgesetzen, insbesondere die Anwendung von Gewalt, bei der Verfolgung extremistischer Ziele juristisch geahndet. Auch scheinbar im Rahmen der Legalität einzuordnende, friedfertige Bestrebungen zur Durchsetzung extremistischer Ideologien können mit dem Instrumentarium der streitbaren Demokratie sanktioniert werden.

Carmen Everts, Die Konzeption der streitbaren Demokratie, in: Eckhard Jesse/Steffen Kailitz (Hrsg.), Prägekräfte des 20. Jahrhunderts. Demokratie, Extremismus, Totalitarismus, München 1997, S. 76 f.

Info

Parteienprivileg und Verbotsverfahren

Parteien haben nach dem Grundgesetz eine herausgehobene Rolle bei der politischen Willensbildung. Während Vereinigungen mit verfassungsfeindlicher Ausrichtung durch die Exekutive verboten werden können, kann ein Parteienverbot nur durch ein Urteil des Bundesverfassungsgerichts erfolgen. Dieses so genannte „**Parteienprivileg**" basiert auf Artikel 21 des Grundgesetzes. Darin heißt es: „Die Parteien wirken bei der politischen Willensbildung des Volkes mit. Ihre Gründung ist frei. (...) Parteien, die nach ihren Zielen oder nach dem Verhalten ihrer Anhänger darauf ausgehen, die freiheitliche demokratische Grundordnung zu beeinträchtigen oder zu beseitigen oder den Bestand der Bundesrepublik Deutschland zu gefährden, sind verfassungswidrig. Über die Frage der Verfassungswidrigkeit entscheidet das Bundesverfassungsgericht." Die Entscheidung führt nicht nur zu einem Verbot der Partei und ihrer Nachfolgeorganisationen, sondern auch zu einem sofortigen Mandatsverlust und zum Einzug des Parteivermögens. Bislang wurden in der Geschichte der Bundesrepublik mit der rechten Sozialistischen Reichspartei 1952 und der linken Kommunistischen Partei Deutschlands (KPD) 1956 zwei Parteien verboten.

Autorentext

M 3 Kein Problem – wir sägen ihn um

Haitzinger/CCC, www.c5.net

Kontrovers diskutiert: Soll die NPD verboten werden?

M 4

Im Jahr 2001 hatten Bundesregierung, Bundestag und Bundesrat in Karlsruhe einen Antrag auf Verbot der NPD gestellt. Im Jahr 2003 entschied das Bundesverfassungsgericht, das NPD-Verbotsverfahren einzustellen, weil es in der Unterwanderung der NPD durch V-Leute ein unüberwindbares Verfahrenshindernis sah. Seitdem wird immer wieder diskutiert, einen neuen Antrag beim Bundesverfassungsgericht zu stellen.

a) Verbot vorantreiben – ein Plädoyer

An der Verfassungsfeindlichkeit der rechtsextremen Nationaldemokratischen Partei Deutschlands (NPD) besteht überhaupt kein Zweifel. Trotzdem wagen wir nicht, einen Verbotsantrag zu stellen. Denn es gibt Zweifel am Erfolg eines Verbotsverfahrens. Und die stammen aus der Angst vor einer zweiten Niederlage vor dem Bundesverfassungsgericht.

Diese Angstzweifel haben einen Grund, aber sie müssen überwunden werden. Die NPD gehört nicht in unser demokratisches Parteienspektrum, weil sie und die in ihr Parteiumfeld integrierten Schlägerhorden den aus einer parlamentarischen Demokratie bestehenden Staat bekämpfen und ihn abschaffen wollen. Also ist sie keine Konkurrenz im Parteiensystem, sondern dessen Gegner. Und wir dürfen nicht länger zusehen, wie sie dieses gewachsene System lächerlich und verächtlich macht, wie sie es ausnutzt und unterläuft, wie sie es aushebeln und schließlich abschaffen will. Wenn das Verbot jetzt nicht ernsthaft betrieben wird, zeigt der Staat eine Schwachstelle. Eine Schwäche, die den rechtsextremen Nationalen Anlass für Hass und Gewalt bietet. 2001 hatten Bundestag, Bundesrat und Bundesregierung gemeinsam ein Verbotsverfahren eingeleitet. Es scheiterte 2003 nicht wegen mangelnden Beweismaterials, sondern an einem Verfahrensmangel: NPD-belastende Zitate im Verbotsantrag stammten von Spitzeln, die im Parteiapparat saßen und den Verfassungsschutzämtern Material lieferten. Diese juristische Pleite für Parlament und Regierung war einer der größten denkbaren Unfälle in der Geschichte der Bundesrepublik Deutschland. Die Rechtsextremen lachten sich ins Fäustchen. Unter dem Schutz der von ihnen abgelehnten Rechtsordnung strafften sie ihre Organisation und ihren Unterbau. Sie fühlen sich als nicht verbotene Partei immer sicherer, erzielten vereinzelte Wahlerfolge, machen mit staatlichen Zuwendungen aus Steuermitteln widerliche Propaganda und treten in zwei Landesparlamenten, in Sachsen und in Mecklenburg-Vorpommern, dreist auf.

Offene Ausländerfeindlichkeit, fanatischer Rassismus, wüster Hass gegen Minderheiten und übelster Antisemitismus sind Merkmale der NPD-Ideologie, die schon längst nicht mehr verborgen wird. Das alles unter dem Schutz des Staates, den sie abschaffen wollen. Und mit dem Geld des Staates, den sie abschaffen wollen. Dem dürfen wir nicht länger zusehen. Ein demokratischer Staat, der seine undemokratischen Feinde ungeniert auftreten lässt und sie auch noch alimentiert, ist nicht tolerant, sondern feige. Das fatale Signal der Untätigkeit wird von der NPD mit ihren Anhängern und Mitläufern als Einladung verstanden, sich zu etablieren. Und viele Wählerinnen und Wähler, die gar nicht alle unbedingt der NPD-Ideologie folgen, sondern aus Protest gegen subjektiv gefühlte Benachteiligungen rechtsextrem wählen, dürfen denken, das sei doch gar nicht so schlimm, denn die Partei ist ja nicht verboten.

Parteien, heißt es im Grundgesetz, sollen an der politischen Willensbildung mitwirken. Die NPD muss aber genau daran gehindert werden, diese öffentliche Aufgabe wahrzunehmen. Doch wenn Information, Aufklärung und Seminare, Auseinandersetzung und Protestkundgebungen, Lichterketten und „Gesicht zeigen" nicht ausreichen, muss eben das konsequente Mittel angewendet werden: Verbot. Damit würde der organisierte Rechtsextremismus illegal.

Helmut Lölhöffel, bpb.de (12.8.2009)

b) „Trauriges Zeichen der Hilflosigkeit“

Ein Interview mit Extremismusforscher Eckhard Jesse, warum ein Verbotsverfahren kontraproduktiv und zugleich ein Armutszeugnis ist.

sueddeutsche.de: Herr Jesse, muss es ein neues NPD-Verbotsverfahren geben?

Eckhard Jesse: Nein, auf keinen Fall. Man muss unterscheiden, ob ein Verbotsantrag erfolgreich sein kann, und andererseits, ob ein Verbot wünschenswert ist. Ich räume ein, man kann die NPD verbieten, wenn vorher die V-Leute abgeschaltet werden. Die Verfassungsfeindlichkeit der NPD ist ja eindeutig gegeben. Es besteht dennoch die Gefahr des Scheiterns. Das wäre eine Blamage. Die NPD könnte dann den Eindruck erwecken, sie hätte einen demokratischen Persil-Schein. Aber es gibt durchschlagende Argumente, die grundsätzlich gegen ein Parteiverbot sprechen.

sueddeutsche.de: Welche sind das?

Jesse: Eine Partei zu verbieten, die in zwei Landtagen vertreten ist, das wäre ein Armutszeugnis für eine offene Gesellschaft. Das vermittelt den Bürgern den Eindruck, man werde auf andere Weise mit der Partei nicht fertig. Das Problem ist: Gedanken kann man nicht verbieten. Binnen kurzem würde sich nach einem Verbot eine neue Partei bilden.

sueddeutsche.de: Warum konnte die NPD überhaupt so stark werden?

Jesse: Das hängt mit einer Reihe von Verboten zusammen, die in den vergangenen Jahren gegen rechtsextreme Organisationen – wie etwa die Wiking-Jugend – ausgesprochen worden sind. Deren Anhänger haben sich dann eben der NPD angeschlossen. Mit den Verboten wurde einer Radikalisierung und Konzentration der rechtsextremen Kräfte Vorschub geleistet. Ohne die Verbote hätten wir heute das Problem einer aggressiven NPD nicht in diesem Maße.

sueddeutsche.de: Also keine Angst vor der NPD?

Jesse: Nein. Die NPD ist völlig isoliert. Keine tragende gesellschaftliche Gruppierung will mit ihr etwas zu tun haben. Sie wird von Gewerkschaften, Arbeitgebern, Kirchen geächtet. Sie hat keine Machtoption. Das war anders in der Weimarer Republik. Da war der Rechtsextremismus fest in der Gesellschaft verankert.

sueddeutsche.de: Warum immer dieser Verbotsreflex, wenn die NPD mal wieder in den Schlagzeilen ist?

Jesse: Das ist ein trauriges Zeichen der Hilflosigkeit. Politiker glauben, mit dem Verbot ein Patentrezept gegen die NPD in der Hand zu haben. Das ist nicht der Fall.

sueddeutsche.de: Die NPD fällt in Wahlkämpfen gerne mit Familienfesten und sozialen Versprechen auf.

Jesse: Die NPD ist nicht mehr die klassische rechtsextreme Partei, wie wir sie noch vor 20 Jahren kannten. Sie geriert sich als antikapitalistisch und argumentiert sozialpopulistisch. Die Wähler trauen den etablierten Parteien nicht mehr zu, ihre sozialen Probleme lösen zu können. Und da bietet sich die NPD mit ihren einfachen Wahrheiten als Alternative an. Das Dümmste, was man machen kann, ist eine Wählerbeschimpfung, die sich indirekt in einem Verbotsverfahren ausdrücken würde.

sueddeutsche.de: Wie können die etablierten Parteien das verlorene Vertrauen zurückgewinnen?

Jesse: Die Wähler der NPD sind zum großen Teil Protestwähler. Sie müssen das Gefühl bekommen, es geht vorwärts, ihnen geht es besser, die Arbeitslosigkeit sinkt. Dann ist es sehr wahrscheinlich, dass die Zahl der NPD-Wähler sinkt.

Interview: Thorsten Denkler, Süddeutsche Zeitung, 16.11.2006

Aufgaben

1. Stellt die „wehrhafte Demokratie“ nicht einen Widerspruch zur Demokratie dar, da sie sich gegebenenfalls gegen den Volkswillen richtet? Erörtern Sie diese These (M 1 – M 4).
2. Immer wieder wird gefordert, die rechtsextreme Partei NPD mittels eines Verbotsverfahrens durch das Bundesverfassungsgericht zu verbieten. Diskutieren Sie diese Forderung, und nehmen Sie dazu Stellung (M 4).

Methode

Arbeit mit politisch-thematischen Karten

Was sind politisch-thematische Karten?
Als eine politische Karte bezeichnet man eine thematische Karte, die Gegebenheiten eines politischen Gebildes (zum Beispiel des Staatsgebiet der Bundesrepublik Deutschland) beschreibt, indem sie wichtige Informationen räumlich verortbar macht. Damit sind Karten die ideale Form, von pauschalen zu räumlich differenzierten Aussagen zu gelangen. Sie machen regionale Unterschiede deutlich und können auch Zusammenhänge und Hintergründe aufzeigen. Darüber hinaus können in einer Karte zusätzliche Informationen verarbeitet worden sein, die mit Hilfe der Zeichenerklärung (Legende) erarbeitet werden können.

Zur Arbeit mit politisch-thematischen Karten

1. Orientieren
Welches Thema und welches Gebiet werden dargestellt? Auf welcher Ebene erfolgt eine Untergliederung des Raumes (Länder, Landkreise, Walhkreise etc.) Häufig hilft das genaue Lesen der Überschrift.

2. Erschließen
Mithilfe der Legende kann das dargestellte Thema genauer erfasst werden. Die Legende erklärt alle Zeichen und Farben der Karte. Unterschiedliche Farben stehen meist für unterschiedliche Werte (z.B. Stimmenanteile, Arbeitslosigkeit, Nichtwähler, ...). Oft werden auch verschiedene Indices zu einem Sammelindex (z.B. Zukunftsfähigkeit) verbunden. Dann sollte die Zusammensetzung des Index kritisch geprüft werden.

3. Schritt: Beschreiben
Beschreiben Sie anschließend den Karteninhalt mit eigenen Worten. Nennen Sie dabei das Thema der Karte und das gezeigte Gebiet. Wo gibt es Auffälligkeiten?

4. Schritt: Erklären
Finden Sie mögliche Ursachen für die in der Karte dargestellten Erscheinungen und deren räumliche Verteilung. Wo lassen sich mit Hilfe Ihres Wissens über räumliche Gegebenheiten Zusammenhänge herstellen? Interaktive Karten bieten hier oftmals die Möglichkeit, mehrere Themen zu verknüpfen (z.B. Arbeitslosenquote und Parteipräferenz).

5. Schritt: Bewerten
Bewerten Sie den Informationsgehalt und Aussagewert der Karte. Achten Sie dabei auf angegebene Datenquellen, die Aktualität, die verwendeten Farben, Symbole und Signaturen.

Internettipp:
Der vom Institut für Länderkunde in Leipzig herausgegebene *Nationalatlas Bundesrepublik Deutschland* bietet umfassende Informationen über historische, wirtschaftliche und soziale Aspekte Deutschlands. Geographen, Wissenschaftler benachbarter Disziplinen und Kartographen zeichnen ein umfassendes Bild unseres Landes in all seinen Facetten und räumlichen Differenzierungen. Viele Karten des Atlas sind online abrufbar oder können heruntergeladen werden (siehe folgende Seite). Zu den Darstellungen gibt es umfangreiches statistisches Material, Hinweise zur Methodik und Zusatzinformationen. Als weitere Projekte informieren *Deutschland in Karten* und *Nationalatlas aktuell* in Wort, Karte und Grafik regelmäßig über die räumlichen Auswirkungen aktueller Ereignisse (→ www.ifl-nationalatlas.de).

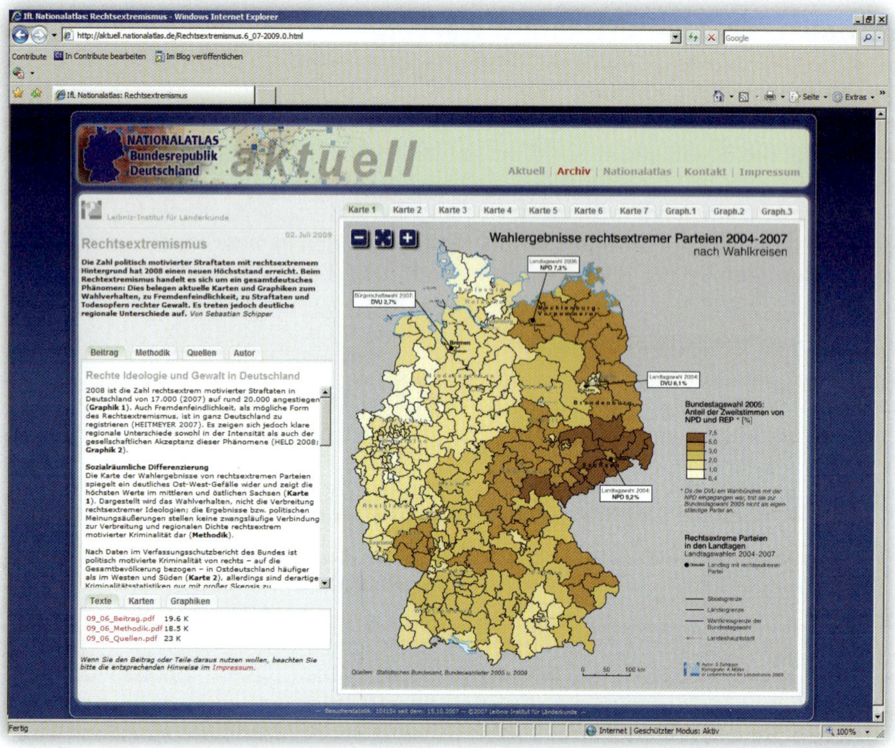
IfL Nationalatlas: Rechtsextremismus - Windows Internet Explorer
http://aktuell.nationalatlas.de/Rechtsextremismus.6_07-2009.0.html
NATIONALATLAS Bundesrepublik Deutschland
aktuell
Aktuell | Archiv | Nationalatlas | Kontakt | Impressum
Leibniz-Institut für Länderkunde
02. Juli 2009
Rechtsextremismus
Die Zahl politisch motivierter Straftaten mit rechtsextremem Hintergrund hat 2008 einen neuen Höchststand erreicht. Beim Rechtextremismus handelt es sich um ein gesamtdeutsches Phänomen: Dies belegen aktuelle Karten und Graphiken zum Wahlverhalten, zu Fremdenfeindlichkeit, zu Straftaten und Todesopfern rechter Gewalt. Es treten jedoch deutliche regionale Unterschiede auf. Von Sebastian Schipper
Beitrag
Methodik
Quellen
Autor
Rechte Ideologie und Gewalt in Deutschland
2008 ist die Zahl rechtsextrem motivierter Straftaten in Deutschland von 17.000 (2007) auf rund 20.000 angestiegen (Graphik 1). Auch Fremdenfeindlichkeit, als mögliche Form des Rechtsextremismus, ist in ganz Deutschland zu registrieren (HEITMEYER 2007). Es zeigen sich jedoch klare regionale Unterschiede sowohl in der Intensität als auch der gesellschaftlichen Akzeptanz dieser Phänomene (HELD 2008; Graphik 2).
Sozialräumliche Differenzierung
Die Karte der Wahlergebnisse von rechtsextremen Parteien spiegelt ein deutliches Ost-West-Gefälle wider und zeigt die höchsten Werte im mittleren und östlichen Sachsen (Karte 1). Dargestellt wird das Wahlverhalten, nicht die Verbreitung rechtsextremer Ideologien; die Ergebnisse bzw. politischen Meinungsäußerungen stellen keine zwangsläufige Verbindung zur Verbreitung und regionalen Dichte rechtsextrem motivierter Kriminalität dar (Methodik).
Nach Daten im Verfassungsschutzbericht des Bundes ist politisch motivierte Kriminalität von rechts – auf die Gesamtbevölkerung bezogen – in Ostdeutschland häufiger als im Westen und Süden (Karte 2), allerdings sind derartige
Texte
Karten
Graphiken
09_06_Beitrag.pdf 19.6 K
09_06_Methodik.pdf 18.5 K
09_06_Quellen.pdf 23 K
Wenn Sie den Beitrag oder Teile daraus nutzen wollen, beachten Sie bitte die entsprechenden Hinweise im Impressum.
Karte 1
Karte 2
Karte 3
Karte 4
Karte 5
Karte 6
Karte 7
Graph.1
Graph.2
Graph.3
Wahlergebnisse rechtsextremer Parteien 2004-2007
nach Wahlkreisen
Bundestagswahl 2005: Anteil der Zweitstimmen von NPD und REP
Rechtsextreme Parteien in den Landtagen
Fertig
Internet | Geschützter Modus: Aktiv
100%

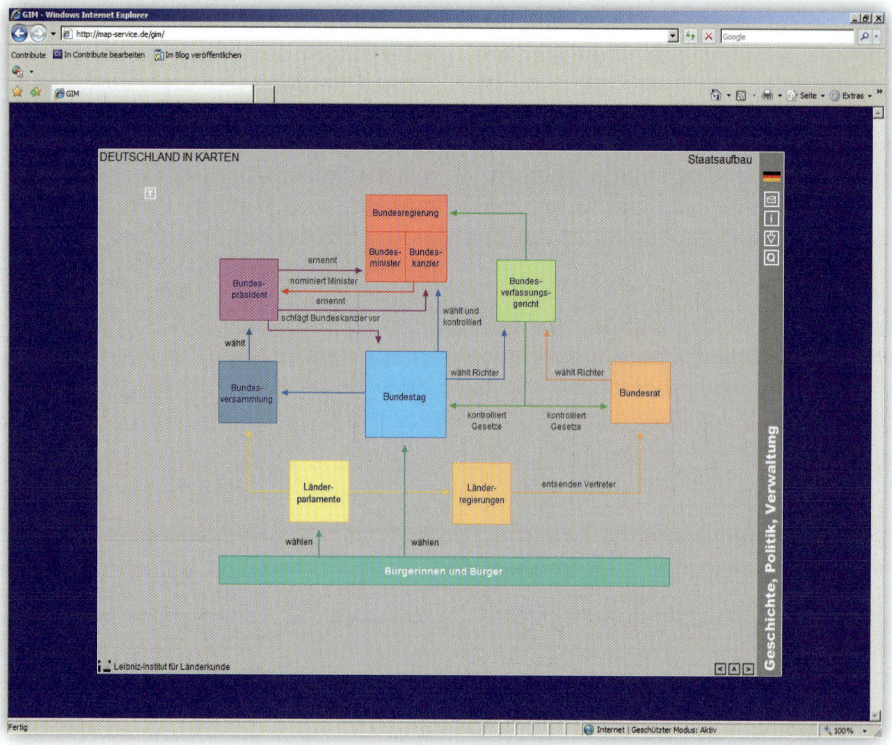
GIM - Windows Internet Explorer
http://map-service.de/gim/
DEUTSCHLAND IN KARTEN
Staatsaufbau
Bundesregierung
Bundes-minister
Bundes-kanzler
Bundes-präsident
ernennt
nominiert Minister
ernennt
schlägt Bundeskanzler vor
Bundes-verfassungs-gericht
wählt und kontrolliert
wählt
Bundes-versammlung
Bundestag
wählt Richter
wählt Richter
Bundesrat
kontrolliert Gesetze
kontrolliert Gesetze
Länder-parlamente
Länder-regierungen
entsenden Vertreter
wählen
wählen
Bürgerinnen und Bürger
Geschichte, Politik, Verwaltung
Leibniz-Institut für Länderkunde
Fertig
Internet | Geschützter Modus: Aktiv
100%

2.2.2 Die Offenheit des Grundgesetzes

Online-Durchsuchungen – Grundrechte in Gefahr?

M 5

Im September 2007 wurde eine Gruppe junger deutscher Männer verhaftet, die Sprengstoffanschläge auf Ziele in Deutschland geplant hatten. Die Mitglieder dieser Gruppe kommunizierten mit Hilfe des Internets. Längst bewegen sich Terroristen auf technisch höchstem Niveau und planen ihre Aktivitäten auch über das Internet. Um auf diese Bedrohung zu reagieren, plante der damalige Innenminister Schäuble, Online-Durchsuchungen von privaten Computern zuzulassen. Dazu sollte unauffällig eine Spionagesoftware auf verdächtige Computer aufgespielt werden. Die Ermittlungsbehörden wären dann bei jeder Computerbewegung dabei. Ein entsprechendes Gesetz in Nordrhein-Westfalen erlaubte zum ersten Mal die umstrittene Ermittlungsmethode ausdrücklich. Gegen dieses Gesetz legten eine Onlinejournalistin, ein Mitglied der Partei Die Linke und drei Rechtsanwälte, darunter der FDP-Politiker Gerhart Baum, Verfassungsbeschwerde ein.

Autorentext

Soll der Staat zur Terrorabwehr auf private Computer zugreifen können?

Das Bundesverfassungsgericht schafft ein neues Grundrecht

M 6

Das Bundesverfassungsgericht hat Onlinedurchsuchungen an strenge Auflagen geknüpft. Das heimliche Ausspähen der Computerfestplatte ist nur zulässig, „wenn tatsächliche Anhaltspunkte einer konkreten Gefahr für ein überragend wichtiges Rechtsgut bestehen", heißt es in dem am 28.2.2008 verkündeten Urteil. Denn Computer seien in Bezug auf Menschenwürde und Entfaltung der Persönlichkeit inzwischen ein „elementarer Lebensraum", in den der Staat nur unter besonderen Voraussetzungen eingreifen dürfe. Mit seinem Grundsatzurteil habe das Karlsruher Gericht außerdem erstmals ein „Grundrecht auf Gewährleistung der Vertraulichkeit und Integrität informationstechnischer Systeme" geschaffen, sagte Gerichtspräsident Hans-Jürgen Papier bei der Verkündung in Karlsruhe. Die Richter leiteten dieses aus dem allgemeinen Persönlichkeitsrecht ab, das nach ihrer Ansicht auch vor Eingriffen in informationstechnische Systeme schütze. Und sie stellten es dem Recht auf informationelle Selbstbestimmung gleich, das ebenfalls aus dem Persönlichkeitsrecht entstanden ist. Wie bei anderen Überwachungsmaßnahmen auch, ging es den Richtern darum, den Kernbereich der Privatsphäre zu schützen: „Selbst überwiegende Interessen der Allgemeinheit können einen Eingriff in ihn nicht rechtfertigen." Es müsse gewährleistet sein, dass innere Vorgänge wie Empfindungen und Gefühle sowie Überlegungen, Ansichten und Erlebnisse „höchstpersönlicher Art" ohne Angst vor Überwachung ausgedrückt werden können. Mit dem Recht auf Integrität informationstechnischer Systeme trage man dem Umstand Rechnung, dass Informationstechnik für die Persönlichkeit und die Entfaltung des Einzelnen „eine früher nicht absehbare Bedeutung erlangt" habe, heißt es in der Urteilsbegründung. Es soll gewährleisten, dass vom Nutzer angelegte und verarbeitete Daten, die seine Privatsphäre betreffen, vertraulich bleiben und rechtlich vor Zugriffen – insbesondere heimlichen – geschützt sind. Dieses neue Grundrecht sei aber nicht schrankenlos, sagte Papier. Weil mit dem heimlichen Zugriff auf den Computer aber besonders intensiv darin eingegriffen werde, sei dieser nur bei drohenden Gefahren für Leib, Leben und Freiheit zulässig sowie bei Bedrohungen, die den Bestand des Staates oder die Grundlagen der menschlichen Existenz berührten. Zu den Hürden heißt es im Urteil, es müssten „tatsächliche Anhaltspunkte einer konkreten Gefahr für ein überragend wichtiges Rechtsgut vorliegen". Bei allen übrigen Gefahren, die nicht zu einer „existentiellen Bedrohungslage" führten, seien heimliche Durchsuchungen nicht angemessen, die „die Persönlichkeit des Betroffenen einer weitgehenden Ausspähung preisgeben". Grundsätzlich verboten wurde die Onlinedurchsuchung damit nicht. Immerhin gebe es keinen ebenso wirksamen, aber den Betroffenen weniger belastenden Weg, „die auf solchen Systemen vorhandenen Daten zu erheben", erklärten die Richter. Sie mahnten den Gesetzgeber jedoch, die Verhältnismäßigkeit zu wahren.

Kai Biermann, Die Zeit, 09/2008

M 7 Das Grundgesetz im Wandel

Wie schon erwähnt, bedürfen Verfassungsänderungen der Zustimmung von zwei Dritteln der Bundestagsmitglieder und zwei Dritteln der Stimmen des Bundesrates. Diese hohen Zustimmungshürden kann vor allem eine Große Koalition überwinden. Überwindbar sind die Zustimmungshürden aber auch, wenn eine der großen Parteien weniger als ein Drittel der Bundestagsmandate gewonnen hat, so die SPD in den ersten beiden Wahlperioden des Bundestages (1949-53 und 1953-57), und wenn zugleich die größere regierende Partei eine Zweidrittelmehrheit im Parlament und in der Länderkammer beschaffen kann, wie insbesondere die Regierungen Adenauer. Deshalb konnten die hohen Zustimmungsschwellen für Verfassungsänderungen in der ersten und vor allem der zweiten Legislaturperiode mehrfach überwunden werden. Im zweiten Deutschen Bundestag (1953-57) beispielsweise stellte die Regierungskoalition – unter Führung der CDU/CSU und erweitert um die Stimmen des Bundes der Heimatvertriebenen und Entrechteten (BHE) – gegen heftigen Widerspruch eines Großteils der SPD endgültig die Weichen für die Aufrüstung der Bundesrepublik Deutschland. Das war Teil einer nachgeholten Verfassungsgebung, die einige der Lücken schloss, die der Parlamentarische Rat aufgrund der nationalen und internationalen Machtverhältnisse offen gelassen hatte.

In der ersten Großen Koalition (1966-69) wurde die Verfassung erneut einschneidend geändert. Doch diesmal basierten die Änderungen auf gütlichem Einvernehmen von CDU/CSU und SPD. Nunmehr standen drei Verfassungsänderungen an. Die erste war die Notstandsverfassung, das innenpolitische Pendant zur „Wehrverfassung" der 1950er Jahre. Die zweite Änderung betraf die Finanzverfassung zwischen Bund, Ländern und Gemeinden. Diese sollte mittels Gemeinschaftsaufgaben und Investitionshilfen des Bundes an die Länder die Politik von Bund und Ländern besser koordinieren und zugleich für mehr Gleichwertigkeit der Lebensverhältnisse im gesamten Bundesgebiet sorgen. Hinzu kam – drittens – die verfassungspolitische Öffnung des Weges zum Stabilitätsgesetz von 1966, das dem Bund größere Befugnisse zur Abwehr konjunktureller und struktureller Wirtschaftskrisen geben und die Bedingungen einer konjunkturgerechten, aufeinander abgestimmten Haushaltswirtschaft von Bund und Ländern verbessern sollte. [...]

So grundlegende Verfassungsänderungen wie in den Jahren von 1953 bis 1957 und von 1966 bis 1969 gab es weder in der Periode der SPD-FDP-Regierungen noch unter den Kabinetten Kohl bis zur deutschen Einheit. Die Machtverteilung im Bundestag und Bundesrat und die Polarisierung zwischen CDU/CSU und SPD ließen fundamentale Verfassungsänderungen bis zur Zeitenwende von 1990 nicht zu. Dann aber setzte ein neuerlicher Änderungsschub ein. Alleine 52 Änderungen wurden in der 12. Wahlperiode (1990-94) gezählt. Hierbei handelte es sich unter anderem um verfassungspolitische Anpassungen an die 1990 staatsrechtlich besiegelte Wiedervereinigung einschließlich der Hinzufügung neuer Zielvorstellungen (wie dem Schutz der natürlichen Lebensgrundlagen nach Artikel 20a oder der Verpflichtung im Artikel 3, die „tatsächliche Durchsetzung der Gleichberechtigung von Frauen und Männern" zu fördern und „auf die Beseitigung bestehender Nachteile" hinzuwirken. Hinzu kam die stärkere europapolitische Ausrichtung des Grundgesetzes. Diese äußerte sich insbesondere in dem neuen Artikel 23 (Europäische Union), ferner im Artikel 88, der die „Preisstabilitätspolitik" erstmals auch und gerade für die Europäische Zentralbank verfassungspolitisch festschrieb, und im Artikel 28 Abs. 1, der in Deutschland ansässigen Staatsangehörigen eines Mitgliedstaates der Europäischen Gemeinschaft bei Wahlen in Kommunen und Kreisen das Wahlrecht verleiht.

Für den jüngsten Höhepunkt der Grundgesetzänderungen war erneut eine Große Koalition verantwortlich – in diesem Fall die im Herbst 2005 gebildete Koalition aus Unionsparteien und SPD, die nach einem langen, bis 2003 zurückreichenden Vorlauf und nach heftigem Tauziehen zwischen den Parteien und zwischen den Ländern und dem Bund eine weitreichende Reform des Föderalismus auf den Weg brachte. Diese Reform sieht insbesondere die Entflechtung von Bund und Ländern und eine reduzierte Mitwirkung der Länder an der Gesetzgebung des Bundes vor und will auf diesem Wege für mehr Transparenz, mehr Verantwortlichkeit und mehr Handlungsfähigkeit der Regierungen in Bund und Ländern sorgen.

Manfred G. Schmidt, Das politische System Deutschlands. Institutionen, Willensbildung und Politikfelder, Bonn 2007, S. 327 ff.

Aufgaben

1. Sollte der Staat angesichts der Gefahren durch terroristische Aktivitäten im Internet mehr Rechte für die Online-Untersuchung von privaten Computern bekommen? Diskutieren Sie diese Frage im Kurs (M 5).
2. Durch das Grundsatzurteil hat das Bundesverfassungsgericht ein neues Grundrecht geschaffen (M 6).
   a) Erläutern Sie, worin dieses Grundrecht besteht und welche Grenzen es hat.
   b) Stellen Sie dar, wie das Bundesverfassungsgericht zu einem Wandel des Grundgesetzes beigetragen hat.
3. Zur Vertiefung: Stellen Sie auf einem Zeitstrahl wesentliche Wegmarken des Grundgesetzes dar, und recherchieren Sie die Hintergründe (M 7).

Wissen kompakt

Die freiheitliche demokratische Grundordnung
M 1

Der Begriff **„freiheitliche demokratische Grundordnung“** ist zwar im Grundgesetz erwähnt, doch erst durch Entscheidungen des Bundesverfassungsgerichts genauer bestimmt worden. Es handele sich um eine Ordnung, „die unter Ausschluss jeglicher Gewalt- und Willkürherrschaft eine rechtsstaatliche Herrschaftsordnung auf der Grundlage der Selbstbestimmung des Volkes nach dem Willen der jeweiligen Mehrheit und der Freiheit und Gleichheit darstellt“. Hierzu gehören vor allem die Achtung der Menschenrechte, die Volkssouveränität, die Gewaltenteilung, die Unabhängigkeit der Gerichte, die Verantwortlichkeit der Regierung und das Mehrparteienprinzip.

Wehrhafte Demokratie
M 2

Die Demokratie selbst schützt diesen Bestand („streitbare“ oder „**wehrhafte Demokratie**“). Sie räumt den Feinden der Demokratie nicht die Freiheit ein, diese zu zerstören. Zum Instrumentarium der wehrhaften Demokratie gehören:

- Verfassungsfeindliche Parteien können durch das Bundesverfassungsgericht verboten werden.
- Vereinigungen, die sich gegen die verfassungsmäßige Ordnung richten, können vom Innenminister verboten werden.
- Die Grundrechte einzelner Personen können verwirkt werden, wenn sie diese gegen die freiheitliche demokratische Grundordnung wenden.
- Öffentliche Bedienstete können auf ihre Verfassungstreue verpflichtet werden.
- Als letztes Mittel wird den Bürgern ein Recht zum Widerstand eingeräumt gegen jeden, der es unternimmt, die verfassungsmäßige Ordnung zu beseitigen.

Offenheit des Grundgesetzes
M 6

Für das **Grundgesetz** charakteristisch ist neben seiner Wertgebundenheit seine gleichzeitige Offenheit für den Wandel in Politik und Gesellschaft, veränderte Vorstellungen oder Neuerungen in Technik und Wissenschaft (z.B. Datenschutz, Gentechnik, Terrorismus, Kriminalität).
Änderungen und Ergänzungen des Grundgesetzes unterliegen nach Art. 79 Abs. 1 GG besonderen Bedingungen: Sie brauchen jeweils die Zustimmung einer Zweidrittelmehrheit sowohl im Bundestag wie auch im Bundesrat. Die Grundrechte dürfen in ihrem Wesensgehalt nicht angetastet, der „Verfassungskern“ darf prinzipiell nicht geändert werden. Neben dem Gesetzgeber hat auch das Bundesverfassungsgericht in vielen Entscheidungen Verfassungsnormen verbindlich konkretisiert und neueren Entwicklungen Rechnungen getragen.

Europäisierung

Die Möglichkeit einer **Europäisierung** des politischen Systems war bereits bei Gründung der Bundesrepublik in der Präambel des Grundgesetzes angelegt. 1992 wurde das Grundgesetz europakonform gestaltet und erfuhr eine generelle Öffnung gegenüber der Übertragung von Hoheitsrechten auf zwischenstaatliche Einrichtungen (Art. 23 und 24 GG).

3

Medien – Mittler oder Macher?

Termin zum Gruppenfoto, G8-Gipfel in Heiligendamm im Jahr 2007.

Die Medien lassen sich aus dem Alltag in modernen Gesellschaften nicht mehr wegdenken. Darüber hinaus nehmen sie in der Demokratie eine zentrale Rolle ein, denn sie sind nicht nur Informationsträger in der politischen Kommunikation, sondern ein wichtiger Faktor im Prozess der politischen Meinungsbildung der Bürgerinnen und Bürger.

Kapitel 3.1 informiert über die grundlegenden Funktionen, die die Medien in einem modernen demokratischen Staat erfüllen. Es verdeutlicht aber auch, dass die Qualität einer Demokratie in ganz entscheidendem Maße von freier politischer Kommunikation und dem ungehinderten Wirken der Medien abhängig ist.

Als die „neuen" digitalen Medien in den 1990er Jahren ihren Siegeszug antraten, ging man vielfach davon aus, dass dies nicht ohne Auswirkungen auf die Politik bleiben könne. Vom Medium Internet, dem „demokratischsten aller Medien", versprach man sich nicht nur eine neue Form der Demokratie, sondern auch „mehr Demokratie". Aber der prognostizierte fundamentale Wandel der politischen Öffentlichkeit fand zumindest bislang noch nicht statt, auch wenn das Internet viele neue Möglichkeiten der politschen Beteiligung eröffnet (Kapitel 3.2).

Die Medien sind aber nicht nur ein wichtiger Bestandteil des politischen Prozesses, Presse, Funk und Fernsehen oder die Anbieter von Informationsseiten im Internet agieren auch als Wirtschaftsunternehmen und unterliegen somit den Gesetzen der Marktwirtschaft. Konzentrationsprozesse und Sparmaßnahmen lassen dabei einen Verlust an journalistischer Vielfalt und Qualität befürchten (Kapitel 3.3).

Tipps & Links

Lernen vor Ort

- Den lokalen/regionalen Zeitungsmarkt erkunden
- Expertengespräch mit einem Lokalpolitiker und Journalisten zum Verhältnis Medien und Politik
- Die Homepage des/der Wahlkreisabgeordneten analysieren
- Weblogs von Bundestagsabgeordneten vergleichen

Referieren und Präsentieren

- Die Geschichte der Pressefreiheit in Deutschland im Überblick darstellen
- Einen Konflikt um den Erhalt der Pressefreiheit in Deutschland (z.B. Spiegel-Affaire, Cicero-Urteil) präsentieren
- Ist im Journalismus alles erlaubt? Den Deutschen Presserat und den Pressekodex vorstellen
- Ist die duale Rundfunkordnung in Deutschland nicht schon längst überholt?
- Der Tageszeitungsmarkt in Deutschland – eine gefährdete Vielfalt?

Weiterlesen

- Jens Bergmann/Bernhard Pörsken (Hg.), Medienmenschen. Wie man Wirklichkeit inszeniert, Münster 2007 (Solibro-Verlag)
  Prominente aus Politik, Wirtschaft, Wissenschaft, Sport und Unterhaltung, Schriftsteller, Künstler, Schauspieler usw. geben in diesem Interviewband Einblicke hinter die Kulissen der Inszenierungsgesellschaft.
- Axel Balzer u.a. (Hg.), Politik als Marke. Politikvermittlung zwischen Kommunikation und Inszenierung, Münster 2005 (Literatur-Verlag)
  Hier geht es in vielen Einzelbeiträgen um die Frage, ob die Politik nur ein medial inszeniertes Bild ist, das die Konsumenten zum Kauf, also den Wähler zur Wahl, anregen soll.
- Lars Rosumek, Die Kanzler und die Medien. Acht Porträts von Adenauer bis Merkel, Frankfurt am Main / New York 2007 (Campus Verlag)
  Der Verfasser durchleuchtet in diesem Band das Verhältnis der Bundeskanzler zu den Medien.
- Hermann Meyn, Hanni Chill, Massenmedien in Deutschland, 3. Aufl., Konstanz 2004 (UVK Medien)
  Ein Standardwerk über die Geschichte und Funktion der Medien in Deutschland.
- fluter – Magazin der Bundeszentrale für politische Bildung, Ausgabe 31, 2009
  Das Heft widmet sich in verschiedenen Beiträgen dem Thema Medien.

Ansehen

- Wag the Dog. Wenn der Schwanz mit dem Hund wackelt. (Concorde Video)
  Dieser Film mit Dustin Hoffman und Robert de Niro aus dem Jahr 1997 ist eine Satire auf die Macht der Bilder und den Einfluss der Medien auf die Politik.

Recherchieren

www.reporter-ohne-grenzen.de
Reporter ohne Grenzen ist eine international anerkannte Nichtregierungsorganisation mit Sitz in Paris. Die Reporter ohne Grenzen setzen sich weltweit gegen Menschenrechtsverletzungen und für die Meinungs- und Pressefreiheit ein.

www.media-perspektiven.de
Media Perspektiven beobachtet, analysiert und dokumentiert die Lage und Entwicklung der Massenmedien in Deutschland wie in anderen Ländern und ihre Rolle als Werbeträger.

www.politik-digital.de
Parteiunabhängige Informations- und Kommunikationsplattform zum Themenfeld Internet und Politik.

3.1 Die Funktionen der Medien in der Demokratie

Medien – Zahlen und Fakten

M 1

17
Jahre ist angeblich die älteste Website der Welt schon unverändert online.

22
Jahre moderiert Thomas Gottschalk schon "Wetten, dass...".

26
Zeichen hat das lateinische Alphabet.

47
Beschwerden gingen beim Presserat wegen der Berichterstattung über den Amoklauf von Winnenden ein.

48
Prozent der Deutschen kennen keine Website mit Blogs.

58
Minuten am Tag verbringen die Deutschen im Schnitt im Netz.

60
Journalisten wurden 2008 mindestens ermordet.

420
Fernsehsender können in Deutschland empfangen werden.

30.000
Jahre haben die ältesten Höhlenmalereien der Welt vermutlich überdauert.

3.200.000
Exemplare der „Bild-Zeitung" werden täglich verkauft.

3.920.000
Zuschauer sahen die Auftaktsendung der vierten Staffel von „Germany's next Topmodel".

1.596.270.108
Internetnutzer gibt es weltweit.

fluter Nr. 31, Medien, Bonn 2009, S. 48

Funktionen von Massenmedien in der pluralistischen Demokratie

M 2

In der Demokratie werden den Massenmedien Presse, Hörfunk und Fernsehen drei sich einander zum Teil stark überschneidende Funktionen zugeordnet:

- Information,
- Mitwirkung an der Meinungsbildung,
- Kontrolle und Kritik.

Zu den weiteren Aufgaben zählen aber auch Unterhaltung und Bildung.

Informationsfunktion
Die Massenmedien sollen so vollständig, sachlich und verständlich wie möglich informieren, damit ihre Nutzerinnen und Nutzer in der Lage sind, das öffentliche Geschehen zu verfolgen. Mit ihren Informationen sollen sie dafür sorgen, dass die einzelnen Bürgerinnen und Bürger die wirtschaftlichen, sozialen und politischen Zusammenhänge begreifen, die demokratische Verfassungsordnung

verstehen, ihre Interessenlage erkennen und über die Absichten und Handlungen aller am politischen Prozess Beteiligten so unterrichtet sind, dass sie selbst aktiv daran teilnehmen können – als Wählende, als Mitglieder einer Partei oder auch einer Bürgerinitiative. Da unsere Gesellschaft viel zu großräumig geworden ist, kommen wir mit dem direkten Gespräch, der unmittelbaren Kommunikation, nicht mehr aus. Wir als einzelne und die vielfältigen Gruppen, die in dieser Gesellschaft bestehen, sind darauf angewiesen, miteinander ins Gespräch gebracht zu werden – dafür sollen die Massenmedien sorgen. Dabei müssen wir uns der Tatsache bewusst sein, dass wir die Welt zum großen Teil nicht mehr unmittelbar erfahren; es handelt sich überwiegend um eine durch Medien vermittelte Welt.

Meinungsbildungsfunktion

Bei der Meinungsbildung fällt den Massenmedien ebenfalls eine bedeutsame Rolle zu. Dies ergibt sich aus der Überzeugung, in der Demokratie sei allen am meisten damit gedient, wenn Fragen von öffentlichem Interesse in freier und offener Diskussion erörtert werden. Es besteht dann die Hoffnung, dass im Kampf der Meinungen das Vernünftige die Chance hat, sich durchzusetzen. [...]
Da in einer modernen, differenziert strukturierten Gesellschaft eine Vielzahl von mehr oder weniger großen, zum Teil in Konkurrenz zueinander stehenden Interessengruppen existiert, gehört es auch zu den Aufgaben der Massenmedien, diesen Meinungspluralismus in einem angemessenen Verhältnis widerzuspiegeln. [...]

Kritik- und Kontrollfunktion

Im parlamentarischen Regierungssystem obliegt in erster Linie der Opposition die Aufgabe der Kritik und Kontrolle. Diese wird unterstützt und ergänzt durch die Kritik- und Kontrollfunktion der Medien. Ohne Presse, Hörfunk und Fernsehen, die Missstände aufspüren und durch ihre Berichte unter anderem parlamentarische Anfragen und Untersuchungsausschüsse anregen, liefe die Demokratie Gefahr, der Korruption oder der bürokratischen Willkür zu erliegen. Gegen den Einwand, Kritik könne dem Ansehen des Gemeinwesens schaden, wird eingewandt: Nicht jene, die Mängel aufdecken, schaden dem Staat, sondern all diejenigen, die für solche Missstände verantwortlich sind. Andererseits wird argumentiert, die Kontrolle der Medien dürfe sich nicht auf den Staat beschränken, sondern müsse sich auf die gesamte Gesellschaft erstrecken. Den Medien als Teil dieser Gesellschaft könne dabei nicht zugestanden werden, eine Art eigenständige vierte Gewalt neben den Institutionen des demokratischen Staates zu sein.

Wie die Wirkungsforschung hervorhebt, haben viele Medien über die erwähnten Funktionen hinaus weitere übernommen, zum Beispiel die Thematisierungsfunktion. Diese „agenda setting function", wie sie in den USA heißt, bedeutet, dass diejenigen, die die unterschiedlichen Medien lesen, hören und sehen, genau die Themen für wichtig halten, die darin behandelt werden. Die Medien sind jedoch nicht nur entscheidend dafür verantwortlich, welche Themen auf der Tagesordnung stehen, sondern sie legen auch fest, in welcher Rangfolge der Dringlichkeit diese Themen behandelt werden.

Informationen zur politischen Bildung Nr. 260, Massenmedien, Bonn 3/1998, S. 3 ff.

Aufgaben

1. Wählen Sie eine der Zahlen aus M 1, die Sie besonders beeindruckt, und begründen Sie, warum (M 1).
2. Erläutern Sie, welche Funktionen Massenmedien in der Demokratie erfüllen sollten (M 2).
3. Sammeln Sie Überschriften aus der Tageszeitung, und ordnen Sie diese den einzelnen Funktionsbereichen zu (M 2).
4. In welchen Funktionsbereichen sehen Sie Defizite? Begründen Sie Ihre Meinung (M 2).

Pressefreiheit – eine Voraussetzung für Demokratie

M 3

Artikel 5 Grundgesetz

Info

(1) 1 Jeder hat das Recht, seine Meinung in Wort, Schrift und Bild frei zu äußern und zu verbreiten und sich aus allgemein zugänglichen Quellen ungehindert zu unterrichten. 2 Die Pressefreiheit und die Freiheit der Berichterstattung durch Rundfunk und Film werden gewährleistet. 3 Eine Zensur findet nicht statt.

(2) Diese Rechte finden ihre Schranken in den Vorschriften der allgemeinen Gesetze, den gesetzlichen Bestimmungen zum Schutze der Jugend und in dem Recht der persönlichen Ehre.

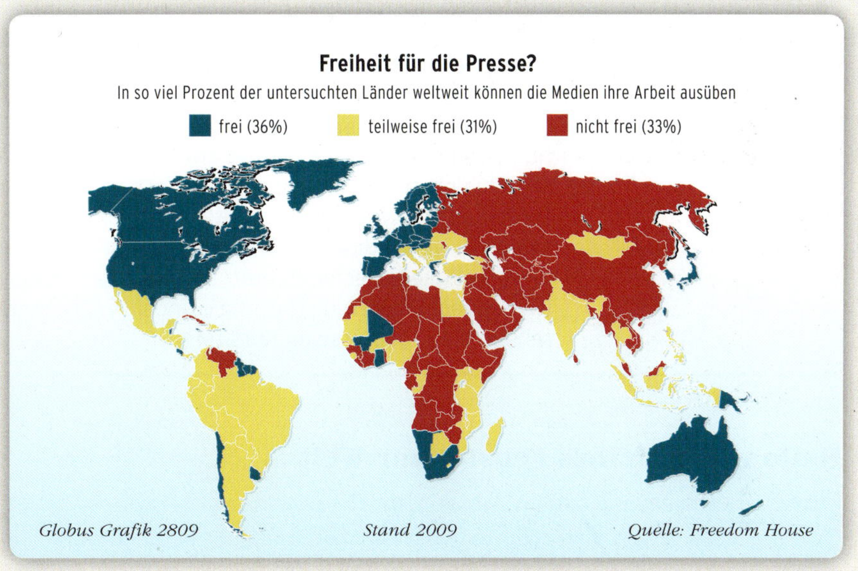

Die Pressefreiheit bleibt weltweit ein hoch gefährdetes Gut. Besonders schlimm sei die Lage in Asien und Afrika mit Ländern wie Birma, Nordkorea und Eritrea, berichtete dpa über die Bilanz der Organisation Reporter ohne Grenzen (ROG) am 16. Oktober 2007. China belege ein Jahr vor den Olympischen Spielen in Peking unter 169 Ländern nur Platz 163 auf der weltweiten Rangliste. Es sei „fraglich, ob die so oft versprochenen Reformen umgesetzt und inhaftierte Journalisten freigelassen“ würden. In Russland (Rang 144) gebe es keine Fortschritte. Aber auch westliche Staaten wie die USA (Platz 48) böten Anlass zur Kritik.
Schlusslicht der ROG-„Rangliste der Pressefreiheit“ ist Eritrea. „Private Medien existieren nicht mehr und die wenigen Journalisten, die es wagen, das Regime [...] zu kritisieren, landen im Gefängnis“, heißt es. Mehrere Journalisten seien in Haft gestorben.
Zu den 20 Staaten mit den schlimmsten Bedingungen für die Presse gehören die islamischen Länder Pakistan, Irak, Iran, Syrien und Libyen sowie die Palästinensergebiete, aber auch die GUS-Staaten Weißrussland, Usbekistan und Turkmenistan sowie Kuba und Vietnam. Malaysia (124.) und Ägypten (146.) haben die Zensur des Internets verschärft und sind abgerutscht.
Angeführt von Island, Norwegen und Estland liegen die 14 freiesten Länder alle in Europa. Deutschland kommt erst auf Rang 20. Gründe sind die Ermittlungen gegen Journalisten wegen Beihilfe zum Geheimnisverrat und Vorstöße zur Aushöhlung des Quellenschutzes, aber auch Übergriffe auf Journalisten, die im rechten Milieu recherchieren sowie Einflussnahme auf Redaktionen durch Anzeigenkunden. Frankreich liegt noch dahinter auf Rang 31. Von den EU-Staaten schneidet Polen (56.) am schlechtesten ab. Neben Deutschland ist nur mit Kanada (18.) ein weiterer G8-Staat unter den ersten 20. Acht Plätze hinter Italien (40.), wo die Mafia Journalisten bedroht, rangieren die USA. ROG kritisiert, dass der Quellenschutz gefährdet sei. Außerdem werde ein Kameramann von Al-Dschasira seit Juni 2002 in Guantánamo gefangen gehalten und im August sei der Journalist Chauncey Bailey erschossen worden.

Anja Pasquay, BDZV intern, 24.10.2007

M 4 Der Wächterpreis der Tagespresse

Für seine Reportage über die Verharmlosung rechtsradikaler Straftaten ist ein Reporter des Berliner „Tagesspiegels“ am 4.3.2008 mit dem renommierten Wächterpreis der Tagespresse ausgezeichnet worden. Er hatte beschrieben, wie Staatsschützer bei der Verfolgung rechtsextremer Täter durch ihre Vorgesetzten ausgebremst wurden. Mit seiner Analyse von Missständen in einer Polizeidirektion in Sachsen-Anhalt habe er die Aufmerksamkeit auf eine „besorgniserregende Tendenz“ gelenkt, teilte die Jury mit. Seine Recherche werfe die Frage auf, ob die Auseinandersetzung mit dem Rechtsradikalismus mit dem nötigen Nachdruck betrieben wird.

Der Wächterpreis der deutschen Tagespresse ist eine Auszeichnung für Journalisten und Redaktionen, die jährlich von der Stiftung „Freiheit der Presse“ vergeben wird.

Ausgezeichnet wird die kritische und investigative Berichterstattung über Korruption, Vetternwirtschaft, politische Missstände und Amtsmissbrauch.

Autorentext

Aufgaben

1. Nennen Sie Argumente, warum die Meinungs- und Pressefreiheit eine wichtige Voraussetzung für Demokratie ist (M 3).
2. Die Medien haben in der Vergangenheit immer wieder dazu beitragen können, Fehlverhalten in Politik, Wirtschaft und Gesellschaft offen zu legen. U. a. würdigt der Wächterpreis der Tagespresse Journalisten für diese Tätigkeit. Recherchieren Sie auf der Homepage des Wächterpreises (www.waechterpreis.de) Beispiele und ihre Zusammenhänge und präsentieren Sie die Ergebnisse im Kurs (M 4).

M 5 Hallo mein kleines Fenster zur Welt …

„Hallo mein kleines Fenster zur Welt, was gibt´s Neues an Schrecken und Katastrophen?“

Punch Ltd.

Ein Thema auf die Tagesordnung setzen

M 6

Bis zum Oktober 2000, jedenfalls in der Wahrnehmung der breiten Öffentlichkeit, gab es in der Bundesrepublik Deutschland kein Problem mit dem Rechtsextremismus. Dann endlich läutete einer deutlich die Warnglocke; der damalige Bundeskanzler Gerhard Schröder. Er rief den „Aufstand der Anständigen" aus. Und er tat es [...] öffentlich vor Journalisten. [Am „Tag der Deutschen Einheit" 2000] hatten Unbekannte Brandsätze auf eine Düsseldorfer Synagoge geschleudert. Nun fuhr der Kanzler nach Düsseldorf, schaute sich die Brandspuren am Gotteshaus an, besuchte den Präsidenten des Zentralrats der Juden, Paul Spiegel, trat gemeinsam mit dem nordrhein-westfälischen Ministerpräsidenten Wolfgang Clement auf. Alle Fernsehsender, alle Nachrichtenagenturen begleiteten ihn. Und so ging die Nachricht über die Ticker: „Nach dem Brandanschlag hat Kanzler Schröder (SPD) mehr Engagement gegen Rassismus und Fremdenfeindlichkeit gefordert. ‚Wir brauchen einen Aufstand der Anständigen, wegschauen ist nicht mehr erlaubt', sagte Schröder [...]" Der Weckruf löste das Problem nicht, aber er löste etwas aus. Initiativen und Aktivisten, die schon vorher die Augen nicht verschlossen hatten, konnten sich auf den Rückhalt der politischen Spitze des Staates berufen. Im Jahr 2001 legte die Bundesregierung dann Programme auf, mit denen der Staat das Engagement der Zivilgesellschaft gegen Neonazis förderte [...]. Auch eine breite Debatte über ein mögliches NPD-Verbot kam in Gang, mit all ihren Schwierigkeiten bis zum schlussendlichen Scheitern. [...]

Der Kanzler wäre nicht in dieser Weise wahrgenommen worden, wenn die Medien seine Aussage nicht verbreitet hätten. [...] Zugleich geschah noch mehr: Viele Medien sahen sich als Adressaten des Ausspruchs. Der Aufstand der Anständigen wurde zum Anliegen der Medien. [...] Das ist kurz [...] die Theorie des Agenda-Setting. Nach meiner Auffassung beschreibt sie die zentrale Wirkung der Medien in der Gesellschaft: Was nicht im Fernsehen gezeigt wird, was nicht in der Zeitung und im Internet steht, entfaltet keine öffentliche Wirkung. [...] Es ist ein Klimawandel, der durch den Ausspruch des Kanzlers und durch die breite Aufnahme in den Medien erzeugt wurde. Dass Rechtsextremismus ein gesellschaftliches Problem ist, dem man sich stellen muss, wurde erst in diesem Moment zum Konsens weiter Teile der Öffentlichkeit.

Pitt von Bebenburg, in: kursiv, Journal für Politische Bildung, Heft 1 (2007), S. 68 ff.

Leitmedien

Info

Beim Agenda-Setting fungieren bestimmte Medien als „Leitmedien", indem sie Themen setzen, die dann von anderen aufgegriffen werden. Das Nachrichtenmagazin „Der Spiegel", die Zeitung „Bild" und das Fernsehen zählt man zu den Medien, die besonders oft von anderen Medien zitiert werden.

Konstruktion von Realität

M 7

In komplexen Gesellschaften wird das politische und gesellschaftliche Geschehen meist nicht direkt, sondern vermittelt durch die Massenmedien erfahren. Die Medien beobachten die Realität, wählen zur Weitervermittlung diejenigen Ausschnitte aus, die sie für relevant halten, und präsentieren dem Publikum ihr Bild dieser Ausschnitte. Sie konstruieren damit eine spezifische Medienrealität. Unter den Begriff Medienrealität fällt die Gesamtheit der von den Medien veröffentlichen Texte und Bilder. Sie bestimmt die soziale Wirklichkeit des Publikums in zunehmendem Maße.

Für das Publikum steht damit neben der direkt erfahrbaren Realität auch eine Medienrealität zur Verfügung. Diese geht neben dem individuell bereits vorhandenen Wissen in die Informationsverarbeitung des Publikums ein, das sich ebenfalls ein Bild von der Realität macht. Aus der Medienrealität wird die Rezipientenrealität konstruiert. Da das gesellschaftliche Zusammenleben sowie die politische Entscheidungsfindung häufig auf medienvermittelten Informationen beruhen, kommt der Realitätskonstruktion durch Medien eine herausgehobene Bedeutung zu. Dabei konzentriert sich das Interesse der kritischen Öffentlichkeit vor allem auf die Nachrichtenberichterstattung. Wie jede individuelle Informationsverarbeitung erzeugt auch die mediale Verarbeitung kein vollständiges Abbild der Realität. Vielmehr hängen die Wahrnehmungsresultate von den Erfahrungen, Erwartungen und Zielen des Beobachters ab. Realität wird also individuell unterschiedlich konstruiert. Die Medien konstruieren Realität entsprechend ihrer spezifischen Aufmerksamkeitsregeln und ihrer Darstellungserfordernisse. [...] Aus der Vielzahl und Komplexität der Umweltreize wird einigen wenigen Relevanz zugewiesen. Bei der Beobachtung durch die Medien wird aus dem nicht abreißenden Strom des Weltgeschehens einzelnes als Ereignis herausgehoben und mit Bedeutung versehen. Diese Auswahl erfolgt bestimmten journalistischen Selektionskriterien, den Nachrichtenfaktoren. Nachrichtenfaktoren lassen sich als Merkmale von Ereignissen begreifen, die die Publikationswürdigkeit oder den Nachrichtenwert bestimmen. Wichtige Nachrichtenfaktoren sind etwa Personalisierung, geographische Nähe oder Konflikt. Ereignisse, auf die diese Merkmale zutreffen, werden als besonders relevant eingestuft.

Christiane Eilders, in: Hans-Bredow-Institut für Medienforschung (Hrsg.), Medien von A bis Z, Bonn 2006, S. 182 f.

Aufgaben

1. M 6 zeigt an einem Beispiel, wie das Thema „Rechtsextremismus" auf die oberste Stelle der politischen Agenda gelangte. Stellen Sie Ursachen und Bedingungen dafür dar.
2. Erläutern Sie am Beispiel des Themas Rechtsextremismus den Unterschied zwischen Medienrealität und Wirklichkeit (M 5 – M 7).
3. „Die Medien konstruieren Realität entsprechend ihrer spezifischen Aufmerksamkeitsregeln und Darstellungserfordernisse." Stellen Sie zusammen, welche typischen Merkmale die von Medien konstruierte Realität prägen (M 7).

M 8 Alles Theater? – Politiker setzen sich in Szene

Herr Fischer, von dem französischen Soziologen Pierre Bourdieu stammt der Satz „Die Logik der Politik ist die der Magie". Wie viel von dem, was wir in den Medien als Politik verfolgen können, ist bloße Illusion?

Fischer: Politisches Handeln selbst hat ein magisches Element. Als hessischer Umweltminister pflegte ich zu sagen, ein großer Teil meiner Arbeit sei Regentanz. Den müssen Sie immer dann für die Öffentlichkeit aufführen, wenn Sie eigentlich nicht agieren können. Und wehe, Sie tun es nicht, dann gelten Sie als Versager. [...]

Das heißt, die Politik unterwirft sich der Logik der Medien?

Fischer: In gewisser Weise ist das unvermeidbar. Es gibt allerdings auch Fehlentwicklungen. Zum Beispiel sind weite Teile der Öffentlichkeit mittlerweile der Auffassung, die entscheidenden Debatten fänden in der unsäglichen Talkshow Sabine Christiansen statt. [...] Dabei sollte der Bundestag der kraft Verfassung wichtigste Ort für politische Debatten sein. [...]

Ein guter Politiker ohne schauspielerisches Talent hat heute also schlechte Karten?

Fischer: Das gilt nicht nur für Politiker, sondern auch für viele Berufe, zu denen die öffentliche Darstellung von Sachverhalten gehört. Und grundsätzlich ist gegen diese Kunst nichts einzuwenden. Ich weiß nicht, wie es Ihnen geht, aber ich höre einem Professor, der gekonnt vorträgt und sein Publikum fesselt, lieber zu als einem, der vor sich hinnuschelt. [...] Einen guten Politiker zeichnet die richtige Mischung aus Sachkompetenz, Vortragsfähigkeit und Persönlichkeit aus. […]

Sie haben einmal geschrieben: „Der Politiker als solcher lebt auch und nicht zuletzt von, durch und mit den Medien." Wie sind Sie zu dieser Erkenntnis gekommen?

Fischer: Bei allem Ärger, den ich mit den Medien hatte – und den hatte ich reichlich – bin ich noch immer der Ansicht, dass der permanente Druck, den sie ausüben, gerechtfertigt ist. Medien sind dazu da, Politiker zu testen, besonders die in Regierungsämtern. […]

Problematisch wird es dann, wenn die Medien aus ihrer Rolle fallen und sich anmaßen, es besser zu können als die Politiker.

Interview mit dem ehemaligen Bundesaußenminister Joschka Fischer in: Bergmann, J. / Pörsken, B. (Hrsg.), Medienmenschen, Münster 2007, S. 42/43

Wahlkampfrede von Barack Obama vor 200.000 Zuschauern im Sommer 2008 in Berlin als mediales Großereignis. 5 deutsche TV-Sender übertrugen die Rede live, 5,5 Mio. Bundesbürger verfolgten sie am Bildschirm.

Infotainment – Politainment

Info

Unterhaltende Formen der Politikvermittlung reagieren auf tief greifende soziale Veränderungen in der Politikrezeption und dem Freizeitverhalten in modernen Mediengesellschaften. Eine Folge dieser Entwicklungen ist die zunehmende Bedeutung unterhaltender Elemente für die Behauptung auf dem Medienmarkt. Interessant sind in diese Kontext vor allem Programmelemente, die Information und Unterhaltung miteinander vermengen. So entstehen neue Formen, die unter den Bezeichnungen „Infotainment" und „Politainment" subsumiert werden.

Christian Schicha, Politik als Showgeschäft, in: kursiv, Journal für Politische Bildung, Heft 1 (2007), S. 25

Theorien zum Verhältnis Medien und Politik

M9

Medien werden oft als „Vierte Gewalt" in einem Staat bezeichnet. Allerdings ist diese These nur ein Aspekt eines ausdifferenzierten wissenschaftlichen Diskurses. Um die vielfältigen Beziehungen, die beide Systeme unterhalten, bewerten zu können, lohnt ein Blick auf die vier wirkungsmächtigsten Ansätze der Wissenschaft:

- **Das Gewaltenteilungsparadigma:**

Die Medien werden hier als „Vierte Gewalt" neben Legislative, Judikative und Exekutive verstanden. Kraft ihrer Autonomie bilden sie eine Kontrollinstanz und sind dadurch aktiv an der Ausübung staatlicher Herrschaft beteiligt. Das Gewaltenteilungsparadigma geht davon aus, dass das politische System durch klare Grenzlinien vom Mediensystem getrennt ist. Genau dies bezweifeln aber Kritiker dieses Ansatzes, indem sie auf die mannigfaltigen politischen und ökonomischen Abhängigkeiten des Mediensystems hinweisen.

- **Der Instrumentalisierungsansatz:**

Dieser Ansatz rückt die These in den Fokus, dass die Medien im politischen Feld immer bedeutender werden, gleichzeitig jedoch kommt es zu einem Autonomieverlust. Deutlich wird dies an der wachsenden Bedeutung politischer Kommunikation: Medienreferenten, Wahlkampfstrategen, Redenschreiber und Spin-doctors betreiben PR im Sinne ihrer Auftraggeber und machen sich zu diesem Zweck die medialen Kanäle zunutze.

■ **Der Dependenzansatz:**
Der Dependenzansatz geht zwar ebenso wie der Instrumentalisierungsansatz von einer „Mediatisierung der Politik“, also von einer gegenseitigen Durchdringung beider Systeme aus. Allerdings kommt er zu dem Ergebnis, dass die politische Kommunikation sich den Gesetzmäßigkeiten der Medien angepasst und sich damit in ein Abhängigkeitsverhältnis begeben hat. Das bedeutet: Medien „regieren mit“, indem sie bestimmen, welche Themen erhöhte Aufmerksamkeit verdienen. Damit setzen sie den Rahmen, in dem politische Arbeit öffentlichkeitswirksam kommuniziert werden kann.

■ **Der Interdependenzansatz:**
Von einer engen Verflechtung und einer gegenseitigen Abhängigkeit beider Systeme geht diese Position aus. Demzufolge benötigt die Politik die Medien zur Kommunikation ihrer Entscheidungen. Allerdings sind die Medien auf diese politischen Prozesse angewiesen, da sie einen wichtigen Inhalt für sie darstellen. Durch die Berichterstattung wird schließlich ein Feedback generiert, dass auf das politische Feld zurückwirkt, woraufhin dieses wiederum neue Inhalte hervorbringt. Der Interdependenzansatz geht also von einer „Komplizenschaft“ beider Systeme aus, die ein unauflösbares Tauschverhältnis miteinander verbindet.

http://www.lehrer-online.de/dyn/18.htm (17.3.2009)

Aufgaben

1. Diskutieren Sie, warum Politiker und Politikerinnen auf die Allgegenwart der Medien angewiesen sind, um ihr Handeln zu legitimieren und sich dabei immer wieder der Medienlogik beugen müssen (M 8).
2. Die Inszenierung der Politik für die Medien wird auch für die Politikverdrossenheit vieler Bürgerinnen und Bürger verantwortlich gemacht. Diskutieren Sie diese Behauptung (M 8).
3. Entscheiden Sie, welche der in M 9 vorgestellten Theorien die Beziehungen zwischen Politik und Medien am besten beschreibt, und begründen Sie Ihre Entscheidung.

Methode

Politik im Bild – Bilder in der Politik

„Wer die Bilder beherrscht, beherrscht auch die Köpfe“.

Diese Feststellung verweist auf die große Bedeutung des Visuellen bei der menschlichen Wahrnehmung. Deshalb spielen Bilder bei der medialen Präsentation der Wirklichkeit, insbesondere auch der politischen Wirklichkeit, eine wichtige Rolle. Sie eröffnen große Chancen bei der Vermittlung von Sachverhalten, weil sie die Dinge in einer Weise präsentieren können, die weit über den „Blickwinkel“ des menschlichen Auges hinausgeht: So können Vergrößerungen und Verkleinerungen, Montagen oder Luftaufnahmen völlig neue Perspektiven eröffnen. Hierin liegt aber gleichzeitig auch eine Gefahr, denn die Wirklichkeit lässt sich in Bildern auch reduzieren oder entstellen.
Bilder besitzen eine suggestive Kraft, weil man als Betrachter das Gefühl hat, „dabei zu sein“. Oft verliert man dabei die Distanz zum dargestellten Motiv. Filme und Bilder bilden die Wirklichkeit nie authentisch ab, denn allein schon die Auswahl eines Motivs, der gewählte Ausschnitt, der Aufbau eines Bildes unterliegen den subjektiven Setzungen des Fotografen oder Kameramannes.
Politiker aller Zeiten bedienten und bedienen sich der Bilder, um Macht und Einfluss zu demonstrieren, um Untertanen und Bürger zu gewinnen und um Wählerstimmen zu werben. Aber auch diejenigen, die nicht im Besitz der politischen Macht sind, versuchen, mit Hilfe der Wirkung von Bildern auf ihr Anliegen aufmerksam zu machen, um z.B. auf Ungerechtigkeiten oder Missstände hinzuweisen.

Fotografien galten lange Zeit als dokumentarische Abbildungen der Wirklichkeit. Im Zeitalter der digitalen Bildverarbeitung lassen sich Bilder jedoch leicht manipulieren. Es wird deshalb immer wichtiger, Bilder auf ihre Authentizität hin zu überprüfen.

Bilder sehen lernen – Aspekte der Bildanalyse

Bilder lassen sich nach unterschiedlichen Aspekten untersuchen:

Ästhetik
Hier untersucht man die gestalterischen Mittel: Farbe, Lichteffekte, Kameraeinstellung, Bildschärfe, Perspektive, Motivwahl. Diese Mittel tragen entscheidend zur Wirkung eines Bildes bei. So kann es entscheidend sein, ob ein Motiv in Nahaufnahme oder als Totale aufgenommen wurde.

Symbolik
Untersucht wird dabei der Inhalt eines Bildes, wobei Details, die eine Bedeutung transportieren, eine besondere Rolle spielen. Dabei kann es sich um Personen, ihre Beziehungen zueinander, Gegenstände oder auch Zeichen (Symbole) handeln.

Intention
Hier wird nach der beabsichtigen Wirkungen eines Bildes gefragt. Nicht immer lässt sich diese aber genau erschließen und man muss auf den Kontext und die Entstehungsbedingungen zurückgreifen. Manche Bilder lassen sich jedoch sehr leicht auf ihre Intention hin analysieren: Z.B: Darstellung einer Person in „Heldenpose“, besondere Ausleuchtung bestimmter Personen, Größenverhältnisse usw.)

Subjektivität
Betrachter können auf Bilder sehr unterschiedlich reagieren und erfassen andere Gegenstände. Dies hat mit den individuellen Erfahrungen des Einzelnen zu tun und gilt insbesondere für mögliche emotionale Botschaften der Bilder. Bei der Analyse sollte man sich dieser unterschiedlichen Wirkungen bewusst sein.

Ein Bild systematisch betrachten:

1. Schritt: Wirkung eines Bildes spontan erfassen und in Stichworten (z.B. in einer Mindmap) notieren.

2. Schritt: Das Bild nach den vier oben genannten Aspekten analysieren:
- a) Präzise Beschreibung
- b) Welche Wirkung wird mit welchen Mitteln erreicht?

3. Schritt: Einordnung in den politischen oder gesellschaftlichen Kontext und Formulierung möglicher Aussageabsichten.

4. Schritt: Bewertung
- a) Gelingt es, die Aussageabsichten umzusetzen?
- b) Das Bild in einen größeren Zusammenhang setzen.

Beispielbilder

Karl Theodor zu Guttenberg 2009 in New York.

Frank-Walter Steinmeier in seinem Sommerurlaub 2009 in Südtirol.

Guido Westerwelle auf einer Wahlkampfveranstaltung im Jahr 2009.

Kanzlerin Angela Merkel auf dem Weg in das Kanzleramt.

Aufgabe

Wählen Sie eines der Beispielbilder aus, und führen Sie eine systematische Bildanalyse durch. Formulieren Sie die vermutete Wirkungsabsicht in einem Satz. Alternativ können auch Bilder aus der Tageszeitung ausgewählt und analysiert werden.

Wissen kompakt

Medienlandschaft in Deutschland

Die Massenmedien sind aus der modernen Gesellschaft nicht mehr wegzudenken. So beherrschen zurzeit ca. 350 Zeitungen sowie ca. 20.000 Zeitschriften den Markt der Printmedien in Deutschland. Daneben hat sich eine **„duale Rundfunkordnung"** etabliert. Die ARD (= Arbeitsgemeinschaft der öffentlich-rechtlichen Rundfunkanstalten der Bundesrepublik Deutschland) und das ZDF (Zweites Deutsches Fernsehen) sind öffentlich-rechtliche Einrichtungen, bei denen gewählte Gremien alle wichtigen Personal- und Programmentscheidungen treffen. Seit den 1980er Jahren sind daneben Anbieter aus der privaten Wirtschaft getreten. Diese bieten zahlreiche zusätzliche Hör- und Fernsehprogramme als „Free-TV" oder „Pay-TV-Programme" an. Das Bundesverfassungsgericht hat diese duale Hörfunk- und Fernsehordnung unter bestimmten Auflagen genehmigt: So überwachen 14 Landesmedienanstalten z.B. die Ausgewogenheit der Programme und entscheiden über die Zulassung von neuen Anbietern. Das Internet integriert unterschiedliche Medien und ergänzt als globale Kommunikations-Plattform die Medienlandschaft. Es befördert die weltweite Ausdehnung von Kommunikationsbeziehungen und hat dazu geführt, dass Information und Kommunikation zunehmend den Alltag der Menschen bestimmen.

Duale Rundfunkordnung

Aufgaben der Medien
M 2

In der Demokratie erfüllen die Medien vier zentrale politische **Aufgaben**, die sich zum Teil auch überschneiden:

- Sie informieren die Bürgerinnen und Bürger über das alltägliche Geschehen in Politik, Wirtschaft, Gesellschaft.
- Sie stellen die unterschiedlichen Meinungen in der Bevölkerung dar und tragen durch meinungsorientierte Artikel und Kommentare zur politischen Meinungsbildung bei.
- Sie kontrollieren und kritisieren die gesellschaftlichen Institutionen und deren Repräsentanten.
- Sie setzen Themen auf die „politische Agenda".

Pressefreiheit
M 3

Art. 5 Abs. 1 Grundgesetz garantiert die **Meinungs-, Informations-** und **Pressefreiheit**. Während unter Meinungs- und Informationsfreiheit das Recht des Einzelnen zu verstehen ist, Meinungen „in Wort und Schrift oder Bild" frei zu äußern bzw. „sich aus allgemein zugänglichen Quellen ungehindert zu unterrichten", definierte das Bundesverfassungsgericht die Existenz einer freien, unzensierten Presse als konstitutives Merkmal einer freiheitlichen Grundordnung.

Medien als „vierte Gewalt"

Aufgrund dieser vielfältigen Aufgaben, die die Medien im politischen System einnehmen, werden sie neben Legislative, Exekutive und Judikative auch als „vierte Gewalt" bezeichnet. Dies gilt für die öffentlich-rechtlichen wie auch die privat organisierten Medien in gleichem Maße.

Tendenz zum Politainment
M 4

Mit der Einführung des privaten Rundfunks (der Begriff schließt auch die privaten Fernsehsender ein) ging eine Kommerzialisierung der Medien einher. Dies veränderte auch Politikdarstellung bzw. -berichterstattung. So wurden die Grenzen zwischen Unterhaltung und Information zunehmend aufgelöst. Personalisierung, Emotionalisierung und Vereinfachung sind die Trends der politischen Berichterstattung. Zusammengefasst werden diese Entwicklungen in dem Begriff **Politainment**.

Mediendemokratie
M 7

Über den Stellenwert und die Bedeutung der Medien im politischen System gibt es unterschiedliche Theorien, doch hat die zunehmende Ausrichtung der Politik auf die Medien und die Abhängigkeit der Bürgerinnen und Bürger von der Politikvermittlung durch die Medien dazu geführt, dass einige Politikwissenschaftler bereits von der **„Mediendemokratie“** sprechen. Damit soll zum Ausdruck gebracht werden, dass die Medien selbst einen Faktor darstellen, der politische Entscheidungen und Einstellungen beeinflusst.

3.2 Demokratie und Partizipation im Informationszeitalter

Web 2.0 – das Mitmach-Internet

M 1

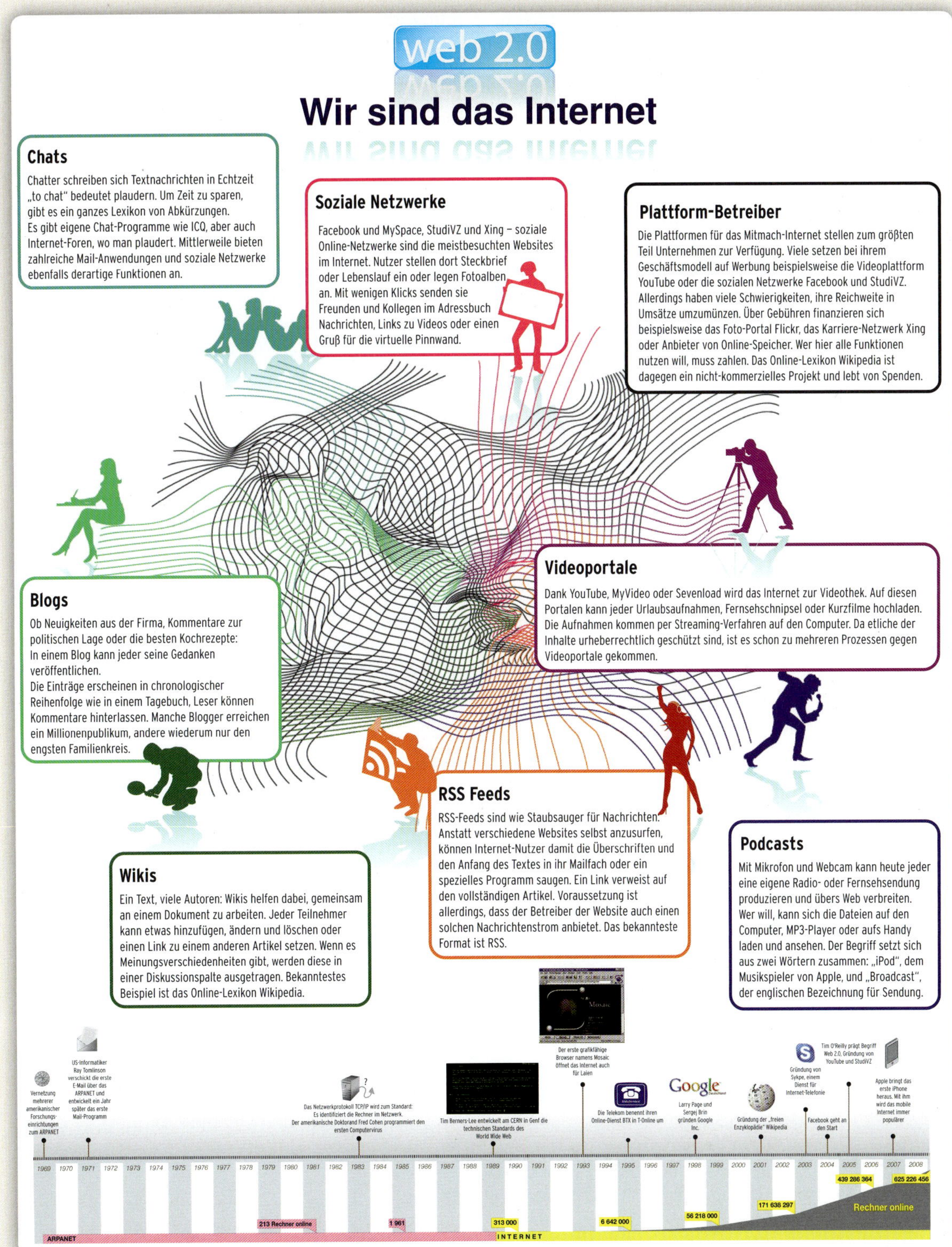

dpa-Infografik

M2 Online-Wahlen und -Abstimmungen

Befürworter einer elektronischen bzw. digitalen Demokratie wollen mit Hilfe des Internets nicht nur die Informationslage der Bevölkerung verbessern und politische Diskussionen anregen, sondern das Internet auch als Instrument für politische Entscheidungen nutzen und Wahlen zu den Volksvertretungen sowie Abstimmungen über politische Streitfragen durchführen. Auf diese Weise könne die Demokratie „direkter" und damit stärker werden. Eine solche Demokratie werde folglich wieder mehr Spaß machen; Politik- und Parteienverdrossenheit würden abgebaut und Beteiligung angeregt. [...]

[Gewichtiger] erscheint demgegenüber der Einwand, ob eine Wahl via Internet tatsächlich die Wahlbeteiligung steigern und damit dem zweifellos vorhandenen Trend einer kontinuierlich sinkenden Wahlbeteiligung entgegenwirken kann. Gleiches gilt auch für die von den Verfechtern der digitalen Demokratie gewünschte Ausweitung der Abstimmungsahngelegenheiten. Führen mehr Abstimmungen über politische Sachthemen zwangsläufig zu einer höheren Beteiligung der Bürgerinnen und Bürger am politischen Entscheidungsprozess? [...]

Wer die repräsentative Demokratie in eine direktdemokratische transformieren will, muss nicht nur die demokratietheoretische Frage beantworten können, wie in einer komplexen [...] Demokratie eine anspruchsvolle und auf gesellschaftlichen Interessenausgleich bedachte Entscheidungsfindung gewährleistet werden kann, sondern er muss auch die vorausgesetzte hohe Partizipationsbereitschaft der Bürgerinnen und Bürger gut begründen können. Die bisherigen empirischen Ergebnisse jedenfalls sprechen eher gegen die These einer unendlichen politischen Beteiligungsbereitschaft der Bevölkerung.

Beate Hoecker, Mehr Partizipation via Internet?, in: Dies. (Hrsg.), Politische Partizipation zwischen Konvention und Protest, Wiesbaden 2006, S. 300 f.

M3 Ein Grundrecht geht online

„Ein Grundrecht geht online" – „Fortschritt für mehr Demokratie": Solche Überschriften verdeutlichen, dass die Modernisierung des Petitionsrechts des Deutschen Bundestages Fortschritte macht. Wer ein Problem mit Bundesbehörden hat oder möchte, dass ein Bundesgesetz geändert wird, kann sich seit September 2005 nicht nur per Post, sondern via Netz mit Bitten und Beschwerden an Abgeordnete beziehungsweise den Petitionsausschuss des Deutschen Bundestages wenden. Die Themen sind breit gestreut. Das zeigt ein Blick in die aktuelle Liste der öffentlichen Petitionen. [...]

Mit dem Petitionsrecht steht für alle Menschen in Deutschland ein direkter Weg zum Parlament offen. Die digitale Übermittlung ist sicher der schnellste und unkomplizierteste Weg. Doch muss der Petent – also der, der ein Anliegen vorbringt – auch Regeln beachten, damit seine Eingabe angenommen wird. [...] Zum einen können öffentliche Petitionen per E-Mail eingereicht werden. Zum anderen ist es möglich, dass Interessierte mitunterzeichnen oder in Diskussionsforen debattieren. [...]

Es ist unbestritten, dass das neue System zu mehr direkter Demokratie beitragen kann. Im Gegensatz zu anderen Internet-Foren fließen die Ergebnisse hier unmittelbar in die parlamentarische Arbeit ein. Und es entsteht ein weiteres öffentliches Diskussionsforum im parlamentarischen Raum, bei dem der Bürger selber die Themen vorgibt. Immer mehr Bürger klicken die Homepage des Petitionsausschusses an. Im Januar 2006 waren es mehr als 45.000. [...]

Die Petitionsausschüsse im Bund und in den Ländern nähmen eine ureigene Parlamentsaufgabe wahr, deren Bürgernähe sie von allen anderen Fachausschüssen unterscheide, unterstrich die Petitionsausschussvorsitzende Kersten Naumann (Die Linke) vor der Presse in Berlin. Keine andere Ombudseinrichtung habe eine so unmittelbare Möglichkeit, Gesetzesänderungen herbeizuführen. Es könne ihrer Auffassung nach dreierlei erreicht werden, wenn die Positionierung im Konzert der Ombudseinrichtungen gelinge: Das aufgrund von Bürgereingaben bei den Parlamentariern angehäufte Wissen werde effektiv genutzt und Gesetze könnten bürgerfreundlicher ausgestaltet werden. Außerdem werde ein wichtiger Beitrag geleistet, den Parlamentarismus zu stärken.

Ines Gollnick, Das Parlament, Nr. 17 - 18 / 24.4.2006

Online-Petitionen sind über das Internetportal www.demokratieonline.de möglich.

Politikforen im Internet: Der Ton wird schärfer

M4

1153 Bürgerfragen haben den Bundestagsabgeordneten Dieter Wiefelspütz (SPD) bislang über abgeordnetenwatch.de erreicht, 1142 hat er davon beantwortet und das – wie er betont – persönlich. Damit ist Wiefelspütz einer der begehrtesten Politiker des Portals, auf dem Abgeordnete öffentlich und für alle sichtbar auf Bürgerfragen antworten. Selbst Bundestags-Politstars wie Gregor Gysi oder Guido Westerwelle bekommen nicht annähernd so viele Rückmeldungen. Der normale Bundestagsabgeordnete bekomme etwa 20 bis 30 Anfragen pro Jahr, so Gregor Hackmack von abgeordnetenwatch.

Auf fast alle eingehenden Fragen reagiert der 1946 geborene Wiefelspütz, manche Fragensteller kanzelt der SPD-Abgeordnete jedoch auch ab. Er weigert sich beispielsweise, Beiträge ohne Grußformel zu beantworten. Oder geht Fragensteller schroff an: „Ich glaube nicht, dass Sie befugt sind, im Namen der Mehrheit unseres Volkes zu sprechen. Oder haben Sie ein Mandat dazu?“ oder wie im Falle reger Bürgerfragen zum BKA-Gesetz: „Es nervt mich, dauernd dieselben Fragen zu beantworten“.

Den Grund nennt Wiefelspütz in einer der Antworten ebenfalls: „Ich überlege inzwischen, keine Antworten mehr bei abgeordnetenwatch zu geben. Meine Arbeitszeit ist beschränkt. Ich bin von lebendigen Wählern, nicht von abgeordnetenwatch in den Deutschen Bundestag gewählt worden“ oder „Die Arbeitsbelastung, die abgeordnetenwatch mir bereitet, ist nicht mehr verantwortbar“, schreibt der Jurist.

Nun ist Wiefelspütz nicht der einzige Abgeordnete, der gelegentlich leicht säuerlich auf die Fragensteller bei Abgeordnetenwatch reagiert – eben wie Menschen auf Kommunikation reagieren. Die

Über das Internetportal abgeordnetenwatch.de können Bürgerinnen und Bürger direkt mit Politikern in Kontakt treten.

Bürger fragen nämlich direkt, was ihnen auf dem Herzen liegt. Und halten sich nicht unbedingt mit Zuständigkeitsfragen, politischen Schwerpunkten oder Höflichkeitsfloskeln auf. Oft lesen sie auch nicht, was bereits gefragt wurde (obwohl sie dazu vom Portal explizit aufgefordert werden und es im Fragenformular eine Suchfunktion gibt.) Und sehr häufig beinhalten Fragen auch mehr Meinung als Informationsbedürfnis.

Viele MdBs haben jedoch – soweit man das im persönlichen Kontakt erfahren kann – Sympathien für den Mitmach-Ansatz und schätzen die vergleichsweise großen Nutzerzahlen des Portals. Doch was passiert, wenn noch mehr Bürger ihr gutes Recht nutzen und ihre Vertreter im Parlament mit noch mehr Fragen löchern?

Sebastian Gievert, Politik-digital, 23.12.2008

Kontrovers diskutiert: Mehr Demokratie durch die Neuen Medien?

M5

a) Keine automatische Stärkung der Demokratie

Die Existenz und die Entwicklung Neuer Medien führen nicht automatisch zu einer Stärkung der Demokratie. Es wird kein „neues athenisches Zeitalter“ anbrechen. Aber auch die repräsentative Demokratie wird nicht durch das Internet zugrunde gehen. Auf allen Stufen des demokratischen Prozesses ist eine Bedeutung des Internets unverkennbar und so wird sich der politische Prozess Schritt für Schritt verändern. […] Das Internet revolutioniert vielleicht das Informations- und Kommunikationsverhalten der Menschen, aber Politik wird durch das Internet nicht persönlich erfahrbar werden. Es bleibt daher die Frage, ob es nützen kann, der oft behaupteten Politikverdrossenheit

entgegenzuwirken. [...] Noch ist auch nach Etablierung der Neuen Medien die Gesamtzahl der politisch Interessierten nicht nennenswert gestiegen. Es reicht nicht aus, allein Informations-, Kommunikations- und Partizipationsangebote zur Verfügung zu stellen. Es muss auch dafür Sorge getragen werden, dass potenzielle Nutzer lernen, mit dem Angebot umzugehen. Nicht die „richtigen" Informationen fehlen, sondern das Vermögen, diese sinnvoll verarbeiten zu können. [...]
Lediglich dort, wo eine demokratische Kultur – basierend auf freiwilliger Mitgliedschaft und horizontalen Vereinsstrukturen – halbwegs lebend ist, kann politische Kommunikation wachsen, egal welchen Mediums sich die Gesellschaft bedient. Politische Beteiligung benötigt deshalb weniger die Technik, als mehr den politischen Willen. Demokratie wird von aktiven Menschen verwirklicht.

Markus Gloe, Mehr Demokratie durch die Neuen Medien?, in: Peter Massing, Mediendemokratie, Schwalbach / Ts. 2004, S.104 f.

b) Das Internet als Gegenöffentlichkeit

Politische Weblogs können zum Beispiel erhebliche Wirkungen erzielen. Das prominenteste Beispiel ist das Blog von „Salam Pax", der während der Zeit des Irak-Krieges neben dem offiziellen Journalismus aus Bagdad berichtete und schnell Nachahmer fand, die als Augenzeugen aus nahezu allen Kriegs- und Krisengebieten Informationen liefern. Blogs aus repressiven staatlichen Systemen sind mittlerweile zur wichtigsten Informationsbasis für ausländische Journalisten geworden. Weblogs bilden in nichtdemokratischen Staaten eine wichtige Gegenöffentlichkeit und es verwundert kaum, dass es beispielsweise im Iran eine sehr lebendige „Bloggerszene" gibt, die maßgeblich von Frauen bestimmt wird und hoch politisch ist. Dass das politische Potenzial der Weblogs dort besonders zutage tritt, wo Repressionen herrschen, zeigen auch die vielen chinesischen Blogger, denen es immer wieder gelingt, die staatliche Zensur zu umgehen und die Weltöffentlichkeit zu informieren.
Aus den US-amerikanischen Wahlkämpfen sind Weblogs mittlerweile nicht mehr wegzudenken. Sie tauchten erstmalig im Vorwahlkampf um die Präsidentschaft 2004 auf und läuteten ein neues Zeitalter der digitalen Wahlkämpfe ein. [...]
In Deutschland erlebten politische Weblogs im Bundestagswahlkampf 2005 einen ersten Boom. Allerdings bloggten hier mehrheitlich politische interessierte Bürgerinnen und Bürger, Vertreter der zivilgesellschaftlichen Gruppen und der Medien, die den Wahlkampf kritisch verfolgten und kommentierten. Der Wahlkampf der Parteien selbst fand vor allem in den „alten Medien" statt und schöpfte die Möglichkeiten des Internet kaum aus. Allerdings lässt sich beobachten, dass die folgenden Landtagswahlkämpfe – hier insbesondere in Hessen und Niedersachsen im Jahresübergang 2007/08 – auch und zunehmend mehr in der „Blogosphäre" ausgetragen wurden.

Martina Tschirner, Mehr Demokratie via Internet?, in: Polis. Report der deutschen Vereinigung für Politische Bildung, Heft 1 (2008), S. 9 f.

Aufgaben

1. Das Internet wird vielfach als das „demokratischste aller Medien" bezeichnet. Diskutieren Sie diese These (M 1 – M 5).
2. Bilden Sie zwei Gruppen und diskutieren Sie aus der Sicht von Abgeordneten und Bürgern die Vor- und Nachteile von Angeboten wie abgeordnetenwatch.de (M 3). Inwiefern werden dabei auch grundsätzliche Probleme der politischen Kommunikation über das Internet deutlich?
3. „Wo Journalisten in ihrer Arbeit behindert werden, schlägt die große Stunde des Internets." Suchen Sie nach Beispielen aus der jüngsten Zeit, die diese These belegen.
4. Analysieren Sie (arbeitsteilig) die Web2.0-Angebote z.B. der im Bundestag vertretenen Parteien oder Ihrer Wahlkreisabgeordneten. Mögliche Analyseaspekte: An wen richten sich die Angebote? – Was erfährt man über die Zielsetzungen der Partei / des Abgeordneten? – Wurden die Texte verständlich verfasst?

Wissen kompakt

Das Internet als neues Medium

Als Mitte der 1990er Jahre das **Internet-Zeitalter** anbrach, hofften viele auch auf den Aufbruch in ein neues demokratisches Zeitalter. Vom Internet versprach man sich eine neue Form der Demokratie: Die Schlagwörter „E-Democracy", „digitale Demokratie" oder „Cyberdemokratie" nährten Hoffnungen, die Bürgerinnen und Bürger könnten nun aufgrund der technischen Möglichkeiten stärker direkt über politische Inhalte mitbestimmen.

Tatsächlich ist das Internet aus dem politischen Alltag nicht mehr wegzudenken, und es hat die Art und Weise, wie Menschen miteinander kommunizieren, nachhaltig verändert. Ob es allerdings zu einer Belebung der Demokratie geführt hat bzw. führen wird, ist umstritten.

Verbesserung der Kommunikations- und Partizipationsmöglichkeiten
M 1 – M 3

Das Internet hat in erster Linie zu einer **Vervielfachung der Informations- und Kommunikationsmöglichkeiten** geführt. Es ist heute viel leichter, Informationen abzurufen oder mit Behörden oder Politikern in Kontakt zu treten und seine eigene Meinung kund zu tun. So unterhalten beispielsweise die Parteien Internetportale, auf denen man sich über diese informieren, mit Vertretern der Parteien kommunizieren oder Kampagnen unterstützen kann. Dokumente des Bundestags können direkt abgerufen werden und Petitionen online übermittelt werden. Dies führt auch zu einer größeren Transparenz politischen Handelns.
Allerdings wirft die Fülle der verfügbaren Informationen das Problem auf, dass die Angebote von den Nutzern selbst auf ihre Relevanz hin überprüft werden müssen. Hier werden hohe Anforderungen an die Medienkompetenz der Nutzer gestellt.

Internet und Pressefreiheit
M 4

In Staaten, in denen die Pressefreiheit z.B. durch staatliche Zensur eingeschränkt wird, spielt das Internet für die Meinungs- und Pressefreiheit eine wichtige Rolle. Es ermöglicht den Zugang zu freien Informationen und den Aufbau einer politischen Gegenöffentlichkeit über das Internet. So gelingt es Regimekritikern immer wieder, die staatliche Pressezensur zu umgehen und z.B. Informationen über Menschenrechtsverletzungen via Internet zu verbreiten.

Internet und Demokratie
M 5

Das Internet führt also zu mehr **Transparenz und Öffentlichkeit** und erleichtert die Kommunikation und Einflussnahme von „unten" nach „oben". Wie digital vermittelte Meinungen zu entscheidungsfähigen Alternativen umgeformt werden können, ist jedoch unklar. So besteht die Gefahr, dass politische Diskurse ohne erkennbare Wirkung auf den Entscheidungsprozess bleiben.
Auch haben sich Hoffnungen auf eine Stärkung der direkten Demokratie durch Online-Wahlen und -Abstimmungen aufgrund der noch bestehenden technischen Schwierigkeiten und Bedenken hinsichtlich des Datenschutzes nicht erfüllt.

3.3 Medien zwischen Markt und Politik

M 1 Das Zeitungssterben

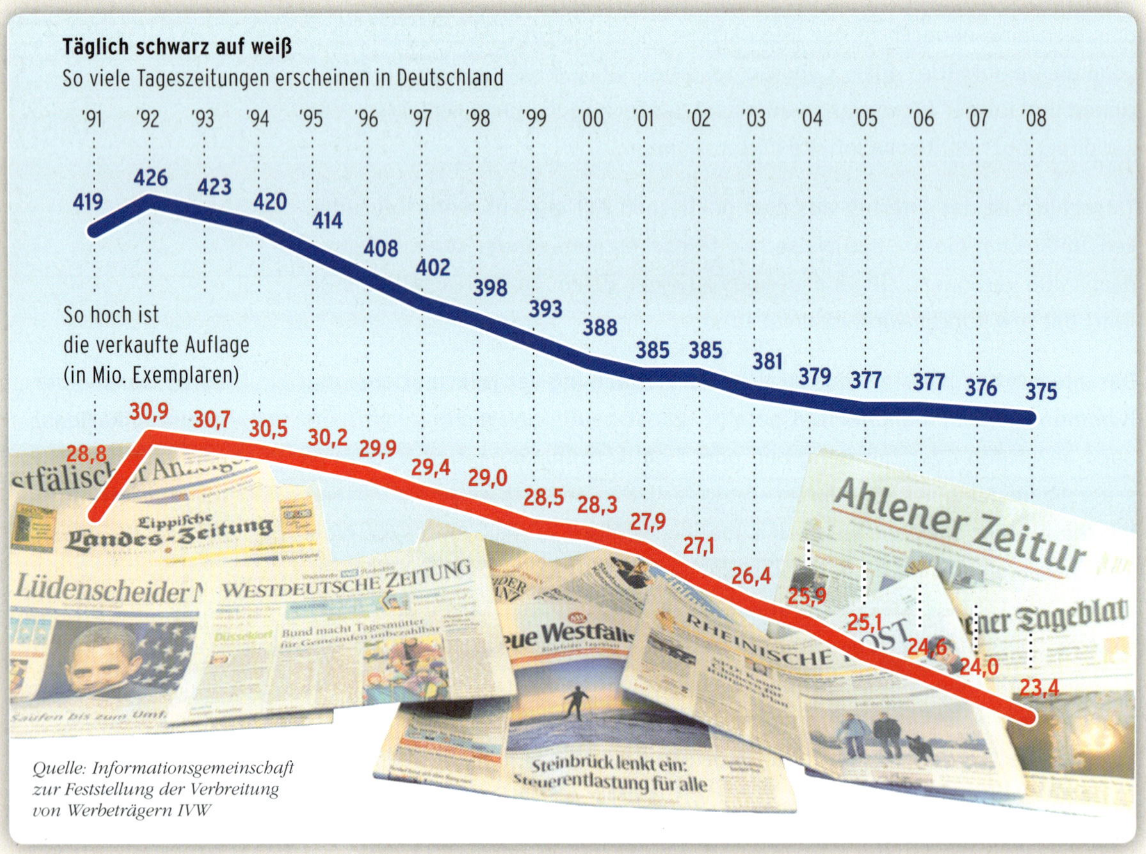

Quelle: Informationsgemeinschaft zur Feststellung der Verbreitung von Werbeträgern IVW

Globus Grafik 2863

M 2 Sparen, bis die Leser gehen?

In den USA reden sie schon vom „endgame". Das Wall Street Journal verlor seine Eigenständigkeit und gehört jetzt dem Medientycoon Rupert Murdoch. Unterdessen sinnierte ein Autor im Magazin Business Week, welche Zeitung ihre gedruckte Ausgabe wohl als Erste einstellen werde, um nur noch im Internet zu erscheinen. Auch in Deutschland sind Zeitungen in die Presse geraten. Ihre Gesamtauflage sinkt seit mehreren Jahren – und vor allem hat die Zahl der jungen Leser abgenommen. Im Gegenzug ist die Zahl der arbeitslosen Journalisten deutlich gestiegen. Verlage wie Axel Springer und Holtzbrinck [...] investieren Hunderte von Millionen Euro in Internetfirmen, die nichts mit klassischem Journalismus zu tun haben. Und von Hamburg (Financial Times Deutschland) bis München (Süddeutsche Zeitung) stehen Zeitungen zum Verkauf. [...] Viel spricht dafür, dass überzogene Renditeerwartungen und strategische Fehler schwer wiegen [...]. Wer den ökonomischen Tod auf Raten beobachten will, findet in der Zeitungsbranche reichlich Beispiele. Denn wie der Medienökonom Horst Röper nüchtern sagt: „Viele Verleger ziehen zu viel Geld aus den Zeitungen. Sie verlangen eine zu hohe Rendite." Dies ist der erste Schritt zur Selbstzerstörung. Die Vorsteuerrendite etwa der Verlagsgruppe DuMont Schauberg (Kölner Stadt-Anzeiger) lag im Jahr 2005 bei 13 Prozent, bei der Südwestpresse waren es fast 20 Prozent. Von solchen Renditen können andere Unternehmen und Branchen nur träumen. Der vom weltweiten Stahlboom profitierende ThyssenKrupp-Konzern kam in den ersten neun Monaten seines laufenden Geschäftsjahres auf einen Umsatz von 42 Milliarden Euro – und eine Rendite von gerade mal 6,6 Prozent. [...] Solche Gewinne lassen sich erklären. In den meisten Städten und Regionen gibt es nur eine Zeitung. Ein kleines Monopol reiht sich ans andere. So ließen sich die Anzeigenkunden und Leser prächtig zur Kasse bitten, und tatsächlich hat es über Jahrzehnte reibungslos funktioniert. Dann allerdings wurde aus dem Internet ein Massenmedium, und seither gibt es eine günstige Alternative, um Autos, Wohnungen, Häuser und sogar Jobs anzubieten. [...] und Verlagsmanager begannen nach anderen Quellen zu suchen, um wieder Gewinne zu erwirtschaften. [...] Aber als wichtigste Geldquelle entdeckte die Branche ihre eigenen Angestellten:

- Jeder dritte Job ist gestrichen worden. [...]
- Eine wachsende Zahl von Verlegern finanziert ihre Gewinne durch Tarifflucht. [...]
- Um weitere Kosten zu drücken, breitet sich das so genannte Outsourcing aus. Dabei gründen Verlage kleine Tochtergesellschaften, in die sie etwa Lokalredaktionen auslagern. [...]
- Die Honorare für freie Journalisten sind über die Jahre merklich gesunken. [...]

Götz Hamann, Die Zeit, 20.9.2007

Zur Lage des Lokaljournalismus – es steht schlecht

M 3

Mit den angekündigten 300 redaktionellen Stellenstreichungen beim Essener Medienkonzern WAZ (Westdeutsche Allgemeine Zeitung, Ruhr Zeitung/Neue Rhein Zeitung, Westfälische Rundschau, Westfalenpost u.a.) sieht der Medienwissenschaftler Horst Röper die Qualität des lokalen Journalismus in der Region gefährdet. „Auf diese Zahl kommen Sie nicht, ohne komplette Lokalredaktionen dicht zu machen.“ Gelegentlich referiert Röper im Journalistenbildungszentrum Haus Busch in Hagen über Medienökonomie. In Zeiten der schwelenden Finanzkrise ist das ein sich schnell wandelndes Themenfeld. Der Wandel hat längst die Lokalzeitungen erfasst, nicht nur diejenigen in NRW. Die beiden Regionalblätter Lübecker Nachrichten und Ostsee-Zeitung (Rostock) erscheinen bereits seit April 2008 mit einem gemeinsamen Mantel; an der Ostsee-Zeitung sind jeweils die Lübecker Nachrichten, die zur Hälfte dem Axel-Springer-Verlag gehören, und Springer selbst zur Hälfte beteiligt. Bei sämtlichen anderen regionalen Titeln und Beteiligungen ist Springer auch längst auf der Suche nach so genannten Synergieeffekten [...]. Branchenweit geht man davon aus, dass die Finanzkrise den Prozess der Marktbereinigung bei gleichzeitiger Marktkonzentration durch die Großverlage weiter vorantreibt. [...] Darunter leidet dann vor allem auch die journalistische Qualität, so Medienwissenschaftler Röper. Dem Leiter des Hauses Busch, Jürgen Dörmann, dessen Klientel traditionell aus den lokalen Zeitungsverlagen kommt, fällt deshalb auch prompt eine kurze Antwort auf die Frage ein, wie es denn um die Qualität im Lokaljournalismus steht: „Es sieht schlecht aus.“ Allmählich gingen die Grundprinzipien der Recherche verloren. In Zeiten knapper werdender Ressourcen und größere Arbeitsverdichtung dominiere zunehmend der Terminjournalismus. „Es gibt bei einigen Lokalzeitungen Volontäre, die am Tag mehrere Seiten produzieren [...].“
„Schöne Zeiten für die Politik [...]. Schlechte für einen pluralistischen Journalismus“, schrieb der Spiegel zynisch zur Zukunftsfrage der Zeitungen. In diesen Trott fügt sich dann bequem die Tendenz ein, dass immer mehr Unternehmen, Verbände und Parteien schleichend ihre Verlautbarungen in den Zeitungen platzieren können. Aus ihren Pressemitteilungen werden teilweise passgenaue Artikel für die lokalen Redaktionen. Aufbereitet werden diese Häppchen von den Pressestellen, die eben nicht unter einer Verknappung ihrer Ressourcen leiden und noch dazu häufig von Journalisten geführt werden, die aus eben jenen Redaktionen kommen, die sie nun mit interessengeleiteten Botschaften beliefern. Auf Kosten der Qualität. Dörmann findet diese Tendenz „sehr gefährlich“. Der Pressesprecher eines Unternehmens im Ruhrgebiet bestätigt: „Die Redaktionen drucken unsere Pressemitteilungen in schöner Regelmäßigkeit nach.“

Olaf Sundermeyer, Journalist 12/2008, S. 12 ff.

Aufgaben

1. Beschreiben Sie die ökonomische Lage auf dem Zeitungsmarkt und die Auswirkungen auf die journalistische Qualität der Inhalte (M 1 – M 3).
2. Diskutieren Sie, inwiefern die Medien unter diesen Bedingungen ihre Rolle in der Demokratie noch ausfüllen können (M 3).

M 4 Medienkonzentration: Beispiel Bertelsmann

Die Bertelsmann AG mit Sitz in Güterloh ist das größte Medienunternehmen in Europa. Als sechstgrößter Medienkonzern der Welt agiert er in 63 Ländern und bezeichnet sich selbst als „internationalstes Medienunternehmen". Mehrheitseigentümerin ist mit 76,9 % der Kapitalrechte die Bertelsmann Stiftung, die von der Familie Mohn beaufsichtigt wird. Familie Mohn besitzt zugleich die restlichen Kapitalrechte am Unternehmen.

Bertelsmann AG

Hörfunk
RTL Group

- RTL Radio – Die besten Hits aller Zeiten
- Radio Hamburg (29,17%)
- Antenne Bayern (16%)
- Rock Antenne (Antenne Bayern hält 100%)
- Radio NRW (16,1%)
- 104,6 RTL
- Antenne Mecklenburg-Vorpommern (25,44%)
- Antenne Thüringen (15%)
- radio top 40 (Antenne Thüringen hält 58%)
- Radio 21 (9,8% + weitere indirekte Anteile)
- Antenne Niedersachsen (36%)
- HITRADIO RTL Sachsen (66,83%)
- Apollo (HITRADIO RTL Sachsen hält 55% an BCS, die 40% hält)
- Radio Leipzig, Radio Dresden, Radio Chemnitz, Radio Zwickau, Radio Lausitz, Vogtland Radio (31,9%)
- Radio Brocken (53,5%)
- 89,0 RTL (53,5%)
- Spreeradio (33,85%)

* weitere indirekte Beteiligungen an Radio Regenbogen, bigFM, Oldie 95, NGRA, Radio Galaxy

Produktion
RTL Group

- UFA Fernsehproduktion
- UFA Film Produktion
- UFA Entertainment
- Grundy UFA TV Produktion
- Grundy Light Entertainment
- Teamworx
- Phoenix Film (51%)
- Objektiv Film/Trebitsch

Rechtehandel
RTL Group

- Fremantle International Distribution
- CLT-UFA International

Musik

- BMG (Musikverlage: Rechte an mehr als 1 Mio. Songs, Verträge mit Künstlern; Veräußerung geplant)
- Sony BMG (Labels: u.a. Arista, RCA; 50%)

Fernsehen
RTL Group

- RTL
- RTL II (35,9%)
- Super RTL (50%)
- VOX
- n-tv
- Traumpartner TV
- K1010 (19,87%)
- RTL Crime, RTL Living, Passion (digitale Spartenprogramme)

Mediendienste
RTL Group

- RTL Shop

Online

- RTL Group; RTL World (Online-Angebote, interaktive Fernsehangebote, Service Provider)
- Gruner + Jahr: Onlineauftritte der Print-Titel

Technische Dienstleistungen

- CBC Cologne Broadcasting Center

Zeitungen
Gruner + Jahr (74,9%)

- Sächsische Zeitung (60%)
- Morgenpost Sachsen (60%)
- Döbelner Anzeiger (Sächsische Zeitung hält 50%)
- Financial Times Deutschland (50%)

Buchverlage
Random House

- C. Bertelsmann
- Carl Blessing
- Goldmann
- Luchterhand
- Siedler
- Heyne
- Knaus
- DVA u.a.

Zeitschriften
Gruner + Jahr (74,9%)

Aktuelle:
- Gala
- Spiegel (25,25%)
- Stern

TV-Programm:
- RTV (Supplement: Bertelsmann AG: 75%)

Sonstige:
- Art
- Börse Online
- Brigitte
- Brigitte Woman
- Capital
- Decoration
- Eltern
- Eltern for family
- emotion
- Essen & Trinken
- E & T für jeden Tag
- Flora Garten
- Frau im Spiegel
- Geo (+ Spezialausgaben)
- Häuser
- Healthy Living
- Goolino
- Impulse
- Living at home
- Manager Magazin (24,9% + weitere indirekte Anteile)
- Men`s Health (24,9 % + weitere indirekte Anteile)
- NEON
- National Geographic (50%)
- National Geographic World (50%)
- Park Avenue
- PM Magazin (+ Spezialausgaben)
- Schöner wohnen
- Stern Spezialausgaben
- View
- VIVA!
- Woman
- auto motor sport und diverse weitere Titel des Motor-Presse-Verlags zu den Themenbereichen Auto, Motorsport, Sport, Freizeit etc. (54,9%)

Beteiligungen ohne %-Angaben bezeichnen 100%ige bzw. knapp darunter liegende Beteiligungen (bezogen auf die angegebene Obergesellschaft)

Stand: 12/2006

Quelle für die Abbildung: KEK (Kommission zur Ermittlung der Konzentration im Medienbereich) (Hrsg.), Dritter Medienkonzentrationsbericht: Crossmediale Verflechtungen als Herausforderung für die Konzentrationskontrolle, 2006, S. 124

Die Bertelsmann Stiftung – Macht ohne Mandat?

M5

Die Bertelsmann Stiftung wurde 1977 von Reinhard Mohn gegründet und versteht sich als neutrale Stiftung, die „konkrete Beiträge zur Lösung aktueller gesellschaftlicher Probleme" leisten will. Die enge Verflechtung von Konzern und Stiftung wird in der Öffentlichkeit immer wieder kritisch diskutiert.

Die Experten der Bertelsmann-Stiftung sind in der deutschen Politik allgegenwärtig: Von den Kommunen bis zum Kanzleramt, von den Hochschulen bis zur Sozialhilfe. Die entscheidende Frage: Beraten sie die Politiker nur – oder machen sie selbst Politik? [...]

Gleich, ob es um die Reform von Schulen und Hochschulen geht oder den Umbau der Sozialsysteme, ob die steigende Alterung der Bevölkerung bewältigt werden muss oder der Aufbau einer europäischen Armee organisiert wird, eines ist fast immer sicher: Die Experten der Bertelsmann-Stiftung sind auf höchster Ebene beteiligt, als Berater, als Moderatoren – und als Antreiber. Von den Kultusministerien bis zum Kanzleramt, von den Kommunalverwaltungen bis zum Amt des Bundespräsidenten gibt es kaum eine politische Behörde, die nicht mit der Stiftung kooperiert. Diese, so heißt es im Leitbild der Organisation, verstehe sich „als Förderin des gesellschaftlichen Wandels" und nehme „aktiven Einfluss" zugunsten einer „zukunftsfähigen Gesellschaft". [...]

Die Bertelsmann-Stiftung, behaupten dagegen Kritiker [...], sei „ein Staat im Staate" [...]. Durch Vorabsprachen mit Politikern jenseits der Parlamente betreibe sie gar „eine Privatisierung der Politik", meint der Publizist Frank Böckelmann, Autor eines Buches über den Bertelsmann-Konzern.

Vorrang hat [in der Arbeit der Stiftung] die direkte Beeinflussung politischer Entscheidungen, und dies vor allem im Sinne des Stifters Reinhard Mohn. Gespeist aus seinem Erfolg als Europas Medien-Tycoon Nr. 1 entwickelte Mohn das missionarische Bedürfnis, die ganze Gesellschaft nach seinen Vorstellungen umzugestalten. Indem „die Grundsätze unternehmerischer, leistungsgerechter Gestaltung in allen Lebensbereichen zur Anwendung gebracht werden", soll das Regieren besser werden, stets nach dem Prinzip „so wenig Staat wie möglich". [...]

Offenkundig ist das beim internationalen Standort-Check, den die Stiftung halbjährlich herausgibt. Nicht nur steht da Deutschland stets an letzter Stelle. Zugleich liegen auch die Schweden viele Plätze hinter den USA, weil eine niedrige Staatsquote und stagnierende Löhne als erstrebenswerter Vorteil gelten. Dass es den meisten Schweden weit besser geht als der Mehrheit der Amerikaner, ficht die Standortmesser nicht an. [...]

Solch ideologische Geschlossenheit war auch für die Vorbereitung der rot-grünen Arbeitsmarktreformen nicht unerheblich. An diesem Großprojekt der Schröder-Regierung waren die Bertelsmänner gleich an mehreren Schlüsselstellen beteiligt. Maßgeblich war etwa das von der Stiftung mitfinanzierte „Projektbüro Benchmarking", das im Jahr 1999 im Auftrag des Kanzleramtes die dänische, niederländische und britische Arbeitsmarktpolitik als „Benchmark", als Maßstab pries. Die beauftragten Experten forderten schon damals die Abschaffung der Arbeitslosenhilfe und mehr Druck zur Arbeitsaufnahme. Die damit ausgelöste Reformwelle hält der beteiligte Bertelsmann-Experte Eric Thode für einen der größten Stiftungserfolge, wenn auch „die konkrete Ausgestaltung falsch gelaufen" sei.

Zuvor hatten er und seine Kollegen schon beim damals noch amtierenden Bundespräsidenten Roman Herzog und den Vertretern von 250 Kommunen über die „Vergeudung der Ressourcen" bei der Betreuung von Langzeitarbeitslosen vorgetragen. „Der Präsident suchte ein neues Thema und wir hatten eines", erinnert sich Projektleiter Frank Frick. In der Folge organisierte er eine mit Kommunalvertretern und Sozialpartnern besetzte Arbeitsgruppe. An deren Vorlagen schließlich orientierte sich die Hartz-Kommission bei der Vereinheitlichung von Arbeitslosen- und Sozialhilfe.

Ist Hartz IV also eigentlich ein Bertelsmann-Projekt? „Ganz sicher nicht" versichert Frick. Schließlich seien „die Vertreter aller gesellschaftlichen Gruppen" beteiligt gewesen, die Stiftung habe allenfalls Vorschläge gemacht, entschieden hätten schließlich andere.

Harald Schumann, Tagesspiegel, 25.9.2006

M 6 Medienmarkt Deutschland – keine italienischen Verhältnisse

Steffen Grimberg ist Medienexperte. Im Interview spricht er über die Gefahren der Medienkonzentration in Deutschland.

Deutschlandradio: Müssen wir in der gut entfalteten bundesrepublikanischen Medienöffentlichkeit Konzentration fürchten?

Grimberg: Ich würde sagen, Ja und Nein. Wir haben Konzentrationserscheinungen sicherlich zum Beispiel im lokalen Tageszeitungsgeschäft. Da gibt es die aber schon sehr, sehr lange. Sie haben mittlerweile 60 Prozent der Bundesbevölkerung, die in Städten oder Kreisen lebt, wo es eben gar keinen lokalen Wettbewerb mehr gibt, sondern nur noch eine lokale Tageszeitung. Entweder lesen Sie die, wenn Sie lokale Informationen haben wollen, oder Sie lesen sie nicht, dann kommen Sie nicht an lokale Informationen. Da gibt es also einen sehr hohen Konzentrationsgrad.
Es gibt auch einen relativ hohen Konzentrationsgrad, unser Kartellamt spricht da von einem dualen Oligopol, im privaten Fernsehmarkt, denn die beiden großen Sendergruppen, einmal die RTL-Familie, die ja zum Medienkonzern Bertelsmann gehört, und dann die Sendergruppe ProSiebenSat1, die jüngst ja vom Axel Springer Verlag übernommen werden sollte, aber dann dieser Zusammenschluss vom Kartellamt verhindert wurde, die vereinigen auf sich eben, wenn man so will, fast den gesamten deutschen Privatfernsehmarkt. Also auch dort eine relativ große Konzentration. Auf der anderen Seite haben wir aber eben durch eine ganz üppige Zeitungstitelvielfalt und natürlich auch eine Vielfalt dadurch, dass es ja noch die öffentlich-rechtlichen Sender gibt, insgesamt, glaube ich, nicht allzu viel zu befürchten.

Deutschlandradio: Die Axel Springer AG – Sie haben es gerade erwähnt – wird nicht ins TV-Geschäft einsteigen. Das Bundeskartellamt und die so genannte KEK, die Kommission zur Ermittlung der Konzentration im Medienbereich, haben ProSiebenSat1 die Übernahme untersagt. Wir haben und bekommen keine italienischen Verhältnisse, so viel kann man sagen. Aber gibt es so etwas wie, es ist ein kämpferisches Wort, ich sage es trotzdem, so etwas wie Meinungskartelle?

Grimberg: Meinungskartelle gibt es sicherlich. Die haben aber auch nur mittelbar, ehrlich gesagt, mit dem Kartellamt und der KEK zu tun. [...] Die Medienpolitik und die Institutionen wie das Kartellamt und die KEK kommen da eigentlich nicht dran, weil es da doch sehr, sehr stark um Medieninhalte geht und weniger um die Struktur des Medienmarktes.

Deutschlandradio: Morgen ist Bilanzpressekonferenz von Bertelsmann, Europas größtem Medienkonzern, der eine Umsatzrendite von 10 Prozent für 2005 nach eigenen Angaben eingefahren hat. [...]. Ist sozusagen der Kapitalismus darauf verdonnert, dass wir irgendwann wirklich nur noch zwei Global Players haben, die dann auch die Meinungen bestimmen in Deutschland?

Grimberg: Nein, überhaupt nicht. Ganz im Gegenteil: Wir erleben ja jetzt gerade hier im deutschen Medienmarkt, dass sich eine ganze Menge bewegt im Kabelfernsehgeschäft. Dadurch, dass nicht Premiere, sondern der bislang völlig unbekannte Kabelbetreiber Unity, also als Programmveranstalter unbekannte Kabelnetzbetreiber Unity, die Bundesligagerechte gesichert hat und mit einem eigenen Sender Arena TV jetzt unters Volk bringen wird, haben wir da plötzlich eine, wenn Sie so wollen, Steigerung von Vielfalt. Es gibt da einen neuen Sender mehr.

http://www.dradio.de/dlf/sendungen/kulturheute/481927/ (13.10.2007)

M 7 Medien, Märkte und Konsumenten

Aber sind denn höhere Renditen nicht eine Bestätigung dafür, dass „gesund geschrumpfte" Zeitungsunternehmen die Wünsche ihrer Konsumenten besser befriedigen? [...] Leser, Hörer und Zuschauer lassen sich, wenn sie die Medien nutzen, gewiss von verschiedenen Präferenzen leiten. Sie wollen sich unterhalten oder ablenken, über Themen und Vorgänge informieren oder an öffentlichen Diskussionen teilnehmen. Sobald sie sich aber auf kulturelle oder politische Programme einlassen, [...] setzen sie sich [...] einem Lernprozess mit offenem Ausgang aus. Im Laufe der Lektüre können sich neue Präferenzen, Überzeugungen und Wertorientierungen ausbilden. [...] An [den]

Streit über den besonderen Charakter der Ware Bildung und Information erinnert der Slogan, der seinerzeit in den USA bei der Einführung des Fernsehens die Runde machte: Dieses Medium sei auch nur ein „Toaster mit Bildern". So meinte man, die Herstellung und den Konsum von Fernsehprogrammen getrost allein dem Markt überlassen zu können. Seitdem stellen die Medienunternehmer für Zuschauer Programme her und verkaufen die Aufmerksamkeitsressourcen ihres Publikums an Auftraggeber von Werbeeinlagen.

Dieses Organisationsprinzip hat, wo immer es flächendeckend eingeführt worden ist, politisch-kulturelle Flurschäden angerichtet. Unser „duales" Fernsehsystem ist der Versuch einer Schadensbegrenzung. In den Mediengesetzen der Bundesländer, den einschlägigen Urteilen des Bundesverfassungsgerichtes und den Programmgrundsätzen der öffentlich-rechtlichen Anstalten spiegelt sich jedenfalls die Auffassung, dass die elektronischen Massenmedien nicht nur leichter kommerzialisierbaren Unterhaltungs- und Ablenkungsbedürfnisse von Konsumenten befriedigen sollen.

Hörer und Zuschauer sind also nicht nur Konsumenten, also Marktteilnehmer, sondern zugleich Bürger mit einem Recht auf kulturelle Teilhabe, Beobachtung des politischen Geschehens und Beteiligung an der Meinungsbildung. Aufgrund dieses Rechtsanspruches dürfen die Programme, die eine entsprechende „Grundversorgung" der Bevölkerung sicherstellen, nicht von ihrer Werbewirksamkeit und der Unterstützung der Sponsoren abhängig gemacht werden. [...] Nun mag ein öffentlich-rechtliches Reservat für die Rolle der elektronischen Medien schön und gut sein. Aber kann das erforderlichenfalls ein Beispiel sein für die Organisationsform „seriöser Zeitungen" oder Magazine? [...] Nehmen wir einmal an, dass einige dieser Redaktionen unter den Druck von Finanzinvestoren geraten, die auf schnelle Profite aus sind und in unangemessen kurzen Zeithorizonten planen. Wenn dann Umorganisation und Einsparung in diesem Kernbereich die gewohnten journalistischen Standards gefährden, wird die politische Öffentlichkeit im Mark getroffen. [...] Die Öffentlichkeit würde den populistischen Tendenzen keinen Widerstand mehr entgegensetzen und könnte die Funktion nicht mehr erfüllen, die sie im Rahmen des demokratischen Rechtsstaats erfüllen müsste. [...] Ohne die Impulse einer meinungsbildenden Presse, die zuverlässig informiert und sorgfältig kommentiert, kann die Öffentlichkeit diese Energie nicht mehr aufbringen. Wenn es um Gas, Elektrizität oder Wasser geht, ist der Staat verpflichtet, die Energieversorgung der Bürger sicherzustellen. Sollte er dazu nicht ebenso verpflichtet sein, wenn es um jene andere Art von „Energie" geht, ohne deren Zufluss Störungen auftreten, die den demokratischen Staat selbst beschädigen? Es ist kein „Systemfehler", wenn der Staat versucht, das öffentliche Gut der Qualitätspresse im Einzelfall zu schützen. Es ist nur eine pragmatische Frage, wie er das am besten erreicht.

Jürgen Habermas, Medien, Märkte und Konsumenten, in: Süddeutsche Zeitung vom 16./17.05.2007, S. 13

Aufgaben

1. a) Beschreiben Sie den Aufbau des Bertelsmann-Konzerns.
   b) Halten Sie eine derartige Konzentration von Medien in der Hand eines Unternehmens für bedenklich? Begründen Sie Ihre Meinung (M 4 – M 6).
2. Das Bundeskartellamt hat die geplante Übernahme des Privatsenders ProSiebenSat1 durch den Axel-Springer-Konzern unterbunden. Recherchieren Sie die Begründung des Kartellamtes für diese Entscheidung.
3. Setzen Sie sich kritisch mit den Thesen von Jürgen Habermas auseinander (M 7).

Wissen kompakt

Wirtschaftliche Grundlagen der Medien – Entwicklungstendenzen
M 1

Abgesehen von den öffentlich-rechtlichen Rundfunk- und Fernsehanstalten befinden sich die meisten Medien in Privatbesitz. Es handelt sich also um Wirtschaftsunternehmen mit entsprechender **Marktorientierung**, die einen wesentlichen Teil ihrer Einnahmen über Werbung generieren. Überzogene Renditeerwartungen der Eigentümer, sinkende Auflagen und zurückgehende Werbeeinnahmen haben insbesondere bei den Printmedien zu verstärkten Sparmaßnahmen und Konzentrationsprozessen geführt.

Folgen der Sparmaßnahmen
M 2

Die **Sparmaßnahmen** führen nicht selten zu einem Qualitätsverlust, da auf ausführliche Hintergrundberichte und sorgfältige Recherche zunehmend verzichtet wird. Durch die Abhängigkeit von den Werbeeinnahmen ist eine inhaltliche Rücksichtnahme auf Werbekunden vor allem im lokalen Bereich nicht auszuschließen. Darüber hinaus ist auch der Trend zu beobachten, dass Pressemeldungen ungeprüft von Redaktionen übernommen werden, um kostengünstig Inhalte zu erzeugen.

Folgen der Konzentrationsprozesse
M 3, M 4

(Grenzüberschreitende) **Konzentrationsprozesse** haben dazu geführt, dass einzelne Medienunternehmen eine starke Marktposition erlangen konnten. Dies kann dazu führen, dass Meinungsvielfalt eingeschränkt wird, wenn die Eigentümer versuchen, auf ihre Produkte inhaltlich Einfluss zu nehmen oder andere Unternehmen vom Markt zu drängen.
Unter Wettbewerbsgesichtspunkten können Konzentrationsprozesse auf dem Medienmarkt zu einem Qualitätsverlust der Medienerzeugnisse führen, da die abnehmende Konkurrenz weniger Ansporn zu journalistischer Leistung bietet. Neue Anbieter können sich auf einem konzentrierten Medienmarkt nur schwer etablieren.

Schutz der Medienvielfalt
M 6, M 7

In der Bundesrepublik Deutschland verhindern vor allem das Bundeskartellamt und die KEK (Kommission zur Ermittlung der Konzentration im Medienbereich), dass eine zu starke Konzentration im Bereich der Medienwirtschaft den Meinungspluralismus und damit die Grundlagen der demokratischen Ordnung gefährdet. Aber auch die EU und internationale Organisationen unternehmen Anstrengungen, um die Medienvielfalt zu garantieren. Umstritten ist, ob der Staat eine aktivere Rolle zur Sicherung der Medienvielfalt einnehmen sollte.

Interessenverbände: Akteure – Mitspieler – Vetomächte?

4

Vielen gelten sie als die „üblichen Verdächtigen" und sind auch schnell identifiziert: Wird ein Gesetz mit Auflagen für Betriebe und Unternehmen verzögert oder abgemildert, dann „sind sicher die Vertreter der Wirtschaft aktiv gewesen". Kommen Reformen im Gesundheitswesen nicht voran, so blockieren je nach Sichtweise „Ärzte, Krankenkassen oder Pharma-Riesen" das Vorhaben. Wird der Verbraucherschutz nicht weiterentwickelt, so vermutet man dahinter z.B. „den Druck von Bauernverband oder Lebensmittelherstellern" und geht es mit dem Umweltschutz nicht voran, so sind Autoindustrie oder Automobilverbände als Schuldige ausfindig gemacht.

Der Katalog ließe sich beliebig verlängern: Einmal sind es die Gewerkschaften, ein andermal Lehrerverbände, Energieunternehmen, Industrie- und Handelskammern oder der Verband der Banken, deren Einfluss als übermächtig eingeschätzt wird. Die Wahrnehmung dieser Einflüsse hat in der Öffentlichkeit meist einen negativen Beigeschmack.

Das folgende Kapitel will der Frage nachgehen, ob die oben erwähnten Einschätzungen die Wirklichkeit treffen, ob sie Vorurteilen aufsitzen, Zusammenhänge eher verzerren oder nur einen Teilaspekt des politischen Betriebs betrachten.

Dazu wird im ersten Abschnitt (Kapitel 4.1) des Kapitels Basiswissen zu den Interessenverbänden angeboten, die vielen Bürgern eher unübersichtlich erscheinende Landschaft der Interessenverbände erklärt und der Blick auf ihre Aufgaben und Einflussmöglichkeiten gelenkt.

Der zweite Abschnitt (Kapitel 4.2) will der Frage nachgehen, ob ihre legalen Einflussmöglichkeiten dem Politikbetrieb eher schaden, u. U. sogar eine Gefahr für die Demokratie darstellen oder nicht auch eine nützliche oder notwendige Form demokratischer Mitwirkung sind.

Tipps & Links

Politik vor Ort

- Führen Sie ein vorbereitetes Interview z.B. mit dem/der Vorsitzenden eines Interessenverbandes auf Stadt- oder Kreisebene! Versuchen Sie, dabei folgende Aspekte zu eruieren:
  Aufbau des Verbands, Dachverbände bzw. Untergliederungen, satzungsgemäße Ziele, Mitgliederzahlen und -entwicklung, personelle und finanzielle Ressourcen, Kontakte zur Politik und zu den Medien, Kampagnen und Aktionen des Verbands, Formen der Einflussmöglichkeiten, Erfolge und Misserfolge, Formen der Öffentlichkeitsarbeit und der Mitgliederwerbung/-bindung, Vorhaben und Perspektiven.
  Das Interview bzw. seine Auswertung können für einen Einstieg in das Thema genutzt werden oder als Basis für eine Seminararbeit dienen.

Referieren und Präsentieren

- Eine aktuelle Kampagne eines Interessenverbands vorstellen: Thema – Ziele – Methoden
- Porträt eines international agierenden Interessenverbands (z. B. im Umweltbereich)
- Porträt zivilgesellschaftlicher Initiativen wie LobbyControl oder Transparency Deutschland. Erläutern Sie Ziele und Schwierigkeiten dieser Organisationen anhand von Beispielen!

Weiterlesen

- Cerstin Gammelin/Götz Hamann, Die Strippenzieher. Manager, Minister, Medien – wie Deutschland regiert wird, Berlin 2005 (Econ)
  Die beiden Zeit-Journalisten geben in neun Kapiteln Einblick in informelle und formelle Beziehungsgeflechte und Abhängigkeiten. An vielen Beispielen können sie Lobbying in der Praxis aufzeigen, Insiderinformationen preisgeben und auf Qualitätsveränderungen hinweisen.
- Thomas Leif/Rudolf Speth (Hrsg.), Die fünfte Gewalt. Lobbyismus in Deutschland, Bonn 2006 (Bundeszentrale für politische Bildung)
  Die Aufsatzsammlung zeichnet ein differenziertes Bild von den Erscheinungsformen, Möglichkeiten, Grenzen und Auswirkungen des Lobbyismus in Deutschland.
- Verbände und Lobbyismus, Themenheft „Aus Politik und Zeitgeschichte", Heft 15-16/2006 (Beilage zur Wochenzeitung „Das Parlament")
  Die fünf Aufsätze stellen neuere Entwicklungen des Lobbyismus in den Mittelpunkt, vor allem die Beziehungen von Verbänden zum Staat und die Möglichkeiten auf europäischer Ebene. Dabei werden sowohl legitime Formen der Einflussnahme wie auch illegitime Aktionsformen erläutert.

Ansehen

- Was macht eigentlich ein Lobbyist?
  Unter www.bundestag.de/aktuell/tv/vod/wme_alle.html lässt sich ein 33minütiges Video abrufen, das vom Parlamentsfernsehen 2006 produziert wurde. Zwei Abgeordnete, ein Lobbyist und eine Journalistin gehen der Titelfrage nach und versuchen einen Blick hinter die Kulissen.

Recherchieren

www.lobbycontrol.org
Der gemeinnützige Verein LobbyControl nennt sich eine zivilgesellschaftliche Initiative für Transparenz und Demokratie. Sein Ziel ist es, über Machtstrukturen, Einflussstrategien und PR-Kampagnen aufzuklären, Transparenz und demokratische Kontrolle zu erhöhen und klare Schranken für Einflussnahme auf Politik und Öffentlichkeit zu definieren.

www.transparency.de
Transparency International ist eine gemeinnützige, parteiunabhängige internationale Bewegung, die den Kampf gegen alle Formen von Korruption verschrieben hat. Die Eindämmung von Korruption erfordere die Kooperation von Staat, Wirtschaft und Zivilgesellschaft.

www.verbaende.com
Das „Portal der deutschen Verbände" liefert Informationen „aus Verbänden, über Verbände und für Verbände", u.a. die ständig aktualisierten Pressemitteilungen von zahlreichen Verbänden sowie „Hintergrundwissen über die Rolle der institutionalisierten Interessenvertretung in Staat und Gesellschaft".

4.1 Aufgaben und Funktionen von Interessenverbänden

Aktivitäten der Interessenverbände

M 1

Demonstration des Bauernverbandes in Berlin gegen die zu niedrigen Preise für Milchprodukte.

Energiegipfel in Bonn mit Vertretern der Spitzenverbände und Energieunternehmen.

Rede des IG-Metall-Vorsitzenden Huber in Berlin.

Montag, dem 21.01.2008, 11:00 – 13:00 Uhr
Sitzungsort: Reichstag, SPD-Fraktionssaal 3 S001

Die Pläne der Bundesregierung zur Qualitätsverbesserung in der Pflege stoßen bei Experten auf viel Zustimmung. Insgesamt nahmen in der ersten Runde der Anhörungen 66 Verbände und fünf Einzelsachverständige Stellung zu dem Regierungsentwurf sowie zu den Vorlagen der Oppositionsfraktionen (16/7491, 16/7472, 16/7136).

Blinde demonstrieren gegen die Kürzung des Landesblindengeldes.

Aufgaben

1. In M 1 werden beispielhaft Aktivitäten von Interessengruppen vorgestellt. Ermitteln Sie anhand der Bilder und Materialien die eingesetzten Instrumente und – soweit erschließbar – die Ziele der Aktionen (M 1).
2. In der Öffentlichkeit wird häufig der Vorwurf erhoben, die Chancen für Einflussnahme und Durchsetzung der Interessen seien unterschiedlich verteilt. Nehmen Sie Stellung zu diesem Vorwurf.

M 2 Organisierte Interessen – Verbände – Vereinigungen

Gesellschaftliche Interessen organisieren sich häufig in Interessengruppen. Diese nehmen die Interessen ihrer Mitglieder, aber auch ihre eigenen Interessen wahr. Viele Vereinigungen sind jedoch nicht auf die reine Interessenvertretung beschränkt. Denn es gibt auch Organisationen, die andere Zwecke als die Wahrnehmung von Mitgliederinteressen im politischen Prozess verfolgen. Gute Beispiele für im Wesentlichen nicht politische Vereinigungen sind Kegelklubs und andere Vereine. Ihnen liegt vor allem das gesellige oder auch gesundheitsfördernde Miteinander der Mitglieder am Herzen. Schließlich gibt es in Mittellage noch Vereinigungen, die weitreichende Serviceleistungen für ihre Mitglieder erbringen und gleichzeitig die vermeintlichen oder echten Interessen ihrer Mitglieder in den politischen Prozess einbringen, so zum Beispiel den ADAC.

Interessengruppen

Interessengruppen sind Organisationen, in denen sich Akteure mit gleichgerichteten oder ähnlichen Interessen zusammenfinden, um diese wirkungsvoller in den politischen Prozess einbringen zu können. Ziel ist durchaus die Wahrnehmung der Mitgliederinteressen gegenüber anderen Interessengruppen. Gute Beispiele hierfür sind die Gewerkschaften und Arbeitgeberverbände. Häufig werden Interessengruppen auch als Verbände bezeichnet. Eine zunehmend wichtige Rolle spielen Interessengruppen auf europäischer und internationaler Ebene, weil viele politische Entscheidungen vermehrt dort und nicht mehr in den Nationalstaaten getroffen werden. Dennoch denkt man im Zusammenhang von Interessengruppen nicht sofort an die zahlreichen Nicht-Regierungsorganisationen (NGO = Non Governmental Organization). [...] NGOs versuchen jedoch auch – wie die klassischen Interessengruppen – Einfluss auf die Politik zu nehmen. Dies geschieht aber häufig jenseits der Grenzen des Nationalstaats, also transnational. Bekannter sind beispielsweise die öffentlichkeitswirksamen Aktionen von Greenpeace oder die Beteiligung von circa 1400 NGOs am Umweltgipfel der Vereinten Nationen in Rio de Janeiro geworden.

Von Parteien unterscheiden sich Interessengruppen vor allem durch zweierlei:

1. Interessengruppen streben keine Regierungsbeteiligung an,
2. Die meisten Interessengruppen befassen sich lediglich mit einem eingeschränkten Themenspektrum, während vollwertige Parteien eine politische Programmatik zu allen wichtigen politischen Themenbereichen entwickeln sollten.

Wilhelm Hofman/Nicolai Dose/Dieter Wolf, Politikwissenschaft, Konstanz 2007, S. 123 f.

M 3 Tätigkeitsfelder der Interessenverbände

Interessenorganisationen im Wirtschafts- und Arbeitsbereich • Branchenverbände, z.B. Bundesverband der deutschen Industrie BDI • Kammern, z.B. die Industrie- und Handelskammern (IHKs) • Arbeitnehmerverbände, z.B. Deutscher Gewerkschaftsbund DGB • Verbraucher- und Kundenorganisationen, z.B. Pro Bahn • Berufsverbände, z.B. Verein deutscher Ingenieure
Verbände im sozialen Bereich Wohlfahrtsverbände, z.B. Deutsches Rotes Kreuz oder Deutscher Caritasverband
Bürgerinitiativen Überwiegend örtliche Gruppen
Vereinigungen im Freizeitbereich z.B. Deutscher Sportbund oder Deutscher Alpenverein
Politische und ideelle Vereinigungen z.B. Greenpeace oder amnesty international
Verbände öffentlicher Gebietskörperschaften z.B. Deutscher Städte- und Gemeindetag

nach: Wolfgang Rudzio, Das politische System der Bundesrepublik Deutschland, 7. Aufl., Wiesbaden 2006, S. 61

Funktionen von Interessengruppen

M 4

Organisierte Interessen erfüllen im politischen System Deutschlands wichtige Funktionen. Wenn hier von „Funktionen" gesprochen wird, sind damit die Leistungen gemeint, die für das politische System als solches erbracht werden. Im Wesentlichen können drei Funktionen unterschieden werden:

- Die *Artikulationsfunktion*: Interessengruppen ermöglichen es gesellschaftlichen Interessen, Gehör zu finden. Umgekehrt heißt dies für das politische System, dass es diese Interessen besser wahrnehmen kann. Dass dies eine wichtige Funktion ist, wird deutlich, wenn man sich klarmacht, wie sehr die Stabilität eines demokratischen Systems davon abhängt, dass die gesellschaftlichen Interessen angemessen berücksichtigt werden. Kein demokratisches System kann auf Dauer gegen die Interessen der Bürger funktionieren.
- Die *Aggregationsfunktion*: Interessengruppen bündeln die zahllosen Einzelinteressen und machen diese überschaubarer. Damit reduzieren sie ganz wesentlich die Komplexität der gesellschaftlichen Interessen. Dies geschieht häufig in einem durchaus konflikthaften innerorganisatorischen Prozess. Da gibt es Machtkämpfe zwischen den Flügeln eines Verbandes, Intrigen werden gesponnen und schließlich müssen Kompromisse gesucht und gefunden werden. Schafft es die jeweilige Interessengruppe jedoch, eine halbwegs konsistente Position zu erarbeiten, erbringt sie nicht nur für das politische System eine zentrale Leistung, sondern erhöht auch substantiell die Chancen, die eigenen, nun einheitlichen Forderungen, wirkungsvoll in den politischen Prozess einzubinden.
- Die *Vermittlungsfunktion*: Werden Interessengruppen an wichtigen politischen Entscheidungen beteiligt, müssen sie – wollen sie auch das nächste Mal wieder einbezogen werden – das Ergebnis der Verhandlungen ihren Mitgliedern vermitteln. Wie weit die Interessengruppen hierbei gehen können, mit anderen Worten, wie weitgehend die Zugeständnisse in den Verhandlungen sein können, ist nicht immer leicht zu beurteilen. Weil die Verhandlungsergebnisse anschließend den Mitgliedern vermittelt werden müssen, ist hier sehr viel Fingerspitzengefühl gefragt. Eine gewisse Rolle spielt dabei auch, wie zuverlässig ein Verband zentralistisch und hierarchisch organisiert ist.

Wilhelm Hofman/Nicolai Dose/Dieter Wolf, Politikwissenschaft, Konstanz 2007, S. 123 f.

Wo und wie nehmen Interessenverbände Einfluss?

M 5

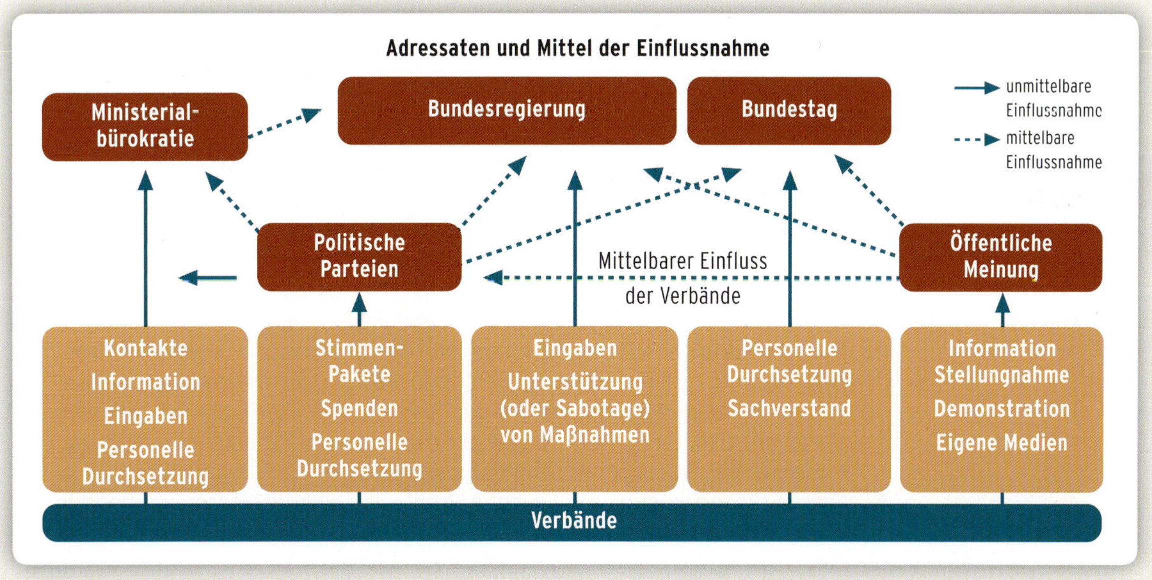

Wolfgang Rudzio, Das politische System der Bundesrepublik Deutschland, 7. Aufl., Wiesbaden 2006, S. 79

M 6 Interessenverbände in Europa

Von Beginn an haben organisierte gesellschaftliche Kräfte eine wichtige Rolle im europäischen Integrationsprozess gespielt. Verbände, NGOs und Unternehmen sind auf vielfältige Weise in die Entscheidungen der EU einbezogen. Besonders in den letzten zwanzig Jahren haben sich die Strukturen und Strategien der Interessenvertretung professionalisiert. Zahlreiche Akteure haben in Brüssel eigenständige Informations- und Handlungsressourcen aufgebaut. Gegenwärtig sind nahezu alle nationalen Interessenorganisationen in Brüssel vertreten: Fach-, Branchen- und Dachverbände der Wirtschaft, Agrar-, Umweltschutz und Verbraucherverbände sowie Gewerkschafts- und Wohlfahrtsverbände. Die meisten von ihnen haben sich mittlerweile in europäischen Verbänden organisiert. [...]

Gegenwärtig begleiten etwa 1500 – 3000 europäische Interessenorganisationen, Lobbyagenturen oder Vertretungen von Gebietskörperschaften auf „Brüsseler Ebene“ die Gemeinschaftspolitik, um sie zu beeinflussen – etwa bei der Gesetzgebung, der Programmentwicklung (z.B. Grün- oder Weißbücher) oder der Mittelverteilung (Strukturfonds, Forschungsprogramme, Gemeinschaftsinitiativen usw.).

Die Organisationsstruktur der verschiedenen europäischen Interessenverbände ist sehr verschieden. Sie reicht – was die Größenverhältnisse betrifft – vom Brüsseler-Ein-Mann-Betrieb der Kugelschreiberhersteller bis hin zum ressourcenstarken Verband der europäischen Chemiewirtschaft (CEFIC). In der Regel sind die Verbände Föderationen nationaler Verbände mit eigener Rechtspersönlichkeit und eigenen Organisationsstatuten. Andererseits gewinnt auch die Direktmitgliedschaft einzelner Unternehmen immer mehr an Bedeutung. So besteht die CEFIC beispielsweise aus 18 nationalen Chemieverbänden und etwa 40 Chemiekonzernen.

Zu den Kernaufgaben der europäischen Lobbys und Interessengruppen zählen:

- Information der nationalen Mitglieder über das „Brüsseler Geschehen“;
- den gegenseitigen Erfahrungsaustausch zu vertiefen;
- gemeinsame europäische Positionen zu formulieren und diese gegenüber den EU-Institutionen zu vertreten.

Wer als Lobbyist ein europapolitisches Anliegen durchsetzen will, wird sich weniger denn je ausschließlich auf die Europäische Kommission oder die eigene Regierung in der nationalen Hauptstadt beschränken können. Die komplexeren EU-Entscheidungsprozesse und die zunehmende Interessenvielfalt in den Mitgliedstaaten sorgen für erhöhten Informationsbedarf und machen ein flexibles Mehrebenenlobbying erforderlich. Die Lobbyarbeit von Dachverbänden und Einzelakteuren in Brüssel, Straßburg und den nationalen Hauptstädten muss dazu besser vernetzt werden. Gleichzeitig nehmen öffentlicher Druck und die Forderung nach Transparenz bei Brüsseler Entscheidungen zu.

nach: Peter Bender, in: Europa von A – Z, Bonn 2006, S. 362

Aufgaben

1. Klären Sie anhand des Abschnitts I im Grundgesetz (Grundrechte) die verfassungsrechtlichen Grundlagen für das Bestehen und Agieren der Interessenverbände.
2. Verfassen Sie eine kurze Definition des Begriffs „Interessenverband“ (M 2).
3. Erläutern Sie die Funktionen von Interessenverbänden im politischen System (M 3).
4. Recherchieren Sie auf den Internetseiten eines Interessenverbandes (ADAC, BDI, Ver.di, ...) seine Position zu einem gerade in der Öffentlichkeit diskutierten Problem. Formulieren Sie die Position in Thesenform. Bei welchem Verband vermuten sie eine Gegenposition? Tragen Sie dann dem Kurs gegebenenfalls die kontroversen Positionen vor.
5. Fassen Sie zusammen, mit welchen Problemen sich Interessenverbände in Europa konfrontiert sehen (M 6).

Wissen kompakt

Interessenverbände als Elemente der pluralistischen Gesellschaft
M 1 - M 3

Bürgerinnen und Bürger können sich in **Interessenverbänden** mit einer festen Organisationsform zusammenschließen, um gemeinsam politische, wirtschaftliche oder soziale Interessen zu vertreten. Im Unterschied zu Parteien treten Verbände nur für ihre ganz speziellen Interessen ein. Sie haben nicht die ganze Gesellschaft im Blick und streben keine politischen Ämter an. Ein vielfältiges Verbandswesen ist Merkmal einer pluralistischen Gesellschaft. Art. 9 Grundgesetz nennt Grundlagen und Grenzen der Tätigkeit von Verbänden.

Funktionen von Interessenverbänden
M 4

Den in vielen Politikfeldern und Lebensbereichen aktiven Organisationen ist gemeinsam, dass sie staatliche Entscheidungen in ihrem Sinn beeinflussen wollen. Ihre Bedeutung im demokratischen Prozess ergibt sich durch die Vielzahl der **Funktionen**, die sie erfüllen:

- Sie bündeln die heterogenen Forderungen der Mitglieder (Interessenaggregation) zu nach außen einheitlich vertretbaren Positionen.
- Sie treffen eine Auswahl aus der Vielzahl der Interessen, die sie dann in den politischen Prozess einbringen oder vertreten wollen (Interessenselektion).
- Sie formulieren die ausgewählten Positionen in Argumente oder Forderungen um (Interessenartikulation).
- Sie führen die Interessen unterschiedlicher Gruppen in den politischen Prozess ein und vermitteln umgekehrt auch dessen Komplexität (Integration der Bürger in den Staat).
- Sie erhöhen für den Einzelnen die Beteiligungs-, Mitwirkungs- und Informationsmöglichkeiten.

Mittel der Einflussnahme
M 5

Um Argumente und Forderungen möglichst wirksam vertreten zu können, sind die Interessenverbände gezwungen, strategisch vorzugehen. Sie werden also je nach Situation und Vorhaben Adressaten und Instrumente überlegt auswählen. In ihre Entscheidung ist es auch gestellt, wie sie ihre Anliegen über die öffentlichen Medien kommunizieren und ob sie – wie etwa im Arbeitskampf auch – ihr Drohpotential andeuten oder einsetzen.
Die **Einflussmöglichkeiten** unterscheiden sich vor allem auf Grund unterschiedlicher personeller und finanzieller Ressourcen, der Verflochtenheit mit und im politischen Apparat, den einsetzbaren Druckmitteln oder dem Geschick, die Öffentlichkeit für die eigenen Belange einzusetzen. Im Kampf um Positionen in der Öffentlichkeit setzen sie auch stark meinungsbildende Instrumente und Methoden ein.

Verbände in der EU
M 6

Interessenverbände spielen auch auf europäischer Ebene eine wichtige Rolle. Für die EU-Behörden liefern die Interessenorganisationen benötigtes Fachwissen und Informationen über die Durchsetzbarkeit von Entscheidungen. Allerdings stellt sich auch auf europäischer Ebene das Problem, dass der Einfluss der Interessenorganisationen auf Entscheidungen oft nicht transparent genug ist.

4.2 Verbände in der Diskussion: Lobbyisten oder Politikberater?

M 1 Die fünfte Gewalt: Analysen – Thesen – Kritik

Demokratie braucht Lobbying

Der unsichtbare Händedruck

Berlin ist die Hauptstadt eines wild wachsenden Lobbyismus

Politiker und Lobbyisten – Lobbyisten als Politiker

Die Ministerialbürokratie: erste Adresse der Lobbyisten

Wer steuert Deutschlands Gesundheitswesen? Nur Blauäugige glauben, es seien Parlament und Gesetzgebung

aus dem Inhaltsverzeichnis des Buches: Thomas Leif/Rudolf Speth (Hrsg.), Die fünfte Gewalt, Bonn 2006, S. 5 f.

M 2 Berlin als Lobby-Standort

In Berlin gibt es ca. 1760 offiziell im Bundestag registrierte Lobbygruppen, ca. 1800 offiziell registrierte Organisationen und rund 4500 Interessenvertreter. In diesem Klima bewegt sich das politisch-lobbyistische Berlin. Auf dieser Grundlage werden Veranstaltungen, wie „Parlamentarische Abende“, „Politische Salons“ und „Journalistische Hintergrundkreise“, „Landesvertretungsfeste“ und „Podiumsdiskussionen“ organisiert. Undurchschaubar ist für einen Laien das Netzwerk der Allianzen. Nur so viel ist oberflächlich erkennbar: Energiepolitiker, Energielobbyisten, Energieunternehmen und Energiejournalisten treffen sich genauso wie Gesundheitspolitiker, Gesundheitslobbyisten, Gesundheitsunternehmen und Gesundheitsjournalisten gerade in den Sitzungswochen allabendlich auf denselben Veranstaltungen bei Wein, Bier und Buffet. Hier ist und bleibt man unter sich. Hier und nicht im Parlament werden häufig Entscheidungen beeinflusst, getroffen und geplant. Auf einen Abgeordneten in Berlin kommen rechnerisch inzwischen sieben Lobbyisten. [...] Die Berliner Prachtstraße „Unter den Linden“ nennen viele Insider inzwischen „Unter den Lobbyisten“, denn hier haben sich ganz in der Nähe des Bundestages die großen Konzernrepräsentanzen niedergelassen. Direkt neben dem Brandenburger Tor finden sich Daimler-Benz, die Dresdner Bank, die Allianz und gegenüber der Mineralölkonzern BP, dann folgen ein wenig weiter BMW, E.ON, Volkswagen, TUI und ganz am Ende schließlich das neue Gebäude des Medienkonzerns Bertelsmann.

TREFFPUNKTE IM "LOBBYISTISCHEN BERLIN"

Theodor Tucher, Pariser Platz 6a, 10117 Berlin
Durch seine Nähe zum Reichstagsgebäude ist das Tucher inzwischen zum beliebtesten Mittagstreffpunkt von Politikern, Journalisten und Lobbyisten avanciert.

Café Einstein, Unter den Linden 42, 10147 Berlin
Frühstücken im Café Einstein gehört zum „Muss“ für alle, die in Berlin mitreden wollen. Nicht zuletzt deswegen ist in den Sitzungswochen das Café der Ort, wo sich Politiker, Journalisten und Lobbyisten vor den langwierigen Plenumssitzungen im Bundestag nochmal austauschen und informieren. Im Café Einstein treffen sich alle, „die Publikum brauchen, um unter sich zu sein“.

Käfer-Restaurant des Bundestages, Platz der Republik 1, 10111 Berlin
Ebenso wie das Einstein ist zwischen 8 und 10 Uhr morgens auch das Käfer fest in der Hand von Politikern, Journalisten und Lobbyisten. Nur wer Zugang zum Bundestag hat, kommt hier herein. Insofern lässt sich hier ungestört von der Öffentlichkeit speisen.

Thomas Leif/Rudolf Speth (Hrsg.), Die fünfte Gewalt, Bonn 2006, S. 90 ff.

Gibt es Mittel gegen die „asymmetrische Einflussnahme“?

M 3

Tatsächlich verweist die ungleiche Anzahl von Wirtschafts- und Bürgergruppen auf ein Grundproblem der Interessenpolitik. Intensiv vorgebrachte Partikularinteressen kleiner Gruppen sind leichter zu vertreten als weit gestreute Allgemeininteressen. So zeigte der Pluralismuskritiker Mancur Olson in seinem einflussreichen Buch „Die Logik des kollektiven Handelns“, dass einzelne Mitglieder großer Gruppen in die Versuchung geraten, sich wie Trittbrettfahrer zu verhalten: Sie möchten von ihrer potenziellen Gruppe profitieren, sich aber nicht selbst engagieren, keine Arbeit investieren, da diese mit großer Wahrscheinlichkeit auch von anderen übernommen werden kann. Bei kleinen Gruppen – insbesondere bei solchen, bei denen die Interessenpolitik hohe Kosten oder große Vorteile für die Mitglieder verursacht bzw. verspricht – wird kollektives Handeln einfacher, weil jedes Mitglied motiviert ist, sich für das gemeinsame Ziel zu engagieren. Politisches Engagement für einen Industriezweig lässt sich somit leichter organisieren als die Vertretung der Interessen von Steuerzahlern, Stadtbewohnern, Eltern oder Hundebesitzern. Hinzu kommt, dass die Kosten der Interessenvertretung von Bürgergruppen einen anderen Stellenwert haben als jene von Wirtschaftsakteuren. Sowohl ein nationales wie auch ein Brüsseler Büro zu unterhalten, macht langfristige Investitionen erforderlich. Zusätzlich professionelle Lobbyisten, Public-Relations-Experten oder Anwälte zu engagieren, ist bei deren stattlichen Honoraren oft nur finanzstarken Akteuren möglich. Wirtschaftliche Gruppen und Unternehmen haben also in mehrfacher Hinsicht bessere Voraussetzungen, europäische Interessenpolitik zu verfolgen.

Um diese grundsätzliche Asymmetrie auszugleichen, hat es sich die Europäische Kommission zur Aufgabe gemacht, unterprivilegierte Gruppen finanziell zu fördern. Sie unterstützt die Schaffung europäischer Netzwerke sowie – im Allgemeinen – Verbände, die in ihrer Arbeit auf europäische Themen eingehen. Die Vergabe der Mittel hängt dabei teilweise an bestimmten Politikbereichen, etwa der Sozial- oder der Entwicklungspolitik. Schon seit 1976 fördert die Kommission zum Beispiel Nichtregierungsorganisationen (NGOs), die sich mit humanitären Aufgaben befassen. Ebenso ist das Europäische Parlament zum wichtigen Partner und Förderer von Konsumenten- und Umweltgruppen geworden. Untersucht man die Ressourcen solcher Verbände, so zeigt sich, dass sich Bürgerverbände zu großen Teilen aus europäischen Mitteln finanzieren. Etwa 60 Prozent von ihnen erhalten EU-Unterstützung, verglichen mit nur vier Prozent der Berufsgruppen.

Das erklärte Ziel der Europäischen Kommission ist es, durch diese Maßnahmen den politischen Prozess in der EU offener und interaktiver zu gestalten. In ihrem Weißbuch zum europäischen Regieren legt sie dar, dass mit der Einbindung von Interessengruppen das Ziel verfolgt wird, die „Kluft zwischen der Union und ihren Bürgern zu überbrücken“. Teilhabe betroffener Bevölkerungsgruppen an Konzipierung und Durchführung europäischer Politik soll demnach größeres Vertrauen in das politische Ergebnis und die Institutionen schaffen. Außerdem ermöglicht die Einbindung nichtstaatlicher Akteure der Kommission, Informationen und Expertenwissen einzuholen.

Cornelia Woll, Herrschaft der Lobbyisten in der Europäischen Union, in: Aus Politik und Zeitgeschichte Nr. 15-16/2006, 10.4.2006, S. 33-38

M 4 Kontrovers diskutiert: Lobbyismus – eine Gefahr für die Demokratie?

a) Demokratie braucht Lobbying

Lobbyismus kann durchaus als eine Art der Politikberatung verstanden werden. Lobbyisten sind Experten, sie kennen sich in dem Politikfeld hervorragend aus, indem die Interessen angelagert sind, die sie vertreten. Ministerialbürokraten und Parlamentarier brauchen ihren Sachverstand, wenn sie ein vernünftiges Gesetz oder eine Verordnung entwerfen, beraten und verabschieden wollen. Gerade Politiker sind bei ihrer Entscheidungsfindung auf Informationen, Analysen und Bewertungen angewiesen, die sie nicht von ihren Mitarbeiterstäben oder Beiräten, sondern von Lobbyisten erhalten. Und sie bedürfen der Rückmeldung betroffener Kreise, um zunächst nicht bedachte Auswirkungen und Konflikte besser einschätzen zu können. Doch auch die Lobbyisten profitieren von den Gesprächen und den Verhandlungen mit Politikern. Sie lernen deren Absichten und Pläne kennen [...]. Man profitiert gegenseitig voneinander, tauscht Informationen und Erkenntnisse aus. Lobbyist und Ansprechpartner (Politiker, Parlamentarier, Ministerialbürokrat) sind aufeinander angewiesen. Deswegen ist – theoretisch formuliert – auch von einem Tauschgeschäft gesprochen worden, das den Wesenskern des Lobbyismus ausmache. Man begegnet sich als Partner, nicht als Bittsteller [...]. Politische Beteiligung und Mitwirkung bedarf einer organisierten, strukturierten und kanalisierten Form. Genau diese bieten Verbände, Vereinigungen und Vereine. Wer Mitglied eines Verbandes oder Vereins wird, tritt – in aller Regel – freiwillig bei. Er oder sie möchte seine oder ihre individuellen Interessen oder ein ganz spezifisches, partikulares Interesse, gemeinsam mit anderen (also kollektiv) vertreten. [...]. Politische Partizipation findet also nicht allein durch Wahlen und Volksabstimmungen statt oder dadurch, dass man einer Partei beitritt und in ihr mitarbeitet, sondern Verbände und Vereine bieten ebenfalls diese Möglichkeit. [...] Wie intensiv jeweils die Beteiligung durch den Einzelnen möglich ist, hängt nicht nur davon ab, ob die Auseinandersetzung auf der lokale, regionalen oder nationalen Ebene stattfindet, sondern auch davon, ob die innerverbandliche Demokratie die Willensbildung von unten nach oben zulässt oder nicht. Prinzipiell aber bieten Verbände und Vereine die Möglichkeit, politisch an Entscheidungen mitzuwirken.

Peter Lösche, Demokratie braucht Lobbying, in: Thomas Leif/Rudolf Speth (Hrsg.), Die fünfte Gewalt. Lobbyismus in Deutschland, Bonn 2006, S. 55 ff.

b) Gefahr für demokratische Verfahren

Die Gefahr, auf die ich hier hinweisen möchte, besteht in der Umgehung der Verfahren der parlamentarisch-repräsentativen Demokratie und in der Aushöhlung ihrer Formen. Denn die Mitglieder von Kommissionen, die Partner der verschiedenen Kooperationsformen und die Vertreter von Interessenverbänden repräsentieren nicht nur Sachverstand, sondern auch eindeutig identifizierbare – und, was eigentlich schlimmer ist, bisweilen wohl auch nicht identifizierbare – Interessen. Diese Interessenvertretung findet ihre verfassungsrechtliche Grundlage nicht in dem Legitimationszusammenhang der – letztlich auf das Volk zurückführbaren – Ausübung von Staatsgewalt, sondern in der grundrechtlich gewährleisteten Freiheit, sich für die eigenen Belange einzusetzen. Weniger staatstheoretisch formuliert: Vom Volk gewählt und dem Volk verantwortlich sind nicht mehr oder weniger prominente Lobbyisten oder Mitglieder von Gremien und Kommissionen, sondern die Mandatsträger in den Parlamenten. Problematisch wird es deshalb, wenn die Artikulation partikularer Interessen in die verfassungsmäßigen Verfahren staatlicher Willensbildung hineinzuwirken und bestimmenden Einfluss auf die dem Parlament vorbehaltene Sachentscheidung zu gewinnen beginnt. Genau dies ist der Punkt, der nach meinem Dafürhalten durchaus der kritischen Beobachtung bedarf. Denn manche jener in den letzten Jahren unter Beteiligung verschiedener Interessenvertreter ins Leben gerufenen Gremien sollten weniger der informatorischen Ermittlung von Entscheidungsgrundlagen dienen, als vielmehr der maßgeblichen Vorstrukturierung, wenn nicht gar Vorentscheidung der ihnen aufgegebenen Fragen. Damit gewinnt aber ein sehr selektiv bestimmter Kreis einen überproportionalen und in seiner Legitimität fragwürdigen Einfluss auf Entscheidungen und politische Weichenstellungen von gesamtgesellschaftlicher Bedeutung. Entsprechendes gilt für die verschiedenen Formen von Kooperationen und Vereinbarungen. Zu paritätisch Beteiligten an der Entscheidungsfindung werden hier Verhandlungspartner, die nicht in den demokratischen Legitimations- und Verantwortungszusammenhang des Grundgesetzes einbezogen sind. Das eigentlich berufene Parlament sieht sich dagegen bei derartigen Gestaltungen in die Rolle einer „Ratifikationsinstanz“ gedrängt, die zu einer ihr unterbreiteten Vorlage nur mit „Ja“ oder „Nein“, häufig genug aber eben nur mit „Ja“ antworten kann, weil sie unter dem politischen Druck steht, das mühsam erzielte Verhandlungsergebnis nicht zu gefährden. In solchen Fällen bleibt die Letztentscheidung zwar – formal gesehen – beim Parlament, gleichgültig ob es die Ergebnisse von „Konsensrunden“, den Inhalt von Vereinbarungen oder die Abschlusspapiere von Kommissionen nachvollzieht und als Gesetz verabschiedet. Der Form, die gewahrt bleibt, kann jedoch das materielle Substrat entzogen sein, weil die politischen Weichenstellungen bereits früher und außerhalb des Parlaments erfolgt sind.

Rede des Präsidenten des Bundesverfassungsgerichts Professor Dr. Hans-Jürgen Papier am 24.2.2006 im Berliner Reichstag „zum Spannungsverhältnis von Lobbyismus und parlamentarischer Demokratie“ (Auszug).

Teamarbeit

Murschetz/CCC, www.c5.net

Aufgaben

1. In M 2 wird das „politisch-lobbyistische“ Klima in Berlin mit einer Vielzahl von Kontaktmöglichkeiten zwischen Verbänden und Politik beschrieben.
   a) Machen Sie Vorschläge, wie man die Kontakte für die Öffentlichkeit transparenter machen könnte.
   b) Erstellen sie einen Katalog von Maßnahmen, wie man Politiker gegenüber der Einflussnahme von Lobbyisten resistent machen könnte.
2. Die Europäische Kommission fördert finanziell schwächere Interessengruppen, um Chancengleichheit beim Lobbying herzustellen (M 3).
   Stellen Sie das Pro und Kontra dieser Subventionen in einem Streitgespräch gegeneinander.
3. Erörtern Sie Chancen und Gefahren des Lobbyismus für die Demokratie (M 4).

Methode

Ideologiekritische Textanalyse

Beispiel: Rede eines Interessenvertreters

Aus einer Rede des geschäftsführenden Vorstands des Bundesverbandes deutscher Banken, Professor Dr. Manfred Weber, anlässlich der Informationstagung „Wer dreht am Rad der Politik? – Über Zustand und Zukunft von Lobbyismus und Politikberatung" am 17.1.2007 in der Freien Universität Berlin (Auszüge):

Mein Name ist Manfred Weber. Ich bin Lobbyist. Das heißt: Mein Einfluss und der anderer Lobbyisten „ist größer denn je". So war es vor neun Tagen erst wieder im „Spiegel" zu lesen. „Tricksen, Mauscheln, Kungeln" – all das gehört, so der Artikel, zu meinem Handwerk, und ich verkörpere die (Zitat) „fünfte Gewalt im Staat, vor der Experten warnen" (Ende des Zitats). Und provokativ, wie Medienvertreter sind, ja, sein müssen, heißt es in der Einladung zu dieser Veranstaltung: „Was haben Abgeordnete noch zu melden, wenn Lobbyisten und Berater in Berlin die Macht übernehmen?" [...]

Was leisten Verbände für die Politik?

Verbände sind Dienstleister für ihre Mitglieder. Sie sind aber auch Dienstleister für die Politik. Denn die Vertretung legitimer Einzelinteressen und ihre Bündelung liegt in der Logik der politischen Willensbildung in der Demokratie.

Dem steht gerade in der Finanzwirtschaft mit ihren zunehmend komplexen Strukturen ein großer Beratungsbedarf seitens der Politik gegenüber. Die Politik hat ein ureigenes Interesse an der Arbeit der Verbände, ja, sie ist darauf angewiesen. Darin liegt die wichtige Funktion der Verbände als Mittler zwischen Wirtschaft und Politik.

Das ist eine höchst sinnvolle Arbeitsteilung. Alle Beteiligten konzentrieren sich auf das, was sie am besten können: die Unternehmen auf das Geschäft, die Politik auf das Entscheiden und die Verbände auf die Vermittlung. Das klingt abstrakt, ist aber ganz praktisch: Wie sollte – ich sprach es an – ein kleines Bankhaus ohne großen Stab allein ständig über die komplette Finanzgesetzgebung im Bild bleiben?

Und wie sollte – umgekehrt – der einzelne Bundestagsabgeordnete alle relevanten Feinheiten einer hoch technisierten, international eng verflochtenen Branche mit immer diffizileren Produkten überblicken? Erst kürzlich hat der Präsident des Bundesverfassungsgerichts, Hans-Jürgen Papier, hervorgehoben, dass Verbände nützliche und bisweilen unverzichtbare Politikberater sind.

Das heißt: Das Verhältnis zwischen Politik und Verbänden ist keine Einbahnstraße. Um es aber sehr deutlich zu sagen: Mit Kungelei oder Geschäften auf Gegenseitigkeit hat das, jedenfalls nach meiner Auffassung und für den Bankenverband, nichts zu tun. [...]

Zwangsläufig fehlt es der Politik an Detailwissen über jede Branche, jeden Sachverhalt und jede neue Entwicklung. Sie würde sich hoffnungslos übernehmen, würde sie versuchen, dieses Knowhow selbst zu erwerben und vorzuhalten. Deswegen tut sie gut daran, nachzufragen, sich zu informieren und auf die Arbeit von Verbänden zurückzugreifen.

Sie wäre schlecht beraten – und es wäre auch ein merkwürdiges Verständnis von Demokratie –, würde sie auf diese Ressource verzichten. Diese Ressource, das sind Dienstleistungen, das ist Sachverstand, das sind verlässliche Informationen, das ist fundierte Beratung. [...]

Was leisten Verbände für die Gesellschaft?

Verbände stehen also im Dienst ihrer Mitglieder und ebenso im Dienst der Politik – und zu beidem sind sie besser berufen als viele Ad-hoc-Lobbyisten.

Ein Verband – und auch hier möchte ich wiederum nur für meinen, den Bankenverband sprechen – leistet aber auch etwas für die Gesellschaft. Als Good Corporate Citizen, um es neudeutsch zu sagen, nimmt er öffentliche Aufgaben im Interesse der Allgemeinheit wahr.

Lassen Sie mich hier nur ein Beispiel herausgreifen, eines, das uns – und mir persönlich – eine Herzensangelegenheit ist: Ich spreche von unserem Beitrag zur ökonomischen Grundausbildung von Schülern. Ökonomische Bildung – davon sind wir überzeugt – muss möglichst früh einsetzen. Nur wer als junger Mensch einen soliden Grundstock an Wirtschafts- und Finanzwissen erwirbt, kann als Erwachsener kompetent in Finanzfragen handeln, und er verbessert seine Chancen am Arbeitsmarkt. Konkret heißt das für uns: Seit mehr als 15 Jahren unterstützen wir die ökonomische Bildung

Jugendlicher mit unserem Schul/Bank-Programm. Schülerwettbewerbe, Material für den Unterricht, in dem objektiv und sachlich die Marktwirtschaft erklärt wird, ein Newsletter, der monatlich über 65.000 Lehrer erreicht, und vieles mehr – all dies tun wir, aber eben nicht als Lobbyisten, sondern weil wir uns der Wirtschaftsbildung von Schülern verpflichtet fühlen.

Aufgabe

Die Rede des geschäftsführenden Vorstands des Bundesverbands deutscher Banken, Prof. Dr. Manfred Weber, eignet sich als Text für eine ideologiekritische Analyse. Mit ihrer Hilfe können Ansichten und Behauptungen daraufhin geprüft werden, ob sie Wirklichkeit verfälschen, sie unvollständig beschreiben oder mit bestimmten rhetorischen Mitteln arbeiten, um eigene Positionen zu rechtfertigen oder bestimmte Interessen zu verschleiern. Untersuchen Sie die Rede unter dem Aspekt ihres Ideologiegehalts.

Hinweise zur ideologiekritschen Textanalyse

Jede Analyse sollte folgende **Fragen** beantworten:

- Wer produziert bei welchem Anlass für wen den Text?
- Welche (genannten oder ungenannten) Interessen vertritt der Autor?
- Welche Wirkung soll der Text erzielen?
- Welches Vorgehen/Handeln soll gerechtfertigt werden?
- Welche Aussagen sind korrekt und wahrheitsgetreu?
- Was wird beschönigend dargestellt oder verschwiegen?

Hinweise auf verdeckte Interessen finden sich in:

- **rhetorischen und sprachlich-stilistischen Besonderheiten:**
  - Hochwertwörter (Bsp. Heimat, Gerechtigkeit, Ehre, ...)
  - Autoritätsargumente (Bsp. „Nach den neuesten Erkenntnissen der Wissenschaft ...", „In der Physik reden wir von ...", „Professor Krause hat dazu ausgeführt ...")
  - Euphemismen („Kollateralschaden" für zivile Kriegstote, „Rubensfigur" statt „Übergewicht", „Entsorgungspark" statt „Mülldeponie")
  - Abwertungen („Sekte" für religiöse Minderheit, „Penner" für Obdachlose, ...)
  - Ironie
  - ...
- **manipulativen Argumentationstechniken:**
  - Entlastungsmethode (Problem wird von der Gegenseite her beleuchtet, man hilft dem Partner, sein Gesicht zu wahren)
  - Beschwichtigung (Verständnis bekunden, auf Gemeinschaft hinweisen)
  - Selektionstechnik (eine Einzelaussage als Volksmeinung dargelegen)
  - Plus-Minus-Methode (den Mängeln zahlreiche Vorteile gegenüberstellen oder umgekehrt)
  - Emotionalisierung (ethische Argumentation, auf das Gute im Menschen Bezug nehmen)
  - ...

Abschließend kann eine Gesamtbewertung eines Textes unter dem Blickwinkel stehen, ob überwiegend redliche oder eher manipulierende Mittel verwendet werden.
Weitere Informationen auf: rhetorik-homepage.de oder rhetorik.ch/Argument/Argument.html

Wissen kompakt

Organisierbarkeit von Interessen
M 3

Die **Organisierbarkeit** und **Durchsetzbarkeit** von Interessen hängt von mehreren Faktoren ab: So sind „schwache Interessen", etwa die von Kindern oder psychisch Kranken, langfristige Interessen (z. B. Klimaschutz) und allgemeine Interessen (z. B. Konsumentenschutz) tendenziell schwer organisierbar. Leichter zu organisieren sind dagegen kurzfristige Interessen (Arbeitsplatzschutz, Steuerbelastung) oder die Interessen von Personen in Schlüsselpositionen in der Gesellschaft (medizinische Berufe, Tätigkeiten im Verkehrs- und Versorgungswesen).

Lobbyismus – Gefahr für die Demokratie?
M 5

Die **Bedeutung von Lobbying** für die Demokratie zeigt sich auf mehreren Ebenen und geht über die Mittlertätigkeit zwischen Gesellschaft und Politik weit hinaus:

- Zum einen ist Lobbying eine Form der Politikberatung. Interessenverbände sind in der Regel seriöse und verlässliche Partner der Politik, die mit ihrem Sachverstand und ihrer praktischen Erfahrung bei der Problemlösung helfen und Fehlenentwicklungen vermeiden können.
- Zum Zweiten sind sie ein demokratisches Element und eröffnen jedem Bürger Mitwirkungsmöglichkeiten und Einflussnahme auf die Politik jenseits von Wahlen.
- Drittens entlasten die Interessenorganisationen den Staat von Tätigkeiten und Kontrollen, da sie über Selbstorganisation ihre Bereiche regeln, etwa in Schiedsgerichten, Tarif- oder Normausschüssen.

Auch wenn sie Recht und Gesetz nicht übertreten, geraten Interessenverbände aber mitunter mit ihren Aktivitäten in einen **Graubereich**. Problematisch wird die Einflussnahme von Verbänden dann, wenn

- für Außenstehende nicht mehr nachvollziehbar ist, wie Interessenverbände Einfluss auf politische Entscheidungen nehmen,
- Interessengruppen systematisch die Verfahren der parlamentarisch-repräsentativen Demokratie umgehen und diese damit entwertet werden,
- unklar ist, ob die Verbandsvertreter überhaupt die Interessen ihrer Mitglieder oder lediglich Sonderinteressen vertreten,
- sich eine dauerhafte Bevorzugung der Interessen starker und finanzkräftiger Verbände durch die Politik abzeichnet.

Dann besteht die Gefahr, dass die demokratisch legitimierten Gremien und Verfahren die Akzeptanz bei den Bürgern verlieren. Um die Gefahren zu mindern, werden in Politik und Zivilgesellschaft Anstrengungen unternommen, die Einflussnahme der Interessenverbände möglichst transparent zu gestalten.

Parteien: immer umstritten – unumstritten notwendig?

5

Auf dem Billardtisch liegen verschiedenfarbige Kugeln. Nach jedem Spielstoß verändert sich ihre Lage zueinander, es gibt neue Konstellationen, sie können übersichtlicher sein als vorher oder komplizierter. Die Kugeln laufen direkt oder über Bande. Je nach Variante und Spieltisch soll die eigene Kugel die anderen berühren, eine neue und möglichst bessere Ausgangsstellung schaffen. Die Spieler haben Strategien und kennen taktische Varianten, es gibt Zufälle, Eckenkonstellationen, Präzisionsstöße, knifflige und komfortable Situationen. Und der Umgang mit dem Queue erfordert neben der Kenntnis der Regeln und technischen Fähigkeiten auch – wie Billardspieler sagen – „Auge und Hand eines Kunstschützen und die standfesten Beine einer Eisprinzessin". Erinnert das Geschehen am Billardtisch nicht stark an die Kombinationsmöglichkeiten, an die kurzen und weiten Distanzen, Stoß- und Fliehkräfte in der Parteienlandschaft?

Natürlich hat der Vergleich schnell seine Grenzen. Aber dass es auch in der Parteienlandschaft Regeln gibt, dass es Farben gibt, die für eine politische Richtung stehen, dass sich die Distanzen zwischen Parteien verändern, dass strategische und taktische Überlegungen angestellt werden, dass jeder „Stoß", mithin jeder Wahlkampf oder jede Wahl, Folgen für die Parteienkonstellation hat, ist offensichtlich. Und das Agieren im Parteiensystem ist vor allem kein Spiel, es gehört zu den Grundelementen des politischen Systems.

Das folgende Kapitel klärt zunächst Stellung, Aufgaben und Funktionen der Parteien und nach welchen Regeln sie agieren (Kapitel 5.1).

Der zweite Abschnitt lenkt anschließend den Blick auf das Parteiensystem, das Innenleben der Parteien und die Fragen der Finanzierung (Kapitel 5.2). Dabei werden auch Schwierigkeiten, neue Entwicklungen und veränderte Konstellationen in der Parteienlandschaft berücksichtigt.

Tipps & Links

Politik vor Ort

- Viele Städte haben ihre Geschichte in Büchern oder anderen Medien dokumentiert. Erstellen Sie anhand einer leicht zugänglichen historischen Darstellung eine Chronologie der lokal bedeutsamen Parteien.
- Die Landes-, Bezirks- und Kreisverbände der Parteien unterhalten in vielen Orten Geschäftsstellen. Stellen Sie den Kontakt mit den Geschäftsführern bzw. Vorsitzenden her!
  Versuchen Sie – ggf. arbeitsteilig – folgende Daten und Informationen auf Bezirks-, Kreis- oder Stadtebene herauszufinden:
  - Stand und Entwicklung der Mitgliederzahlen und Mandate seit 1990
  - Situation und Stand der Jugendorganisation
  - aktuelle Themen, Kampagnen, Veranstaltungen
  - Formen der Mitgliederbindung und innerparteilichen Kommunikation

  Vergleichen Sie auf der Grundlage der gewonnenen Informationen die Bedeutung sowie die Möglichkeiten und Aktivitäten der Parteien!
- Bereiten Sie, ggf. im Rahmen eines Projekttags oder Seminars, an der Schule eine Podiumsdiskussion mit Vertretern der Parteien zu einem jugendnahen Thema vor.

Referieren und Präsentieren

- Wer vertritt welche Position? Wählen Sie ein aktuelles und politisch stark umstrittenes Thema aus, und stellen Sie die unterschiedlichen Positionen der Bundestagsparteien dazu vor.
- Das Schicksal der Kleinen – Porträtieren Sie eine der unbekannten Parteien.

Weiterlesen

- Frank Decker/Viola Neu (Hrsg.), Handbuch der deutschen Parteien, Bonn 2007
  (Bundeszentrale für politische Bildung)
  Der Band thematisiert vor allem die Dynamisierung und Fragmentarisierung der Parteienlandschaft. Er setzt sich in seinem allgemeinen Teil mit dem Wandel der Parteiendemokratie, ihren rechtlichen Grundlagen, der Typologie der Parteien und der Entwicklung des Parteiensystems auseinander. Im lexikalischen Teil werden ca. 80 Parteien porträtiert.
- Parteiensystem der Bundesrepublik Deutschland, Informationen zur politischen Bildung Heft Nr. 292, Bonn 3/2006
  (Bundeszentrale für politische Bildung)
  Das Heft aus der bekannten Reihe liefert das Basiswissen zum Parteiensystem, so vor allem zu den Funktionen, zur Entwicklung, zu Organisation und Finanzierung. Im Schlussteil stellt Peter Lösche die Frage nach den Zukunftsperspektiven des Parteiensystems und sieht auch künftig in den Parteien einen für das politische System wichtigen Stabilitätsfaktor.
- Franz Walter, Baustelle Deutschland. Politik ohne Lagerbindung, Bonn 2008
  (Bundezentrale für politische Bildung)
  Der Autor versucht, den Hintergründen der Veränderung der politischen Farbenlehre nachzugehen. Er zeichnet die Erosion der traditionellen Milieus nach, untersucht deren Hintergründe und stellt die Zusammenhänge mit den sozialen, demographischen und kulturellen Verschiebungen her.

Recherchieren

www.parteien.de
Die Parteien betreiben alle umfangreiche Internetseiten, die vor allem der Selbstdarstellung dienen. Recherchen zu einzelnen Parteien sollten sich also nicht ausschließlich auf diese Quellen stützen. Das Portal führt zu den Auftritten der Parteien.

www.bpb.de
Die Bundeszentrale für politische Bildung bietet eine Vielzahl von Informationen zu den Parteien, vor allem das umfassende Dossier „Parteien in Deutschland". Ferner sind Materialien zum Online-Angebot „Welche Parteien stehen zur Wahl?" abrufbar.

www.bundeswahlleiter.de
Beim Bundeswahlleiter in Wiesbaden laufen vor allem vor und während der Bundestagswahlen alle Fäden zusammen. Er führt auch die offiziellen Unterlagen der Parteien, so z. B. die Satzungen, Programme, Namen der verantwortlichen Personen. Die Unterlagen stehen als Download zur Verfügung.

5.1 Stellung und Aufgaben der Parteien

Aussagen der Parteien zum Thema Familie

M 1

A FDP

B DIE LINKE.

C SPD

D BÜNDNIS 90 DIE GRÜNEN

E CDU CSU

1 Kinder sollen vom ersten Lebensjahr an einen Rechtsanspruch auf Kita-Betreuung haben. Zudem ist für alle Eltern eine zu versteuernde Kindergrundsicherung vorgesehen, die Gering- und Normalverdiener besser stellen, Gutverdiener hingegen schlechter stellen würde.

2 Das Kindergeld ab dem dritten Kind soll ebenso steigen wie der Kinderfreibetrag. Zudem soll es möglich werden, das Elterngeld als Teilelterngeld für 28 Monate zu beziehen. Bekräftigt wird ferner der Rechtsanspruch auf einen Kindergartenplatz ab 2013. Für Eltern, die ihr Kind nicht in die Krippe schicken, ist ein spezielles Betreuungsgeld vorgesehen.

3 Das Kindergeld soll von 164 auf 200 Euro je Kind steigen, und die Kinderbetreuung soll vom ersten Lebensjahr an kostenlos sein. Abgelehnt wird hingegen die Unions-Forderung nach einem Betreuungsgeld für die häusliche Erziehung.

4 Die Kinderbetreuung soll flächendeckend gebührenfrei werden. Zudem ist vorgesehen, das Elterngeld für zwei Jahre zu gewähren und das Kindergeld auf 200 Euro anzuheben.

5 Um junge Eltern zu unterstützen, soll der Anspruch auf Teilzeitbeschäftigung und Elterngeld auf 16 Monate ausgedehnt werden. Zudem plant diese Partei einen Rechtsanspruch auf Ganztagesbetreuung vom ersten Geburtstag an.

nach: Die Welt, 3.7.2009

Aufgabe

Die Auszüge aus den Wahlprogrammen und die Parteilogos in M 1 sind falsch zugeordnet. Versuchen Sie, die Logos den passenden Texten zuzuordnen und begründen Sie Ihre Entscheidung.

Rechtliche Stellung und Aufgaben der Parteien in Deutschland

M 2

Grundgesetz Art. 21

(1) Die Parteien wirken bei der politischen Willensbildung des Volkes mit. Ihre Gründung ist frei. Ihre innere Ordnung muss demokratischen Grundsätzen entsprechen. Sie müssen über die Herkunft und Verwendung ihrer Mittel sowie über ihr Vermögen öffentlich Rechenschaft geben.

Auszug aus dem Parteiengesetz

§ 1 Verfassungsrechtliche Stellung und Aufgaben der Parteien

(1) Die Parteien sind ein verfassungsrechtlich notwendiger Bestandteil der freiheitlichen demokratischen Grundordnung. Sie erfüllen mit ihrer freien, dauernden Mitwirkung an der politischen Willensbildung des Volkes eine ihnen nach dem Grundgesetz obliegende und von ihm verbürgte öffentliche Aufgabe.

(2) Die Parteien wirken an der Bildung des politischen Willens des Volkes auf allen Gebieten des öffentlichen Lebens mit, indem sie insbesondere auf die Gestaltung der öffentlichen Meinung Einfluss nehmen, die politische Bildung anregen und vertiefen, die aktive Teilnahme der Bürger am politischen Leben fördern, zur Übernahme öffentlicher Verantwortung befähigte Bürger heranbilden, sich durch Aufstellung von Bewerbern an den Wahlen in Bund, Ländern und Gemeinden beteiligen, auf die politische Entwicklung in Parlament und Regierung Einfluss nehmen, die von ihnen erarbeiteten politischen Ziele in den Prozess der staatlichen Willensbildung einführen und für eine ständige lebendige Verbindung zwischen dem Volk und den Staatsorganen sorgen.

(3) Die Parteien legen ihre Ziele in politischen Programmen nieder.

M3 Was ist eine Partei?

§ 2 Begriff der Partei

(1) Parteien sind Vereinigungen von Bürgern, die dauernd oder für längere Zeit für den Bereich des Bundes oder eines Landes auf die politische Willensbildung Einfluss nehmen und an der Vertretung des Volkes im Deutschen Bundestag oder einem Landtag mitwirken wollen, wenn sie nach dem Gesamtbild der tatsächlichen Verhältnisse, insbesondere nach Umfang und Festigkeit ihrer Organisation, nach der Zahl ihrer Mitglieder und nach ihrem Hervortreten in der Öffentlichkeit eine ausreichende Gewähr für die Ernsthaftigkeit dieser Zielsetzung bieten. Mitglieder einer Partei können nur natürliche Personen sein.

(2) Eine Vereinigung verliert ihre Rechtsstellung als Partei, wenn sie sechs Jahre lang weder an einer Bundestagswahl noch an einer Landtagswahl mit eigenen Wahlvorschlägen teilgenommen hat.

(3) Politische Vereinigungen sind nicht Parteien, wenn

1. ihre Mitglieder oder die Mitglieder ihres Vorstandes in der Mehrheit Ausländer sind oder
2. ihr Sitz oder ihre Geschäftsleitung sich außerhalb des Geltungsbereichs dieses Gesetzes befindet.

Gesetz über die politischen Parteien (Parteiengesetz), In der Fassung der Bekanntmachung vom 31. Januar 1994 (BGBl. I S. 149), zuletzt geändert am 22.12.2004

M4 Die Parteien – Mittler zwischen Staat und Gesellschaft

Für das Funktionieren der bundesrepublikanischen Demokratie entscheidend sind gerade jene Funktionen, die Parteien als Mittler zwischen Gesellschaft und Staat wahrnehmen. So problematisch diese Trennung von Gesellschaft und Staat theoretisch auch sein mag, so sind Parteien in ihrer konkreten Tätigkeit doch in beiden Bereichen verankert. Die eigentlichen Tätigkeiten der Parteien zwischen Gesellschaft und Staat lassen sich auf vier wesentliche Funktionen zuspitzen:

Auswahlfunktion: Durch Parteien findet die Rekrutierung und Auswahl der politischen Elite aus der Gesellschaft – vom Ortsrat bis zum Kanzleramt – statt. Was häufig übersehen und moralisierend abgewertet wird: Parteien waren und sind immer auch Patronageorganisationen, das bedeutet Vereinigungen von Bürgern, die Ämter, Posten, Funktionen, Beförderungen und Karrieren zu vergeben haben. Daran ist nichts Anrüchiges. Politisch problematisch (und dann moralisch fragwürdig) ist es, wenn Machtpositionen um ihrer selbst willen erobert werden, es also nicht mehr um die Durchsetzung von Inhalten geht. [...]

Vermittlungsfunktion: Parteien und ihre Vertreter in Parlamenten und Regierungen sind Repräsentanten von Partikularinteressen, von spezifischen Interessen, die in der Gesellschaft angelegt sind. Parteien vertreten immer nur Teilinteressen, nicht das Gesamtinteresse einer Gesellschaft, nicht das Gemeinwohl. Der Politikwissenschaftler Ernst Fraenkel hat das sinngemäß so ausgedrückt: Erst wenn die Parteien und ihre Parlamentarier sich auch dazu bekennen, Repräsentanten von – zugespitzt formuliert – Sonderinteressen bzw. Sonderbedürfnissen zu sein, wird die freimütige Austragung von kollektiven Interessengegensätzen möglich. Dann wird auch ein daraus resultierender Kompromiss akzeptabel und die eigene interessengefärbte Position muss nicht mit dem Heiligenschein des Gemeinwohls umgeben werden. Erst wenn Einigkeit darüber besteht, dass Parteien und Parlamentarier eine Doppelrolle als Repräsentanten von Partikularinteressen und Repräsentanten der Nation spielen, kann auf die Diskussion allgemeingültiger Prinzipien, hehrer Grundsätze, verzichtet werden. Dann können Parteien die Wagenburgen verlassen, aus denen heraus sie – wie in der Weimarer Republik – Weltanschauungsschlachten geschlagen haben.

Interessenausgleichsfunktion: Auch innerparteilich bemühen Parteien sich, gegenläufige und widerstreitende Interessen verschiedener gesellschaftlicher Gruppen, die außerhalb wie innerhalb der Partei organisiert sein können, auszugleichen, zwischen ihnen einen Kompromiss zu finden und zugleich eine eigene „parteiliche“ Position zu formulieren. Parteien integrieren also die breit gestreuten Gruppeninteressen. [...]

Legitimierungsfunktion: Indem Parteien die Vermittlungs- und die Interessenausgleichsfunktionen wahrnehmen, tragen sie zur Begründung des politischen Systems und zur Konsensstiftung bei. Die bundesrepublikanische Demokratie, der Parteienstaat, bietet Regelungsmechanismen zur

Konfliktaustragung zwischen den Parteien und innerhalb der Parteien und damit auch zwischen auseinandergehenden gesellschaftlichen Interessen. Es sind Regeln festgelegt, nach denen Kampf um Macht(anteil) stattfindet, ohne dass dieser in Bürgerkrieg ausartet. Voraussetzung hierfür ist, dass sozial und politisch darüber eine Verständigung hergestellt worden ist, nach welchen Regeln Konflikte ausgetragen werden und welche Grundwerte unstrittig sind. Erst die Anerkennung der Grundwerte wie Bewahrung der Menschenrechte, Minoritätenschutz, die den Regelungen zur Konfliktaustragung zugrunde liegen, machen diese auch sinnvoll.

Die Wahrnehmung aller oder doch eines wesentlichen Teils der gerade genannten vier Funktionen durch die Parteien macht den bundesrepublikanischen Parteienstaat aus. Generell gilt, dass ein parlamentarisches Regierungssystem ohne starke Parteien nicht auskommt. Es sind die Parteien, die in dem hoch komplizierten Regierungssystem der Bundesrepublik mit seiner Gewaltenteilung, der Gewaltenkontrolle und der Gewaltenverschränkung die auseinander driftenden Akteure zusammenbringen. Parteien bilden gleichsam den Kitt für das fragmentierte politische System.

Bundeszentrale für politische Bildung, Informationen zur politischen Bildung Nr. 292, Parteiensystem der Bundesrepublik Deutschland, Bonn 3/2006, S. 12 f.

Aufgaben

1. Erläutern Sie die herausgehobene verfassungsrechtliche Stellung der politischen Parteien im Vergleich zu den anderen Trägern der politischen Willensbildung (M 2 – M 3).
2. Entwickeln Sie ein Schaubild, in dem die Mittlerfunktion der Parteien einprägsam visualisiert ist (M 4).
3. Verfolgen Sie über zwei Wochen die lokale Berichterstattung. Zeigen Sie auf, wie Mandatsträger die in M 4 erwähnte Vermittlungsarbeit zwischen Gesellschaft und Politik leisten.

Parteien im Spannungsfeld von Interessen

M 5

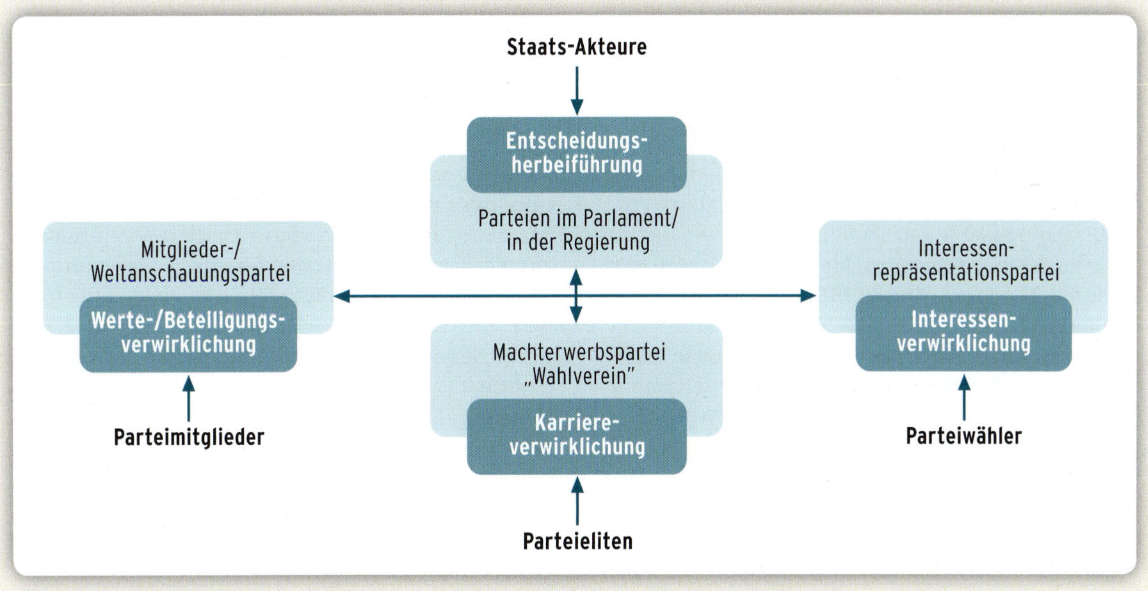

Elmar Wiesendahl, Volksparteien im Abstieg, in: Aus Politik und Zeitgeschichte B 34-35, 14.8.1992, S. 6

M 6 Die Bedeutung von Machtzentren: „party in government“

Nahezu jeder Kanzler (bzw. Kanzlerin), Angela Merkel, Gerhard Schröder, Helmut Kohl, Willy Brandt, Kurt Georg Kiesinger, Ludwig Erhard und Konrad Adenauer, hatte zugleich das Amt des Parteivorsitzenden inne. Die große Ausnahme war Helmut Schmidt, der – ob zu Recht oder Unrecht – nach seinem Sturz 1982 die Meinung vertrat, es sei ein Fehler von ihm gewesen, nicht auch den Parteivorsitz übernommen zu haben.

Die hier am Beispiel der Bundesebene verdeutlichte Ämterkumulation gilt prinzipiell für alle Ebenen. Viele Ministerpräsidenten sind gleichzeitig Landesvorsitzende ihrer Parteien, und durch diese Personalunion vermögen sie besonders effektiv nicht zuletzt beim Machtpoker auf Bundesebene mitzuspielen. Oberbürgermeister oder Oberkreisdirektoren stehen häufig den Kreisverbänden ihrer Partei vor, oder sie fungieren neben ihrem kommunalen Amt wenigstens als Ortsvereinsvorsitzende. Amts- und Funktionsträger in staatlichen Institutionen sichern ihre Stellung also dadurch, dass sie die eigene Partei als Hausmacht hinter sich bringen. Oder, allgemein formuliert: Durch Ämterkumulation wird Macht konzentriert, es entsteht ein Machtzentrum.

Doch auch darüber hinaus ist der analytische Blick auf die party in government für das Verständnis unseres Parteienstaates eminent wichtig. Und dies aus mehreren Gründen:

Wenn Parteien öffentlich Aufmerksamkeit erregen, dann häufig durch ihre party in government. Wer eine brillante Rede der Kanzlerin, eines Kabinettsmitgliedes oder auch eines Abgeordneten hört oder über sie liest, assoziiert (fast) automatisch die Partei, für die sie oder er spricht. Dies gilt natürlich auch für Ministerpräsidenten, Oberbürgermeister oder kommunale Dezernenten. Party in government bietet eine Plattform, von der aus eine Partei ihre Konzepte, Meinungen, Positionen, Visionen öffentlich und publikumswirksam vertreten kann. […]

Die Angehörigen der party in government leisten die eigentliche Vermittlungsarbeit zwischen Gesellschaft und Regierungssystem bzw. Politik. Dies trifft nicht nur auf die bundesweit bekannten Politiker zu, die ihre großen Auftritte im Fernsehen haben, glänzend inszeniert. Dies gilt insbesondere auch für die in der breiteren Öffentlichkeit weitgehend unbekannten Hinterbänkler in den Kommunalparlamenten, Landtagen oder im Bundestag.

Bundesfinanzminister Wolfgang Schäuble in der Talkshow „Anne Will“. Vertritt er sein Ministeramt oder seine Partei?

In ihrem Wahlkreis haben sie Gewicht: Sie kennen die dortigen Wählerinnen und Wähler, sie gehen zu den Stiftungsfesten des Männergesangvereins oder der Freiwilligen Feuerwehr, sie nehmen am „Tanz in den Mai“ teil und sorgen dafür, dass die Turnhalle der Schule endlich renoviert wird, damit auch die Sportvereine sie wieder benutzen können. Als Mediatoren sorgen sie dafür, dass die politische Elite und die Parteien sich nicht verselbstständigen, sondern Bodenhaftung behalten. […]

Auch finanziell hat die party in government Bedeutung. Denn die Mandatsträger in allen Parteien zahlen von ihrem Einkommen bzw. ihren Diäten einen bestimmten Prozentsatz an ihre Partei, häufig nach Ebene gestaffelt, also an den Ortsverein, den Kreisverband und den Landesverband. […] Und bis zu 20 Prozent der Einnahmen mancher Partei kommen von ihren Mandatsträgern.

Schließlich verfügt die party in government über eine personelle und damit wiederum indirekt finanzielle Ressource, die der Parteiorganisation zugute kommt. Bekanntlich verfügen kommunale Dezernenten ebenso wie Minister über Verwaltungen, die sie bei ihrer Arbeit unterstützen. Diese Arbeitsleistung, kommt ihnen sowohl in ihrer Eigenschaft als staatliche Mandatsträger als auch als Parteifunktionäre zugute. Politikberatung aus der Verwaltung oder der Ministerialbürokratie nützt dem Politiker ebenso wie seiner Partei. Deutlich wird das zum Beispiel bei der Tätigkeit der Mitarbeiter von Abgeordneten. Diese werden meist über eine Kostenpauschale, die der Abgeordnete erhält, vom Parlament bezahlt. Die Mitarbeiter sind unter anderem im Wahlkreisbüro ihres Abgeordneten tätig, sie halten für ihn Kontakt, kümmern sich um die lokale und regionale Parteiorganisation. [...] Angesichts rückläufiger Mitgliederzahlen, sinkender Einnahmen aus Mitgliedsbeiträgen und der ebenfalls abnehmenden Zahl von Parteiaktivisten und Funktionären hat die party in government politisch, organisatorisch und finanziell an Bedeutung gewonnen. So lässt sich durchaus von einer Tätigkeits- und Machtverschiebung von der traditionellen Parteiorganisation hin zur party in government sprechen.

Bundeszentrale für politische Bildung, Informationen zur politischen Bildung Nr. 292, Parteiensystem der Bundesrepublik Deutschland, Bonn 3//2006, S. 32 f.

Parteien in Europa – Europäische Parteien

M 7

In Europa haben sich als transnationale politische Parteien die *Europäische Volkspartei (EVP)*, die *Sozialdemokratische Partei Europas (SPE)*, die *Europäische Liberale und Reform-Partei (ELDR)* sowie die *Europäische Grüne Partei (EGP)* herausgebildet. Diese Parteiorganisationen lassen sich den bekannten Grundströmungen der Sozialdemokraten und Sozialisten, der Christlichen und Konservativen, der Grünen und Alternativen sowie der Liberalen und Freiheitlichen zuordnen. Neben diesen vier großen Parteien auf europäischer Ebene entsprechen auch sechs weitere, kleinere Parteien dem Anforderungskatalog für europäische Parteien: die *Partei der Europäischen Linken (EL)*, die *Europäische Freie Allianz (EFA)*, die *Europäische Demokratische Partei (EDP)*, die *Allianz für das Europa der Nationen (AEN)*, die *EUDemokraten (EUD)* sowie die *Allianz der Unabhängigen Demokraten in Europa (ALDE)*.

Dass die transnationalen Parteien nicht nach einem einheitlichen Schema organisiert sind, hat mindestens zwei Ursachen: Erstens wirkt sich die unterschiedliche Staatsorganisation der Mitgliedstaaten auf die Organisationsebenen ihrer Parteien aus, und zweitens erlebten die Parteien in den verschiedenen Ländern höchst unterschiedliche historische Entwicklungen. Beide Faktoren führen dazu, dass die nationalen Parteien auch derselben Parteifamilie differierende Strukturen aufweisen können. Diese Unterschiede werden von den transnationalen Parteien respektiert.

So heißt es zum Beispiel in Art. 2 der Satzung der EVP, dass die Mitgliedsparteien ihre Identität, ihren Namen sowie ihre Aktionsfreiheit auf nationaler Ebene unverändert beibehalten. Insgesamt stellen die europäischen Parteien Sammelbecken für die entsprechenden nationalen Parteien dar; jede von ihnen lässt sich beschreiben als „föderative Vereinigung nationaler Parteien aus mehreren Mitgliedstaaten der Europäischen Union, die in ihren Orientierungen und Zielsetzungen übereinstimmen". Europäische Parteien sind nicht aus sich selbst heraus entstanden, sondern nutzten die schon vorhandenen Strukturen. Folglich sind sie nicht autark, sondern werden hauptsächlich von den nationalen Parteien mit Inhalt und Personal gefüllt, da sie die Interessen der Bürger aus unterschiedlichen Mitgliedstaaten mit unterschiedlicher Herkunft im Europäischen Parlament repräsentieren sollen. Viele Abgeordnete des Europäischen Parlaments besitzen also eine doppelte Zugehörigkeit: Sie sind Mitglied zum einen in einer nationalen Partei und zum anderen in einer transnationalen Partei.

Wie auch in nationalen Parlamenten gibt es auch im Europäischen Parlament Fraktionen, in denen Abgeordnete mit ähnlicher politischer Orientierung und Parteizugehörigkeit organisiert sind.

Das Europaparlament basiert nicht auf den Funktionsregeln eines parlamentarischen Regierungssystems. Nach wie vor kommt das politisch-institutionelle System der Europäischen Union ohne eine geschlossene europäische Regierung aus, die sich bei der Ausübung ihres Amtes auf eine parlamentarische Mehrheit stützen müsste. Stattdessen teilen sich innerhalb der EU drei Institutionen die Exekutivaufgaben: Kommission, Rat und Europäischer Rat. Auf das Europäische Parlament wirkt sich diese Besonderheit in der Form aus, dass seine Fraktionen nicht dafür verantwortlich sind, eine politisch verantwortliche und abwählbare Regierung ins Amt zu bringen und politisch handlungsfähig zu halten. Aus diesem Grund lassen sich im Europäischen Parlament die Fraktionen auch nicht in ein Regierungs- und ein Oppositionslager unterscheiden. Stattdessen bilden die Fraktionen bei Abstimmungen themenspezifisch immer wieder neue Mehrheiten.

Franziska Heratsch, Bayerische Landeszentrale für politische Bildung, 22.7.2009

Die Fraktionen im Europäischen Parlament

Fraktion	Untergruppen/Mitgliedsparteien	Mitglieder (davon aus D)
Fraktion der Europäischen Volkspartei (Christdemokraten) (EVP)	Europäische Volkspartei (EVP) + selbstständige nationale Parteien + 1 parteiloses Mitglied	265 (42)
Progressive Allianz der Sozialisten und Demokraten im Europäischen Parlament (S&D)	Sozialdemokratische Partei Europas (SPE), Partido Democratico + selbstständige nationale Parteien	184 (23)
Allianz der Liberalen und Demokraten für Europa (ALDE)	Europäische Liberale, Demokratische und Reformpartei (ELDR) Europäische Demokratische Partei (EDP) + selbstständige nationale Parteien	84 (12)
Europäische Konservative und Reformisten (ECR)	u.a. Conservative Party, Recht und Gerechtigkeit, ODS	55
Fraktion der Grünen/Freie Europäische Allianz (Grüne–EFA)	Europäische Grüne Partei (EGP) Europäische Freie Allianz (EFA) + selbstständige nationale Parteien + 1 parteiloses Mitglied	55 (14)
Vereinte Europäische Linke/ Nordische Grüne Linke (GUE–NGL)	Partei der Europäischen Linken (EL) Nordisch grün-linke Allianz (NGLA) + selbstständige nationale Parteien	35 (8)
Europa der Freiheit und der Demokratie (EFD)	u.a. britische Unabhängigkeitspartei (UKIP), „Mouvement pour la France", SGP, Wahren Finnen	30
Fraktionslose	selbstständige nationale Parteien	28
	insgesamt	736 (99)

Quelle: Europäisches Parlament, Stand: Juli 2009

Aufgaben

1. Das „Spannungsfeld von Interessen" (M 5) zeigt sich vor allem bei den großen Parteien, die in der Regierungsverantwortung stehen. Beschreiben Sie anhand eines aktuellen Themas ein solches Spannungsfeld, und erschließen Sie über eine Presserecherche, welche Lösungsstrategien die Parteispitzen verfolgen.
2. a) Überprüfen Sie, inwieweit die These von der Ämterkumulation (M 6) und den sich daraus ergebenden Machtzentren für einzelne Mandatsträgerinnen oder -träger Ihrer Stadt, Ihrer Region oder Ihres Bundeslandes zutrifft.
   b) Diskutieren Sie, ob solche Machtzentren aus demokratietheoretischer Sicht wünschenswert oder problematisch sind.
3. Erläutern Sie, wodurch sich die europäischen von den deutschen Parteien unterscheiden (M 7).

Wissen kompakt

Parteien – Stellung und Begriff
M 2, M 3

Parteien sind Zusammenschlüsse von Bürgern mit gemeinsamen politischen Grundüberzeugungen und dem Ziel, unmittelbare politische Verantwortung in Parlamenten und Regierungen zu übernehmen. Im Grundgesetz (Art. 21 GG) sind sie als verfassungsmäßige Institution verankert. Dies verdeutlicht ihre herausragende Bedeutung im Prozess der politischen Willensbildung.

Rolle von Partei-Programmen

In Grundsatz- und **Wahlprogrammen** beschreiben die Parteien, an welchen Grundwerten sie sich orientieren, und erarbeiten entscheidungsfähige Vorschläge zur Gestaltung der bestehenden politischen, wirtschaftlichen, gesellschaftlichen und kulturellen Verhältnisse. Diese Forderungen stellen sie in regelmäßig stattfindenden Wahlen zur Abstimmung.

Aufgaben der Parteien
M 3, M 4

Das Parteiengesetz beschreibt die **Aufgaben** der Parteien. Dazu zählen: Mitwirkung an der politischen Willensbildung des Volkes; Einfluss auf die öffentliche Meinung; Anregung und Vertiefung der politischen Bildung; Förderung der Teilhabe am politischen Leben; Heranbildung von Kandidaten für öffentliche Ämter; Aufstellung von Kandidaten für Wahlen in Bund, Ländern und Gemeinden; Einflussnahme auf Parlament und Regierung; Erstellen von Programmen.

Mittlerfunktion

Die zentrale Aufgabe der Parteien besteht in der **Mittlerfunktion** zwischen Staat und Gesellschaft. Als Regierungsparteien bringen sie die von ihnen erarbeiteten politischen Ziele in den Prozess der staatlichen Willensbildung ein und stellen die Verbindung zwischen Volk und politischer Führung her. Als Parteien der Minderheit bilden sie die politische Opposition und ermöglichen den Regierungswechsel. Parteien gleichen intern die unterschiedlichen Interessen in der Bevölkerung aus und bilden so „den Kitt für das fragmentierte politische System". Im politischen Alltag stehen Parteien in einem Spannungsfeld zwischen ihrem Einfluss auf Parlament und Regierung, dem Beteiligungswillen der Parteimitglieder, den Strategien der Parteielite und der Notwendigkeit, sich dem Wähler als attraktive Alternative präsentieren zu müssen.

Kritik am Einfluss der Parteien
M 6

In Öffentlichkeit und Wissenschaft wird immer wieder der starke **Einfluss** der Parteien auf Staat, Verwaltung und Öffentlichkeit kritisch diskutiert: Er ergibt sich vor allem über die Konzentration von Macht durch Ämterkumulation.

Europäische Parteien
M 7

Auf europäischer Ebene schließen sich nationale Parteien zu **transnationalen Parteien** (z.B. Europäische Volkspartei, Sozialdemokratische Partei Europas) mit ähnlicher politischer Grundausrichtung zusammen. Sie sind föderative Vereinigungen nationaler Parteien aus mehreren Mitgliedstaaten der Europäischen Union, die in ihren Orientierungen und Zielsetzungen übereinstimmen. Da sie keine Regierungsverantwortung übernehmen können, sind die Funktionen der europäischen Parteien nur bedingt mit den nationalen Parteien vergleichbar.

5.2 Parteiensystem – Parteienstrukturen – Parteienfinanzierung

M 1 Parteiensysteme

Wie Parteien und Parteiensysteme sich herausbilden und weiterentwickeln, wird in der Politikwissenschaft unter anderem mit so genannten „Cleavage"-Ansätzen beschrieben. [...] Sie erklären das Wahlverhalten und das durch die Wahlen entstehende Parteiensystem entlang langfristig wirkender Konfliktlinien in der Gesellschaft (cleavage = Spaltung). Die Neugründung von Parteien in Deutschland sowie Umstrukturierungen im Parteiensystem lassen sich folglich mit einem Wandel der Konfliktstrukturen erklären. War das Parteiensystem (und das Wahlverhalten) in den fünfziger und sechziger Jahren noch von der Frage geprägt, wie man es mit der Religion hält, ob man auf dem Land oder in der Stadt wohnt und ob man eher gewerkschaftlich oder freiberuflich orientiert ist, haben sich in den achtziger und neunziger Jahren neue „Linien" herausgeschält, entlang derer sich Parteien aufstellen. So sprach man insbesondere in den siebziger und achtziger Jahren von einer Unterscheidung zwischen materialistischen und postmaterialistischen Werten (Ronald Inglehart). Diese neue Konfliktlinie wird gezogen, um die nicht nur in Deutschland beobachtbaren Aufstieg der „grünen" Parteien zu erklären. Ansonsten werden zur Sortierung der Parteien zwei große „cleavages" ausgemacht: (1) der Gegensatz von Liberalität und Autorität (welche Rolle spielt der Staat gegenüber der Freiheit des Einzelnen) und (2) der Gegensatz von sozialem Ausgleich und Marktfreiheit (inwieweit sollen soziale Unterschiede nivelliert werden).

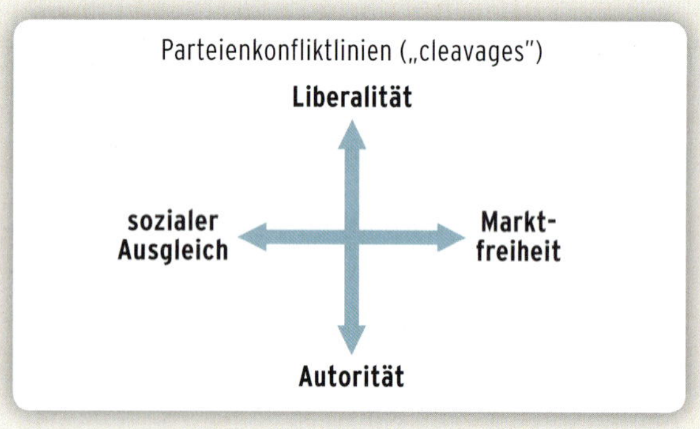

Stefan Marschall, Das politische System Deutschlands, Konstanz 2007, S. 118 f.

M 2 Der Wandel des Parteiensystems in der Bundesrepublik Deutschland

Das bundesdeutsche Parteiensystem zeichnet sich durch grundsätzliche Wandlungs- und Entwicklungstendenzen aus. So war es zu seiner Anfangszeit durch eine große Zahl politischer Parteien geprägt. In den 1950er-Jahren setzte dann ein Konzentrationsprozess ein. Sowohl die Einführung der bundesweiten Fünf-Prozent-Klausel als auch die Verbote der KPD und der SRP trugen dazu bei. Zudem wurden zahlreiche kleinere Parteien von CDU und CSU aufgesogen, die damit in hohem Maße systemstabilisierende Integrationsfunktionen erfüllten. Man kann daher für die 1950er-Jahre von der Dominanz einer Partei sprechen. Diese Dominanz bröckelte in den 1960er-Jahren mit der programmatischen Neuausrichtung der SPD. Mit der Verabschiedung des Godesberger Programms 1959 hatte sie den Grundstein für den Wandel zu einer Volkspartei vollzogen. [...]

Damit war der Grundstein für das „symmetrische Drei-Parteiensystem" der 1960er und 1970er Jahre aus CDU/CSU, SPD und FDP gelegt. Es zeichnete sich durch die prinzipielle Koalitionsbereitschaft aller drei Parteien, politischen „Zentrismus" und ein ungefähres Gleichgewicht der beiden großen Volksparteien aus. Zugleich entschied die FDP als „Zünglein an der Waage" über die Zusammensetzung der Bundesregierung. Diese Rolle behielt sie prinzipiell bis 1998, als sie zum ersten Mal nicht mehr an der Regierung beteiligt war.

Mit dem Einzug der Grünen in den Bundestag erlebte das Parteiensystem jedoch erneut eine „Transformationsphase". Das Drei-Parteiensystem wurde von einem „Zwei-Parteigruppensystem" mit CDU/CSU und FDP auf der einen und SPD und Grünen auf der anderen Seite abgelöst. Der mit der deutschen Einheit einhergehende Wandlungsprozess des Parteiensystems sorgte jedoch wieder für grundlegende Veränderungen. So kann man für die 1990er-Jahre ein „asymmetrisches Fünf-Parteiensystem" analysieren, in welchem die SPD multikoalitionsfähig ist, die CDU/CSU jedoch auf die FDP als Koalitionspartner angewiesen ist. In Zukunft ist davon auszugehen, dass es für die Wähler immer schwieriger wird, Regierungszusammensetzungen mit ihrer Wahlentscheidung zu beeinflussen.

Karl-Rudolf Korte, Manuel Fröhlich, Politik und Regieren in Deutschland. Strukturen, Prozesse, Entscheidungen, 2. Auflage, Paderborn 2007, S. 137 f.

Volkspartei

Info

Volksparteien sind meist entideologisierte Parteien, die in der Lage sind, ein breites Spektrum wirtschaftlicher und sozialer Interessen zu integrieren. Ihre Mitglieder sowie auch die Wählerschaft sind bezüglich ihrer Sozialstruktur sehr heterogen. Volksparteien bemühen sich, durch breit gestreute Programme möglichst viele Wähler anzusprechen.

Autorentext

Aufgaben

1. Versuchen Sie mit Hilfe ihres Vorverständnisses die im Bundestag vertretenen Parteien in das Schema aus M 1 einzuordnen. Welche Schwierigkeiten entstehen bei diesem Versuch?
2. In M 2 wird die Entwicklung des Parteiensystems in Deutschland beschrieben. Stellen Sie die Parteienkonstellationen für die 1950er, die 1960/70er, 1980/1990er und das erste Jahrzehnt des neuen Jahrtausends in einer geeigneten Grafik dar.

Mitgliederentwicklung der Parteien

M 3

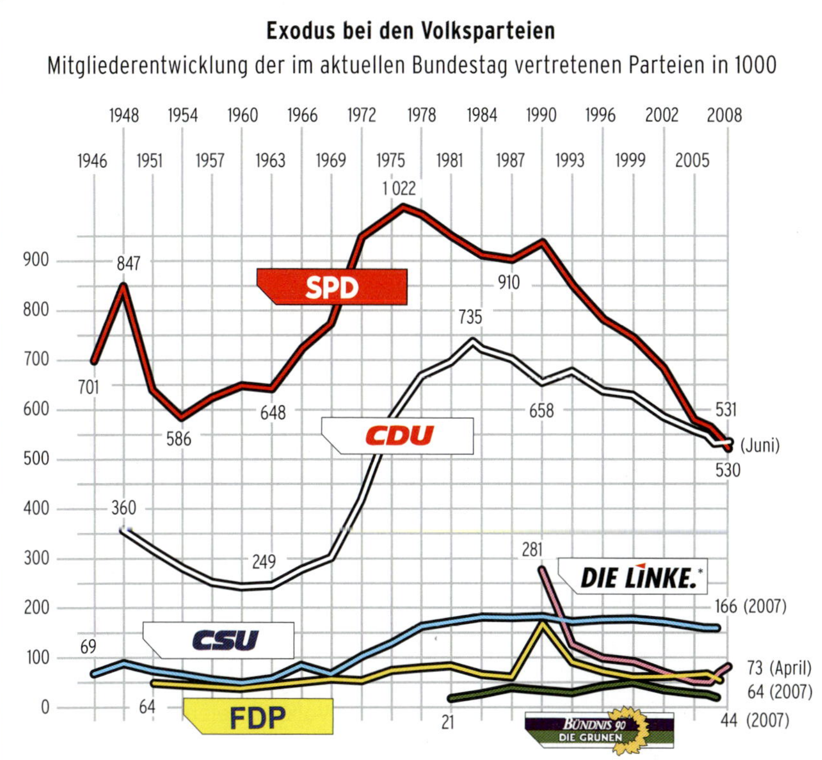

Quelle: Bundeszentrale für politische Bildung, Niedermayer 2008, Parteien * ehem. PDS/Linkspartei

Globus Grafik 2255

M 4 Bye, Bye Volkspartei?

SPD und CDU sind Volksparteien, aber sie verlieren an Zulauf. Ihre Bindung in die Gesellschaft geht zunehmend verloren, konstatiert der Duisburger Parteienforscher Karl-Rudolf Korte im Gespräch mit Aspekte-Redaktionsleiter Wolfgang Herles.

Herles: Was ist eigentlich eine Volkspartei?

Karl-Rudolf Korte: Eine Partei, die alle Schichten anspricht und die auch den Anspruch hat, für alle Politik zu machen. Ein bisschen wie ein Gemischtwarenladen.

Herles: Wenn man diese Messlatte anlegt, sind dann die beiden Volksparteien noch Volksparteien?

Korte: Ja, denn sie werden noch von allen gewählt und die Grundsatzprogramme dokumentieren eine große Vielfalt an Themen.

Herles: Trotzdem: Wenn die Volksparteien, die in den 70er Jahren noch von mehr als 90 Prozent der Menschen gewählt wurden, derzeit nur noch auf 70 Prozent der Stimmen kämen, kommen doch allein durch die Größe Zweifel am Wesen einer Volkspartei auf?

Korte: Nein, die Größe ist kein Kriterium. Die Repräsentativität ist das Kriterium. Und da sieht man natürlich, dass die Volksparteien an Zustimmung, an Zulauf, an Attraktivität verlieren. Da liegt das größte Problem. Sie sind insofern selbst pflegebedürftig, fast schon Vorruhestandsparteien. Sie sind cliquenhaft geworden und der Konzentrationsprozess sie zu wählen, hat dramatisch abgenommen.

Herles: Stellt sich die Frage der Legitimation, wenn eine Partei nur noch 500.000 Mitglieder hat, statt wie früher fast eine Million. Und wenn entsprechend weniger Wähler da sind. Verringert das die Legitimation, Volkspartei zu sein?

Korte: Ja, die Legitimation leidet darunter und man kann es sehr gut daran erkennen, dass die Parteien immer demoskopieanhängiger werden. Sie haben keine gesellschaftliche Verankerung mehr. Sie brauchen, um in die Gesellschaft hineinzuspüren, Instrumente – weil sie selbst nicht mehr dazu in der Lage sind. Und diese Instrumente geben vielfach Tagesumfragen wieder.

Herles: Kann man das den Volksparteien vorwerfen, dass es soweit gekommen ist? Oder ist es eine Folge der Fragmentierung der Gesellschaft?

Korte: Ja, der Vorwurf liegt schon bei den Volksparteien. Eine Aura der Beteiligung existiert praktisch in den Parteien nicht in dem Maße, in dem man das heute anbieten müsste. Und eine Aura des Nutzens liegt nicht vor. Denn die Bürger wählen viel weniger bindungsorientiert, viel mehr nutzenorientiert. Gerade die Deutschen sind extreme Bindungsverweigerer.

Herles: Was müssten denn die Parteien tun, um den Nutzen wieder zu vermitteln?

Korte: Parteien sind zunächst mal in der Wahldemokratie die modernste Form der Willensbildung. Es gibt keine modernere Form. Und um den Nutzen für die Wähler sichtbar zu machen, müssen die Parteien heute auch Service anbieten. Sie müssen sich also als ein Dienstleister verstehen, weniger als ein Ideologieträger. […]

Herles: Mit der „Linken" ist eine neue Partei in die Lücke gestoßen, die die SPD im linken Spektrum hinterlassen hat. Kann es sein, dass nicht nur die Linke, sondern auch das rechte Lager anfängt, sich in mehrere kleinere Parteien aufzulösen?

Korte: Ja, die Erosion der Volksparteien und auch der Volksparteiendemokratie schreitet voran. Je weniger Bindungszustände angestrebt werden, desto eher werden auch viele kleine Parteien zusätzlich entstehen. Da bin ich ziemlich sicher. Je heterogener eine Gesellschaft ist, desto mehr Parteien werden existieren. Das ist ein Ergebnis der Parteien- und Wahlforschung.

ZDF online, 10.3.2008

Aufgaben

1. Überprüfen Sie die These von der Erosion der Volksparteien (M 4) anhand von M 3. Sammeln Sie mögliche Gründe dafür.
2. Geben Sie die Kernaussagen des Parteienforschers Korte in Thesenform wieder, und erläutern Sie diese (M 4).

Der Aufbau der Parteien

M 5

Parteien sind in ihrem Aufbau vielfach untergliedert und orientieren sich weitgehend an der Struktur der öffentlichen Gebietskörperschaften (Gemeinden, Landkreise, …). Die Vielzahl unterschiedlicher Gremien verbürgt ihre demokratische Binnenstruktur: „Der satzungsrechtliche Aufbau der Parteien ist insofern demokratisch, als sich alle Parteiorgane vom Mitgliederwillen ableiten, Mitgliederversammlungen beziehungsweise Parteitage jeweils den anderen Organen übergeordnet und judikative Funktionen von anderen getrennt sind". Somit lassen sich grundsätzlich vier Organisationsebenen der Parteien unterscheiden die generell „mehr nebeneinander und relativ isoliert" arbeiten. [...] Unterschiedliche Parteien in den verschiedenen politischen Kontexten zeigen daneben eine teils sehr differenzierte Praxis der politischen Willensbildung. So stehen Regierungsparteien in der beständigen Konkurrenz mit Regierungsgremien. Und Parteitage stehen nicht selten unter dem Druck medialer Aufmerksamkeit, die insbesondere in Wahlzeiten geschlossenes Auftreten einer Partei honoriert, während harte Auseinandersetzungen bezüglich Personal und Themen als zerstrittenes Bild wahrgenommen werden.

Karl-Rudolf Korte/Manuel Fröhlich, Politik und Regieren in Deutschland, 2. Auflage, Paderborn 2006, S. 14

	Beschließendes Organ	Vollziehendes Organ	Schiedsgerichtsorgan
Bundesverband	Bundesparteitag	Bundesvorstand – Präsidium –	Bundesschiedsgericht
Landesverband	Landesparteitag	Landesvorstand	Landesschiedsgericht
Kreisverband	Kreisdelegierten-versammlung	Kreisvorstand	Kreisschiedsgericht (z.T.)
Ortsverband	Mitgliederversammlung	Ortsvorstand	–

Wie Parteien attraktiver werden wollen

M 6

Die unüberhörbare und unübersehbare Parteienkritik und -verdrossenheit, insbesondere die Auswirkungen auf die Mitgliederzahlen und das Wahlverhalten, haben die Parteien zu Reformen motiviert. Zentrales Ziel ist es, das Engagement in den und für die Parteien wieder attraktiver zu machen. In den Reformdebatten spielen unter anderem die folgenden drei Maßnahmenbündel eine Rolle:

1. **Neue Mitgliedschaftsformen:** Die traditionelle ordentliche Parteimitgliedschaft ist von einigen Parteien durch unverbindliche Reformen der Beteiligung ergänzt worden. Dies trägt der Tendenz Rechnung, dass der Wunsch nach langfristiger Bindung an politische Organisationen, insbesondere bei jungen Menschen, abnimmt. Zu diesen lockeren Anbindungen gehören „Schnuppermitgliedschaften", also die Möglichkeit, für einen begrenzten Zeitraum oder anlassbezogen an der Parteiarbeit mitzuwirken, ohne eingetragenes Mitglied zu sein. Weiterhin ist in einigen Parteien die Form des Gaststatus eingeführt worden, also eine Mitgliedschaft „light" mit nur eingeschränkten Rechten und Pflichten.
2. **Neue Kommunikationsformen:** Die Kommunikationsgewohnheiten in der Bevölkerung haben sich gewandelt und die Parteien versuchen, darauf zu reagieren – und das nicht nur in Form eines professionalisierten Medienwahlkampfs, der auch das Internet berücksichtigt. Für die innerparteiliche Organisation, aber auch für die

Mitgliederwerbung oder die Spendenakquise haben die Parteien die Online-Kommunikation entdeckt. Parteien bieten ihren Mitgliedern in passwortgeschützten Intranets exklusive Kommunikation und Information an. E-Mailing und SMS-Verteiler sind weitere Versuche, sich auf neue Kommunikationsstandards einzustellen und dabei gerade junge Zielgruppen zu erreichen. Solche Maßnahmen sollen den innerparteilichen Austausch erleichtern und die Mitarbeit in Parteien leichter, transparenter und damit auch attraktiver machen.

3. **Innerparteiliche Demokratisierung:** Die Motivation, Mitglied einer Partei zu werden (oder zu bleiben), kann dann gesteigert werden, wenn die Mitgliedschaft mit merklichen Privilegien verbunden ist. Hierzu zählt vor allem ein unmittelbarer Einfluss auf Personalfragen und Sachfragen. Eine Reihe von Parteien hat in ihren Satzungen die Möglichkeit der Mitgliederbefragung ergänzt, also Elemente der direkten innerparteilichen Demokratie eingeführt. Mehrere Abstimmungen sind bereits durchgeführt worden, zum Beispiel bei der CDU Baden-Württemberg zur Regelung der Nachfolge des vormaligen Parteivorsitzenden Erwin Teufel (2004) oder bei der Bundes-FDP zum Thema „Lauschangriff“ (1995). Solche Befragungen stoßen bei der Mitgliedschaft auf große Resonanz. Ob es sich dabei [...] mehr um eine sporadische und symbolische Einbindung des „Parteivolks“, gesteuert durch die Parteieliten [handelt], muss von Fall zu Fall untersucht werden.

Inwieweit es den Parteien mit solchen Reformansätzen gelingen kann, ihre gesellschaftliche Abkopplung rückgängig zu machen und attraktiver für die Parteibuchinhaber und potentielle neue Mitglieder zu werben, ist fraglich.

Stefan Marschall, Das politische System Deutschlands, Konstanz 2007, S. 125 ff.

M 7 Die Einnahmen der Parteien

Einnahmen 2007 in Tsd. Euro	CDU	SPD	Grüne	FDP	Die Linke	CSU
aus Mitgliedsbeiträgen	41.924 (29,4 %)	47.582 (30,3 %)	5.587 (21,4 %)	6.953 (22,0 %)	9.195 (41,0 %)	9.684 (22,3 %)
aus Mandatsträgerbeiträgen und sonstigen regelmäßigen Einnahmen	17.879 (12,6 %)	21.667 (13,8 %)	5.467 (20,9 %)	2.175 (6,9 %)	2.000 (8,9 %)	3.217 (7,4 %)
aus Spenden von natürlichen Personen	12.418 (8,7 %)	8.473 (5,4 %)	2.828 (10,8 %)	5.194 (16,4 %)	1.524 (6,8 %)	7.353 (16,9 %)
aus Spenden von juristischen Personen	6.660 (4,7 %)	2.095 (1,3 %)	383 (1,5 %)	1.878 (5,9 %)	19 (0,1 %)	3.317 (7,6 %)
aus Unternehmenstätigkeiten und Beteiligungen	1 (0,01 %)	9.127 (5,8 %)	0 (0 %)	1.085 (3,4 %)	0 (0 %)	0 (0 %)
aus Veranstaltungen, Vertrieb und sonstigen Tätigkeiten	11.723 (8,2 %)	14.744 (9,4 %)	637 (2,4 %)	2.558 (8,1 %)	192 (0,9 %)	8.135 (18,7 %)
aus staatlichen Mitteln	44.790 (31,4 %)	43.475 (27,7 %)	10.079 (38,6 %)	9.989 (31,5 %)	8.814 (39,3 %)	10.711 (24,6 %)
aus sonstigem Vermögen	4.367 (3,1 %)	8.836 (5,6 %)	341 (1,3 %)	1.642 (5,2 %)	455 (2,0 %)	929 (2,1 %)
aus sonstigen Einnahmen	2.686 (1,9 %)	979 (0,6 %)	813 (3,1 %)	185 (0,6 %)	230 (1,0 %)	108 (0,3 %)
Gesamteinnahmen	142.451 (100 %)	156.981 (100 %)	26.138 (100 %)	31.664 (100 %)	22.433 (100 %)	43.459 (100 %)

aus den Rechenschaftsberichten der Parteien 2007

Die Parteienfinanzierung

M 8

Die Parteien in Deutschland finanzieren sich im Wesentlichen aus drei Quellen: Mitgliedsbeiträgen, Spenden und staatlichen Mitteln. Daneben erwirtschaften manche Parteien erhebliche Mittel aus Unternehmertätigkeit, Beteiligungen, Vermögen und mit der Durchführung von Veranstaltungen sowie dem Vertrieb von Druckschriften und Veröffentlichungen. Die staatliche Parteienfinanzierung ist strikten Regeln unterworfen. Über die Einnahmen müssen die Parteien in jährlichen Berichten Rechenschaft ablegen.

Staatliche Parteienfinanzierung

Zuschüsse für Wählerstimmen

- je 0,85 € für die ersten 4 Millionen Stimmen
- 0,70 € für jede weitere Stimme bei Bundestags-, Europa- und Landtagswahlen

Voraussetzung: ein Stimmenanteil von mind. 0,5 % bei den Wahlen auf Bundesebene beziehungsweise 1,0 % bei Landtagswahlen.

Zuschüsse zu den Beitrags- und Spendeneinnahmen

- 0,38 € für jeden Euro aus privaten Beiträgen und Spenden (bis zu einem Betrag von 3300 € pro Person und Jahr)

Die staatlichen Zuschüsse dürfen nicht höher sein als die eigenen Einnahmen einer Partei. Für alle Parteien zusammen dürfen sie die Obergrenze von 133 Millionen Euro pro Jahr nicht übersteigen.

Autorentext

Aufgaben

1. Art. 21 Abs. 1 Grundgesetz fordert, dass Parteien demokratisch aufgebaut sein müssen. Erstellen Sie einen Katalog von Einflüssen, die das demokratische Prinzip gefährden (M 5).
2. Der Text M 6 fasst einige Maßnahmen zusammen, die die Attraktivität von Parteien erhöhen sollen. Welche Maßnahmen sind Ihrer Meinung nach am besten dazu geeignet? Nehmen Sie Stellung.
3. Überprüfen Sie (ggf. arbeitsteilig) anhand der Internetauftritte der im Bundestag vertretenen Parteien, inwieweit die Beobachtungen des Autors zu den „neuen Kommunikationsformen" der Parteien zutreffen (M 6).
4. Vergleichen Sie die Zusammensetzung der Einnahmen der Parteien. Welche Unterschiede stellen Sie fest und wie sind diese möglicherweise zu erklären? Diskutieren Sie die Problematik der unterschiedlichen Einnahmequellen (M 7, M 8).
5. In den USA gibt es keine staatliche Parteienfinanzierung. Stellen Sie Vor- und Nachteile dieser Regelung gegenüber.

Wissen kompakt

Parteiensystem
M 1 – M 4

Die Wettbewerbsbeziehungen der Parteien untereinander werden als **Parteiensystem** bezeichnet. Bestimmend sind Anzahl, Stärke und Koalitionsfähigkeit der Parteien. Wesentlichen Einfluss auf die Ausgestaltung des Parteiensystems haben die von den Parteien thematisierten sozialen Grundkonflikte („social cleavages") einer Gesellschaft und das Wahlsystem (Mehrheitswahlsystem oder Verhältniswahlsystem). Das bundesdeutsche Parteiensystem reicht in seinen Grundorientierungen bis in die Mitte des 19. Jahrhunderts zurück. Die dominierenden Konfliktlinien bewegen sich in der Bundesrepublik Deutschland zwischen den Polen Liberalität, Autorität, Marktfreiheit und dem Bemühen um sozialen Ausgleich. Das Parteiensystem entwickelte sich seit 1949 in vier Phasen:

- Vielzahl von Parteien und Gruppierungen in der Gründungsphase,
- Konzentration auf ein symmetrisches Drei-Parteiensystem bis in die 1980er Jahre (CDU/CSU, SPD, FDP),
- anschließend mit den Grünen Erweiterung auf ein Zwei-Parteigruppensystem mit CDU/CSU, FDP auf der einen und SPD und Grünen auf der anderen Seite,
- seit den 1990er Jahren Erweiterung auf ein asymmetrisches Fünf-Parteiensystem mit der gestiegenen Wahrscheinlichkeit von Dreier-Koalitionen nach Wahlen.

Innerparteiliche Demokratie
M 5, M 6

Das Grundgesetz verlangt von den Parteien eine demokratisch organisierte **Binnenstruktur**: Willensbildung und Führungspersonal sind also von unten nach oben zu legitimieren. In der Praxis sind aber auch weitere Einflüsse wichtig, so vor allem der Druck der Öffentlichkeit, Koalitionsüberlegungen oder das Bemühen der Parteiführung um eine geschlossene Präsentation der Partei in der Öffentlichkeit.

Alle Parteien, aber insbesondere die Volksparteien CDU und SPD, leiden unter einem massiven Mitgliederschwund. Dieser verschärft das Glaubwürdigkeits-, Legitimations- und Imageproblem der Parteien. Die Parteien wollen diesem negativen Trend mit

- neuen Formen der Mitgliedschaft,
- neuen Kommunikationsformen im Inneren und nach außen
- und neuen Formen innerparteilicher Mitwirkung entgegenwirken.

Parteienfinanzierung
M 7, M 8

Zur Glaubwürdigkeit und Akzeptanz der Parteien soll auch eine hohe Transparenz bei der **Parteienfinanzierung** beitragen. Sie wurde im Lauf der letzten Jahrzehnte immer wieder neu gesetzlich geregelt. Die wichtigsten finanziellen Quellen sind Mitgliedsbeiträge, Spenden und staatliche Mittel. Staatliche Mittel umfassen Zuschüsse für Wählerstimmen (Wahlkampfkostenerstattung) und Zuschüsse für private Mitgliedsbeiträge und Spenden.

Wahlen

6

Das Bild zeigt einen bayerischen Wähler bei der Stimmabgabe. Warum geht er zum Wählen? Ist klar, was oder wen er wählt? Warum macht er sein Kreuz an dieser oder jener Stelle? Wie viele Kreuze macht er eigentlich? Entscheidet er sich in dieser Sekunde oder steht die Entscheidung schon lange fest? Hat sein Outfit am Wahltag eine Bedeutung? Was könnte er mit seiner Stimme bewirken? Hat sie Einfluss auf sein eigenes Leben? Ist das der Akt der Volkssouveränität? Wären Wahlen vielleicht längst abgeschafft, wenn sie etwas verändern würden?

Sollte man sie nicht besser auslosen, die Personen, die Parlaments- und Regierungsgeschäfte übernehmen sollen? Dann hätte doch wirklich jeder die Chance, dabei zu sein und alle Bevölkerungsgruppen wären repräsentativ vertreten. Und würde man die Parlamentsmitglieder alle vier oder fünf Jahre neu auslosen, könnten sich auch keine Verkrustungen oder Privilegien bilden.
Eigentlich ist der Gedanke verführerisch. Er hat aber wenig mit unserem Verständnis von Demokratie zu tun. Volkssouveränität heißt für uns, dass wir Einfluss darauf nehmen wollen, wer regiert und wie regiert wird. Das Wählen ist dabei mehr als nur eine Technik, um die Abgeordneten und die Inhaber von Staatsämtern durch Mehrheitsbeschluss zu bestimmen. Es ist der zentrale Mechanismus, um Herrschaftsträger zu legitimieren. Sie können „Folgebereitschaft" einfordern, weil sie vom Wähler gewollt sind.

Das Kapitel Wahlen will die Bedeutung des Verfahrens zur Herrschaftsbestellung deutlich machen. Dazu wird in Kapitel 6.1 der Zusammenhang zwischen Wahlen und Demokratie untersucht.

Anschließend wird das Verfahren der Bundestagswahl und seine Auswirkungen erklärt (Kapitel 6.2).

In Kapitel 6.3 werden Bedeutung und Entwicklungstendenzen von Wahlkämpfen in der Bundesrepublik Deutschland aufgezeigt.

Tipps & Links

Lernen vor Ort

- Die letzten Europa-, Bundes-, Landtagswahlen – Vergleichen Sie (ggf. arbeitsteilig) Wahlsysteme, Kandidaten, Parteien, Auswirkungen auf lokaler Ebene.
- Unter www.forschen-mit-grafstat.de stellt eine Arbeitsgruppe der Universität Münster Bausteine zum Thema Wahlen zur Verfügung. Sie sind dort auch als CD-ROM erhältlich.

Referieren und Präsentieren

- Wer wählt wen und warum? Einflussfaktoren auf das Wählerverhalten
- „Amerikanisierung von Wahlkämpfen" – Was versteht man darunter?
- Veränderungen in der Wahlkreisgeographie: Ursachen – Entwicklungen – Auswirkungen
- Wahlsysteme in anderen Ländern – Modelle für Deutschland?
- Der Einfluss des Wahlsystems auf das Parteiensystem

Weiterlesen

- Karl-Rudolf Korte, Wahlen in Deutschland, Bonn 2009 (Bundeszentrale für politische Bildung)
  Neben den unterschiedlichen Wahlen und ihren spezifischen Merkmalen beschreibt der Autor Wahlsysteme, Wahlverfahren, Wahlrechtsgrundsätze und die Rolle der Parteien.

- Informationen zur politischen Bildung aktuell, Wahlen 2009, Bonn 2009 (Bundszentrale für politische Bildung)
  Grundinformationen zu den aktuellen Wahlen und sämtlichen Wahlsystemen in Deutschland, außerdem Informationen zur Europawahl, online unter www.bpb.de > Publikationen > info aktuell (Die Beilage wird regelmäßig aktualisiert)

- Dieter Nohlen, Wahlen und Parteiensystem, 6. Aufl., Stuttgart 2004 (UTB)
  Für eine intensive Beschäftigung mit dem Thema Wahlen. Nohlen gibt einen breiten, international vergleichenden Überblick über die existierenden Wahlsysteme und untersucht insbesondere die Auswirkungen auf das Parteiensystem.

Recherchieren

www.bpb.de
Die einschlägigen Seiten der Bundeszentrale für politische Bildung liefern nicht nur alle relevanten Zahlen und Fakten, sondern bieten auch eine Vielzahl an historischen und aktuellen Wahlplakaten und Wahlspots an. Für Recherchen geeignet sind insbesondere die Dossiers „Wahlthemen" und „Wahlen in Deutschland" sowie Informationen zu Wahlkampf, Wahlprognose und Wahlanalyse und die Umfrageergebnisse zum Wahlverhalten.

www.bundeswahlleiter.de
Auf der offiziellen Seite des Bundeswahlleiters finden sich alle rechtlichen Unterlagen zu Parteien und Wahlen, die offiziellen Statistiken und Ergebnisse sowie Informationen für Wähler wie z. B. das „ABC zur Bundestagswahl".

www.wahlrecht.de
Die Seiten liefern neben allen relevanten Wahl-Daten aus Bund, Ländern, Kommunen und Europa auch Unterlagen zum Wahlrecht in Theorie und Praxis und die Ergebnisse zur aktuellen Sonntagsfrage sowie Informationen zu Wahlen im Ausland.

www.juniorwahl.de
Das Schulprojekt des Kumulus e.V., eines ehrenamtlichen Berliner Kulturvereins, bietet realitätsnahe Wahlsimulationen an. Zur Vor- und Nachbereitung der Wahlsimulation im Unterricht wird didaktisches Begleitmaterial zur Verfügung gestellt.

6.1 Wahlen: geregelter Zugang zur Herrschaft

Der Wähler – wie der Karikaturist ihn sieht

M 1

Karikatur: Manuel König

„Wählen gehen – warum eigentlich?“

M 2

Manchen Bürgern ist nicht so ganz klar und einsichtig, welch außerordentliche Bedeutung der Wahlakt für die Demokratie besitzt. Durch die Wahlen zum Deutschen Bundestag wird über die parteipolitische Zusammensetzung und damit über die Machtverteilung im höchsten politischen Organ unserer Verfassung entschieden. Die Zusammensetzung des Parlaments in Form von Sitzen oder Mandaten ist die Grundlage für die Bildung der Bundesregierung, die ihrerseits von der Mehrheit des Parlaments gewählt werden muss. Der Wähler hat es somit weitgehend in der Hand zu bestimmen, wer die Regierungsmacht in unserem Staat ausüben soll. Gewiss hat der Einzelne dabei nur eine Stimme unter vielen Millionen, aber die vielen einzelnen Stimmen summieren sich zu einem Gesamtergebnis, das über die Richtung entscheidet, welche die Politik der Bundesrepublik nehmen soll.

Demokratische Legitimation

Demokratische Wahlen sind auch deshalb wichtig, weil durch sie die zu wählenden Abgeordneten als Volksvertreter legitimiert werden. Alle großen Demokratien sind darauf angewiesen, die Regelung der politischen Angelegenheiten an Repräsentanten zu übertragen, die stellvertretend für das Volk die Gesetzgebung und die Regierungsgeschäfte wahrnehmen. Doch beim Volk, also bei den Bürgern, liegt die Souveränität, das heißt die Macht, durch die Wahlen diejenigen Personen zu bestimmen, die das für das Wohl des Volkes so wichtige politische Geschäft auszuüben haben und sich dafür bei künftigen Wahlen vor dem Volk verantworten müssen.

Chance zur politischen Korrektur

Demokratische Wahlen haben auch das Gute an sich, dass ihre Ergebnisse nicht endgültig sind. Gewiss sind die Ergebnisse einer Bundestagswahl für die Dauer der so genannten Wahlperiode verbindlich, aber vier Jahre später ist in der Regel Schluss mit dem durch die Wähler erteilten politischen Auftrag an ihre Repräsentanten. Dann müssen diese sich wiederum in einer Wahl vor dem Volk verantworten. Dabei wird womöglich ganz anders entschieden als bei der vorausgegangenen Wahl. Dies macht die Lebendigkeit der Demokratie aus und verleiht den Wahlen eine so große Bedeutung für die geschichtliche Entwicklung. Wahlen bieten eine Chance, politische Korrekturen vorzunehmen.

Wichtige Einrichtung der Demokratie

Wählen zu dürfen ist ein Privileg, auch wenn es dem einen oder anderen Kopfzerbrechen bereiten mag, welcher Partei er seine Stimme geben soll. Wo es keine freien Wahlen gibt, in denen man ungehindert zwischen verschiedenen Personen und politischen Parteien auswählen kann, herrscht auch keine Freiheit. Ich halte nichts davon, aus dem Wahlrecht auch eine Wahlpflicht zu machen, denn es sollte auch die Freiheit geben dürfen, nicht zur Wahl zu gehen. Doch wer sich vor Augen führt, wofür Geschichte und Gegenwart leider viele Beispiele bieten, wie machtlos, hilflos und entscheidungslos ein Volk ist, das überhaupt nicht wählen darf, oder dem man, wie seinerzeit in der DDR, beim Wählen keine Wahl lässt, der kann leicht ermessen, was für ein Gewinn es ist, in persönlicher Verantwortung die Entscheidung zwischen Kandidaten und ihren Parteien treffen zu dürfen. Darin zeigt sich die politische Freiheit.

Demokratische Willensbildung

Der Wahlakt selbst, mit dem wir den Gewählten die demokratische Weihe verleihen, ist, wie es sich für eine so nüchterne Angelegenheit gehört, keine feierliche Sache. Wir bekommen die Wahlzettel ausgehändigt, gehen in die Kabine und machen unsere Kreuze an den Stellen, die wir gemäß unseren politischen Vorstellungen für die richtigen halten. Aber wenn wir das keineswegs selbstverständliche Privileg, frei wählen und entscheiden zu dürfen, in Anspruch genommen haben, dürfen wir zufrieden sein, unseren bescheidenen Anteil an der demokratischen Willensbildung geleistet zu haben. Es gibt in der Demokratie keine Institution, in der es so ausschließlich auf den Bürger ankommt wie bei den Wahlen zu den Volksvertretungen. Diese Chance sollte man sich nicht entgehen lassen.

Kurt Sontheimer, Blickpunkt Bundestag, 3.9.1998

M 3 Keine Demokratie ohne Wahlen – einige Fakten

Demokratie

Wichtigste Kennzeichen sind die Volkssouveränität und die Beschränkung politischer Herrschaft. Das bedeutet nicht, dass das Volk unmittelbar die Herrschaft ausübt. Dies geschieht nur in einer direkten Demokratie. Hier werden Entscheidungen bei Volksversammlungen durch Volksabstimmungen getroffen. Dagegen werden bei der repräsentativen Demokratie politische Entscheidungen von einer Volksvertretung gefällt. Dabei gibt es zwei wichtige Varianten: Im parlamentarischen System (zum Beispiel Deutschland, Großbritannien) wählen die Bürger das Parlament, welches wiederum die Regierung wählt. Im präsidialen System (zum Beispiel Frankreich, USA) wird neben dem Parlament auch das Staatsoberhaupt als Kopf der Exekutive vom Volk direkt gewählt.

Aktivistinnen fordern vor dem Parlament in Kuwait City das Wahlrecht für Frauen. 2005 wurde es eingeführt.

Wahlrecht

Eines der wichtigsten Bürgerrechte in der Demokratie. Aktives Wahlrecht bedeutet, dass Bürger wählen dürfen, passives Wahlrecht bezieht sich auf das Recht, selber gewählt zu werden. Bei der Bundestagswahl haben alle Bürgerinnen und Bürger, die das 18. Lebensjahr vollendet haben, aktives und passives Wahlrecht. Das Wahlrecht ist nicht an Merkmale wie Rasse, Geschlecht oder Herkunft gebunden. Jede Stimme hat das gleiche Gewicht und wird direkt, ohne Vermittlung durch einen fremden Willen, abgegeben. Und es ist dafür zu sorgen, dass die Entscheidung des Einzelnen geheim bleibt. In Deutschland wurde das allgemeine, gleiche, direkte und geheime Wahlrecht für Männer 1849 eingeführt, für Frauen erst 1918. Neuseeland war 1893 der erste neuzeitliche Staat, in dem Frauen das Wahlrecht erkämpft haben. [...]

Scheindemokratien

Einige Staaten nennen sich zwar „Demokratie" oder „Republik". Ihnen fehlen aber wesentliche demokratische Züge wie allgemeine, freie, gleiche und geheime Wahlen oder Grundrechte. So gibt es in vielen Diktaturen zwar Abstimmungen. Bei diesen geht es aber nur darum, den Machthaber in einem propagandistischen Akt zu bestätigen. Eine Abwahl oder gar alternative Kandidaten sind nicht vorgesehen. So nennt sich das von dem Alleinherrscher Kim Jong Il regierte kommunistische Nordkorea zwar „Demokratische Volksrepublik Korea", doch demokratische Prinzipien sind in dem autoritär regierten Land nicht verwirklicht.

Glasklar Nr. 2, 31.8.2005, S. 13 (17.7.2008)

Wahlen und Demokratie: Wie kommt Herrschaft zustande?

M 4

Akzeptanz des Mehrheitsprinzips

Wahlen und Demokratie hängen eng zusammen: Ohne Wahlen zu den Institutionen der politischen Macht gibt es keine Demokratie [...]. Voraussetzung dafür ist jedoch, dass ein Minimum an gemeinsamen Grundüberzeugungen in der Gesellschaft vorhanden ist. Dazu gehört die Anerkennung des Mehrheitsprinzips als Grundlage der Entscheidungsfindung. Das Mehrheitsprinzip beschreibt einen Rechtsgrundsatz, nach dem sich eine Minderheit – das sind diejenigen, die bei einer Abstimmung unterliegen – dem Beschluss der Mehrheit zu fügen hat. [...] Nach dem Verständnis des Grundgesetzes der Bundesrepublik Deutschland sind Mehrheitsentscheidungen nur dann akzeptabel, wenn das Recht der politischen Minderheit gesichert ist. Doch durch was? Zunächst einmal durch die Garantie der gleichen Ausgangschancen, ihre Meinung im politischen Wettbewerb durchzusetzen. Dazu eignen sich Wahlen, denn sie legitimieren die Herrschaft nur auf begrenzte Zeit. Keine Gruppierung regiert auf Dauer. Mehrheitsdemokratische Elemente werden jedoch auch durch Gerichte und durch den gewaltenteilenden Föderalismus durchbrochen. Und letztlich dient auch die grundsätzliche Möglichkeit, dass eine neue Mehrheit im Parlament Beschlüsse der alten Mehrheit ändert, dem Minderheitenschutz. [...]

Grundfunktionen und Merkmale demokratischer Wahlen

- *Repräsentation des Volkes:* Die Gewählten, z. B. die Abgeordneten, repräsentieren die Gesamtheit der Bürger. Repräsentiert wird das gesamte Volk. Jede soziale Gruppe muss sich an dem politischen Wettbewerb beteiligen können, um die Offenheit der Machtkonkurrenz zu gewährleisten. Repräsentative Demokratien verlangen Mehrheitsentscheidungen.
- *Legitimation und Kontrolle von politischer Herrschaft:* Durch Wahlen legitimieren die Wähler bestimmte Personen, politische Funktionen auszuüben. Diese Personen sind legitimiert, im Namen aller und für alle verbindlich zu entscheiden. Durch die regelmäßige Wiederholung der Wahl gewinnt sie die Funktion der Machtkontrolle. Die Opposition muss immer die Chance haben, an die Macht zu kommen.
- *Integration der Meinungen:* Die Wahl ist die Stimmabgabe jedes einzelnen Wahlberechtigten. Das Wahlergebnis spiegelt insgesamt die Willensartikulation der Wähler wider. Durch die Wahlen erfolgen eine Integration des gesellschaftlichen Pluralismus und die Bildung eines politisch aktionsfähigen Gemeinwillens. Letzteres ist jedoch auch vom jeweiligen Wahlsystem abhängig, das die Integration der Wählerschaft fördern oder auch hemmen kann. Nicht immer geht aus dem Wahlprozess eine handlungsfähige Regierung hervor. Je strikter sich die politischen und die sozialen Gruppen voneinander abkapseln, desto weniger sind die Funktionsbedingungen der Integration der Meinungen durch Wahlen zu erreichen.

Karl-Rudolf Korte, Wahlen in Deutschland, Bonn 2009, S. 9 ff.

M5 Wahlsysteme im Vergleich

Laut Bundeswahlgesetz wird der Bundestag „nach den Grundsätzen einer mit der Personenwahl verbundenen Verhältniswahl" gewählt. Das Wahlsystem der Bundesrepublik ist aber nur eines von mehr als 250 verschiedenen Wahlverfahren. Diese lassen sich auf zwei Grundtypen zurückführen: *Mehrheitswahl und Verhältniswahl.* Sie unterscheiden sich in der Art und Weise, wie die Stimmen der Wählerinnen und Wähler in Mandate verwandelt werden. Dabei handelt es sich um mehr als ein bloß formelles Problem. Die Zusammensetzung des Parlaments fällt je nach Wahlsystem unterschiedlich aus. In der parlamentarischen Demokratie bestimmt das Wahlsystem darüber, wer die Regierung stellen kann. [...]

Verhältniswahl

Die Grundvorstellung der Verhältniswahl ist, dass im Parlament alle gesellschaftlichen Gruppen gemäß ihrem Anteil an Wählerstimmen vertreten sind. Es soll die „Landkarte" der Gesellschaft sein. Deshalb ist die Anzahl der Sitze, die jede Partei erhält, proportional zu der Anzahl ihrer Stimmen. So gehen nicht wie bei der Mehrheitswahl Stimmen verloren. Sie zählen alle gleich und haben den gleichen Erfolgswert. [...]

Relative Mehrheitswahl

Bei der relativen Mehrheitswahl wird das Wahlgebiet in so viele Wahlkreise unterteilt, wie Abgeordnete zu wählen sind. Jeder Wahlkreis wählt einen Abgeordneten. Man spricht daher von Einpersonenwahlkreisen. Der Wähler hat eine Stimme, die er einem der Kandidaten gibt. Der Kandidat, der mehr Stimmen als jeder andere seiner Mitbewerber (d. h. die relative Mehrheit) auf sich vereinigt, zieht ins Parlament ein. Die Stimmen für die unterlegenen Kandidaten gehen verloren („The winner takes it all"-Prinzip). Die Zusammensetzung des Parlaments ist leicht durchschaubar, da sich in der Regel klare Mehrheiten bilden. Die relative Mehrheitswahl hat einen „mehrheitsbildenden Effekt".

Absolute Mehrheitswahl

Bei der absoluten Mehrheitswahl wird wie bei der relativen Mehrheitswahl in Einpersonenwahlkreisen gewählt. Ein Kandidat schafft im ersten Wahlgang den Einzug ins Parlament nur, wenn er die absolute Mehrheit (also mehr als 50 Prozent der Stimmen) erringt. Da dies selten gelingt, fällt gewöhnlich ein zweiter Wahlgang an. In ihm ist die relative Mehrheit der Stimmen ausreichend. Im zweiten Wahlgang kommt es meist zu Wahlabsprachen. Parteien, deren Chancen von vornherein gering sind, empfehlen ihren Wählern die Wahl eines ihnen genehmen und aussichtsreichen Kandidaten. Die Wahlempfehlungen signalisieren meist, welche Parteien miteinander koalieren würden. [...] Die absolute Mehrheitswahl soll wie die relative Mehrheitswahl zu klaren Mehrheiten im Parlament führen. Der mehrheitsbildende Effekt ist in diesem Fall aber nicht so stark wie bei der relativen Mehrheitswahl. [...]

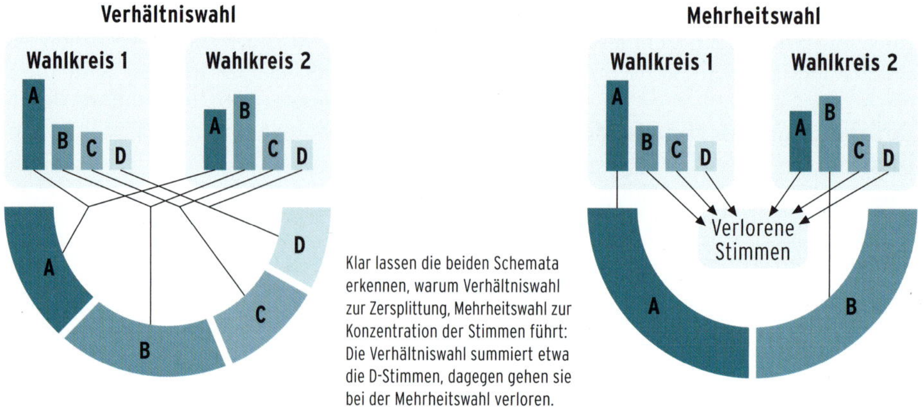

Klar lassen die beiden Schemata erkennen, warum Verhältniswahl zur Zersplittung, Mehrheitswahl zur Konzentration der Stimmen führt: Die Verhältniswahl summiert etwa die D-Stimmen, dagegen gehen sie bei der Mehrheitswahl verloren.

Rechenbeispiel
Ein Beispiel zur absoluten Mehrheitswahl: 60.000 Bürger sind stimmberechtigt. Im ersten Wahlgang geben 25.000 ihre Stimme Kandidat A, 20.000 Kandidat B und 15.000 Kandidat C. Kein Kandidat schafft die absolute Mehrheit. Für den zweiten Wahlgang gibt Kandidat C seinen Wählern die Empfehlung, Kandidat B zu wählen. Es sei angenommen, dass nicht alle seiner Empfehlung folgen. 12.000 schwenken zu B, 3.000 seiner Wähler geben ihre Stimme entgegen der Empfehlung Kandidat A. Kandidat B gewinnt mit 32.000 Stimmen. A erreicht nur 28.000. Das Ergebnis fällt hier also anders aus als bei der relativen Mehrheitswahl.

Karl-Rudolf Korte, Wahlen in Deutschland, Bonn 2009, S. 23 ff.

Aufgaben

1. Einige wenige demokratische Länder haben für ihre Bürgerinnen und Bürger die Teilnahme an der Wahl verpflichtend geregelt. Sammeln Sie Argumente für und gegen die Einführung einer Wahlpflicht (M 2 – M 4).
2. Die regierungsunabhängige und überparteiliche amerikanische Menschenrechtsorganisation „Freedom House" veröffentlicht seit 1972 jährlich Karten und Daten, die die Länder der Erde nach den Kategorien „frei", „teilweise frei" und „unfrei" einteilen. Ein wesentliches Kriterium sind freie und faire Wahlen. Stellen Sie mit Hilfe der Internetseiten von www.freedomhouse.org fest, in welchen Ländern keine freien und fairen Wahlen stattfinden. Ist es gerechtfertigt, diese Länder automatisch als „unfrei" einzustufen? Begründen Sie Ihre Ansicht (M 2 – M 4).
3. „Mehrheit siegt." Dieser Rechtsgrundsatz gilt in der Demokratie auch bei Wahlen, würde aber bei rigoroser Anwendung zur „Tyrannei der Mehrheit" werden (vgl. M 4). Entwickeln Sie Szenarien, in denen diese Regel für die Demokatie schädlich ist.
4. Stellen Sie Vorteile des Verhältniswahlsystems und des Mehrheitswahlsystems gegenüber (M 5).
5. Wahlen regeln in Demokratien den Zugang zur Herrschaft. Klären Sie mit Hilfe eines Lexikons den Begriff „Herrschaft". Sammeln Sie – auch unter Zuhilfenahme von historischen Beispielen – weitere Möglichkeiten, den Zugang zu Herrschaft zu regeln.

Wissen kompakt

Demokratie und Wahlen
M 2, M 3

Durch das Grundgesetz wird die Bundesrepublik Deutschland als repräsentative Demokratie definiert, in der die Bürger nicht ständig selbst politische Entscheidungen treffen, sondern Abgeordnete wählen, die dies in ihrem Auftrag tun. Im Gegensatz zu anderen Formen der Herrschaftsbestellung bietet die **Wahl** die Möglichkeit, das demokratische Prinzip der Volkssouveränität auf direkte, leicht zu handhabende Weise zu praktizieren.

Funktionen von Wahlen
M 4

Weltweit gelten freie Wahlen als ein zentrales Merkmal der Staatsform Demokratie. Fast alle Staaten wollen mit der Abhaltung von Wahlen ihren demokratischen Charakter zeigen. Dazu müssen die Wahlen jedoch folgende **Funktionen** erfüllen:

- Repräsentation des Wählerwillens,
- Legitimation und Kontrolle der Regierenden,
- Integration der Wähler in das politische System,
- Konkurrenz personeller und programmatischer Alternativen.

Qualität von Wahlsystemen

Das jeweils geltende **Wahlsystem** regelt, wie sich aus den Wahlen die Parlamentsmandate ergeben. Unter demokratischen Gesichtspunkten bemisst sich die Qualität eines Wahlsystems danach, ob

- sich alle gesellschaftlich relevanten Gruppen im Ergebnis wiederfinden können,
- es stabile Mehrheiten gewährleistet,
- das Wahlsystem verständlich und transparent ist,
- es allgemein akzeptiert ist.

Jedoch können in einem Wahlsystem nicht gleichzeitig alle Anforderungen voll erfüllt werden. Zwischen der Repräsentationsfunktion und der Konzentrationsfunktion von Wahlsystemen besteht nämlich eine Wechselwirkung: Entweder werden Wählerstimmen proportional repräsentiert oder aber mit dem Ziel der Parteienkonzentration disproportional in Mandate umgerechnet.

Unterschiedliche Wahlsysteme
M 5

Grundsätzlich lassen sich zwei Wahlsysteme unterscheiden:
Mehrheitswahlrecht: Je nach Variante ziehen die in den Wahlkreisen mit relativer oder absoluter Mehrheit gewählten Kandidaten in das Parlament ein. Die so bestimmten Mandatsträger bilden je nach Parteizugehörigkeit und Anzahl die parlamentarische Mehrheit oder die Opposition. Die Stimmen der unterlegenen Kandidaten bleiben unberücksichtigt.
Verhältniswahlrecht: Alle Stimmen werden berücksichtigt. Die von den Parteien erreichten Anteile an den abgegebenen Stimmen sind Grundlage für die Berechnung der politischen Zusammensetzung des Parlaments. Je nach Variante gibt es Unterschiede bei den Möglichkeiten des Wählers, die Kandidatenliste mitzubestimmen oder bei der Umrechnungsmethode von Stimmen auf Mandate.

6.2 Das deutsche Wahlsystem im Fokus

Make your vote count right!

M 1

Nutzen Sie die Besonderheiten des Bundestagswahlrechts, um den Einfluss Ihrer Stimme zu optimieren!

Hier werden Sie nichts darüber erfahren, welche Partei am besten mit den politischen Problemen unseres Landes fertig wird. Wenn Sie aber schon wissen, welche Partei(en) Sie [...] unterstützen wollen, dann sind Sie hier genau richtig: Denn hier erfahren Sie, wie Sie Ihre Stimmen so abgeben, dass sie eine möglichst große Wirkung in Ihrem Sinne entfalten. Wenn man die im geltenden Wahlrecht verborgenen Fallstricke nicht kennt und beachtet, kann es leicht passieren, dass die eigene Stimme wirkungslos verpufft oder sogar der gewählten Partei schadet.

MAKE YOUR VOTE COUNT RIGHT!
(Wählen müssen Sie allerdings noch selber!)

Matthias Cantow, Martin Fehndrich und Wilko Zicht, Tipps und Tricks zur Bundestagswahl 2005, http://www.wahlrecht.de/bundestag/2005/ (17.7.2009)

Die Wahlrechtsgrundsätze

M 2

Die Art. 38 und 39, die ersten beiden „Bundestagsartikel“ des Grundgesetzes, wenden sich der Parlamentswahl und ihren Verfahrensprinzipien zu. Die Abgeordneten des Bundestages werden auf vier Jahre gewählt, wenn es nicht zu einer vorzeitigen Auflösung des Hauses kommt. Die Wahlen zum Bundestag müssen allgemein, gleich, direkt, frei und geheim sein.

- *allgemein:* Das Wahlrecht steht allen Bürgerinnen und Bürgern zu. Niemand mit deutscher Staatsbürgerschaft darf wegen seines Geschlechts, seiner ethnischen Abstammung, seiner Sprache, seines Einkommens und Besitzes, seiner Bildung und seines Berufs, seines Standes und seiner Konfession von der Wahl ausgeschlossen werden – es sei denn, man hat sein Wahlrecht durch richterlichen Beschluss verwirkt. Nur eine systematische Ausgrenzung ist allgemein anerkannt: Wer jünger als 18 Jahre alt ist, darf nicht an Wahlen teilnehmen.
- *gleich:* Die abgegebenen Stimmen dürfen nicht gewichtet werden. Es gilt „one man – one vote“: Jedes Votum zählt gleich viel („identischer Zählwert“). Jedoch kann das Wahlsystem dazu führen, dass Stimmen bei der Umrechnung in Mandatsanteile nicht mehr gewertet werden, beispielsweise wenn die Voten für solche Parteien wegfallen, die eine gesetzte Hürde nicht übersprungen haben (“ungleicher Erfolgswert“).
- *frei:* Es muss die Möglichkeit geben, effektiv zwischen unterschiedlichen antretenden Parteien oder Personen wählen zu können. Einheitslisten widersprechen diesem Prinzip. Darüber hinaus gebietet der Freiheitsgrundsatz, dass die zur Wahl stehenden Optionen in der Tat unterschiedliche Angebote darstellen. Schließlich darf auf die Wähler kein Druck ausgeübt werden, für die eine oder andere Partei zu votieren.
- *geheim:* Die Wähler dürfen bei ihrer Stimmabgabe nicht beobachtet werden können. Sie sollen nicht befürchten müssen, wegen ihres Votums von irgendjemandem zur Rechenschaft gezogen zu werden. Dies könnte ihre Entscheidungsfreiheit erheblich einengen. Deswegen sieht die Wahlordnung ausdrücklich das Vorhandensein von Wahlkabinen vor.

Stefan Marschall, Das politische System Deutschlands, Konstanz 2007, S. 48

M3 Das Wahlsystem zum Deutschen Bundestag

Die Erststimme und ihre Bedeutung

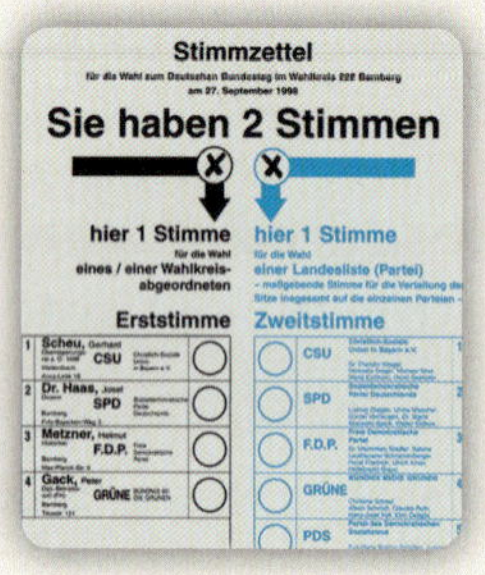

Das Gebiet der Bundesrepublik ist in 299 Wahlkreise eingeteilt. Jeder Wähler entscheidet sich für einen Kandidaten seines Wahlkreises. Gewählt ist, wer mindestens eine Stimme mehr hat als jeder andere Bewerber *(relative Mehrheitswahl)*. Ein gewählter Direktkandidat kommt auf jeden Fall ins Parlament, auch wenn seine Partei die 5%-Hürde nicht schafft.

Die Zweitstimme und ihre Bedeutung

Nach der Gesamtzahl der Zweitstimmen, die für eine Partei bei der Wahl abgegeben werden, richtet sich die Anzahl der Sitze, die diese Partei im Bundestag erhält (*Verhältniswahl*). Die Wähler geben ihre Stimme dabei der Landesliste einer Partei in ihrem Bundesland. 299 Abgeordnete ziehen bei der Sitzverteilung über diese Listen in den Bundestag ein.

Überhangmandate

Hat eine Partei in einem Bundesland mehr Direktmandate errungen als ihr – den Zweitstimmen nach – zustehen, erhält Sie Überhangmandate.

Beispiel: Die Partei B hat im Bundesland Y 28 Direktmandate gewonnen. Nach Zweitstimmen stehen ihr nur 26 Mandate zu. Die zwei fehlenden Sitze erhält die Partei als Überhangmandate. Die Gesamtzahl der Sitze im Bundestag nimmt um die Überhangmandate zu.

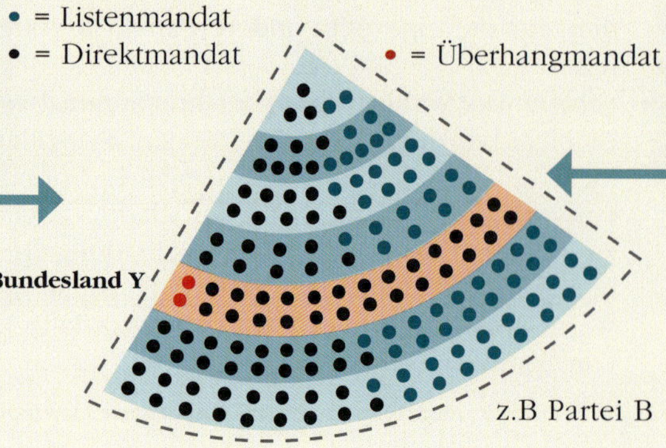

Verteilung der Sitze auf die Parteien

Bei der Vergabe der Sitze werden nur Parteien berücksichtigt, die bundesweit mindestens 5% der Zweitstimmen oder drei Direktmandate errungen haben *(Sperrklausel)*.

Wie viele Abgeordnetensitze den Parteien zustehen, wird mit Hilfe der *Divisormethode mit Standardrundung* (Sainte-Laguë/Schepers) berechnet. Die Stimmen der Parteien, die an der Stimmvergabe teilnehmen, werden dazu durch einen Divisor geteilt. Als Divisor eignet sich die Zahl der durchschnittlich auf einen Sitz entfallenen Stimmen. Die Ergebnisse der Division werden anschließend mit Standardrundung zu ganzen Zahlen auf- oder abgerundet. Die ganzen Zahlen entsprechen der Sitzverteilung. Ist die Summe der Sitze größer/kleiner als die zu vergebenden Sitze, so wird das Verfahren mit einem größeren/kleineren Divisor wiederholt. Beispielrechnung:

Partei	Zweitstimmen	Divisor	Ergebnis	Sitze
A	3.700.000	18.896	195,80	196
B	5.500.000	18.896	291,06	291
C	2.100.000	18.896	111,13	111
598 Sitze zu vergeben	gesamt: 11.300.000	Gesamtstimmenzahl/Gesamtzahl der Sitze	Stimmen für Partei X/Divisor	nach Standardrundung

Die Sitzverteilung nach Zweitstimmen

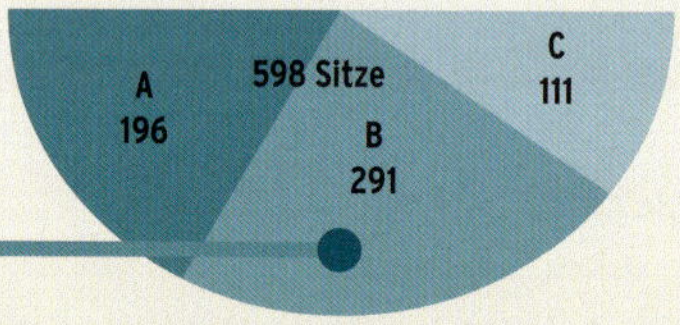

Verteilung der Sitze auf die Landeslisten der Parteien

Der Landesverband einer Partei erhält die Anzahl an Sitzen, die dem Anteil an Zweitstimmen entspricht, der auf seine Landesliste entfiel.

Partei	Sitze insgesamt	Zweitstimmen im Bundesland Y	Gesamtzahl der Zweitstimmen der Partei B		Sitze im Bundesland Y
B	291	x 500.000	: 5.500.000	= 26,45	26

Die Anzahl der errungenen Bundestagssitze wird dann zunächst mit den in dem Bundesland direkt gewählten Wahlkreiskandidaten dieser Partei besetzt (*Direktmandate*), die verbleibenden Sitze mit Kandidaten der Landesliste (*Listenmandate*).

Autorentext

Das Wahlsystem zum Europäischen Parlament

M 4

In den Mitgliedstaaten werden verschiedene Systeme der Verhältniswahl angewandt. In den meisten Ländern wird damit dem Repräsentationsprinzip entsprochen, das jeweils auch für die nationalen Parlamente gilt. Ausnahmen bilden Frankreich und Großbritannien. Die 99 (nach Inkrafttreten des Vertrags von Lissabon 96) deutschen Abgeordneten des Europäischen Parlaments werden nach dem Verhältniswahlrecht bestimmt. Das heißt: Die Zahl der Sitze für eine Partei soll ihrem Stimmenanteil entsprechen. Anders als bei Bundestagswahlen hat jeder Wähler nur eine Stimme. Die Parteien können selbst bestimmen, ob sie mit einer gemeinsamen Liste für alle Bundesländer (Bundesliste) oder mit einzelnen Landeslisten antreten. Eine Wahl in Wahlkreisen findet nicht statt. Wahlberechtigt sind alle Deutschen und in Deutschland lebende Bürger der Europäischen Union (EU), die mindestens 18 Jahre alt sind. Deutsche, die im Ausland leben oder Dienst tun, dürfen vor Ort oder hier wählen. Auch die rund zwei Millionen Bürger aus den übrigen 27 Mitgliedstaaten können hier oder in ihrem Heimatland von ihrem Wahlrecht Gebrauch machen. Bei der Sitzverteilung werden lediglich Parteien berücksichtigt, die mindestens fünf Prozent aller gültigen Stimmen gewonnen haben. Auf diese Parteien werden die verfügbaren 99 Mandate nach dem Divisorverfahren mit Standardrundung nach Saint-Laguë verteilt.

nach: Informationen des Bundeswahlleiters, 12.5.2009

Wahlen zum Deutschen Bundestag 1949 – 2009

M 5

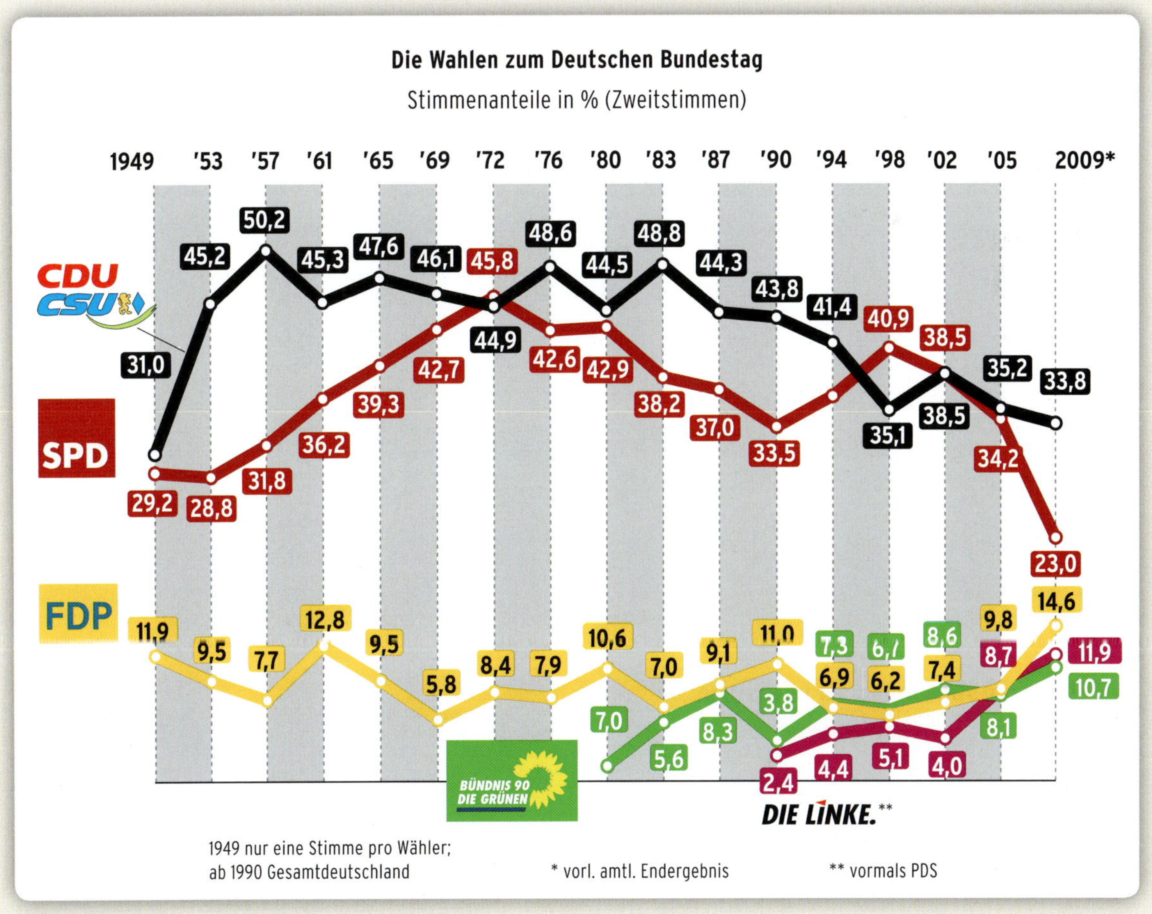

Globus Grafik 3096

M 6 Ergebnisse der Bundestagswahl 2009

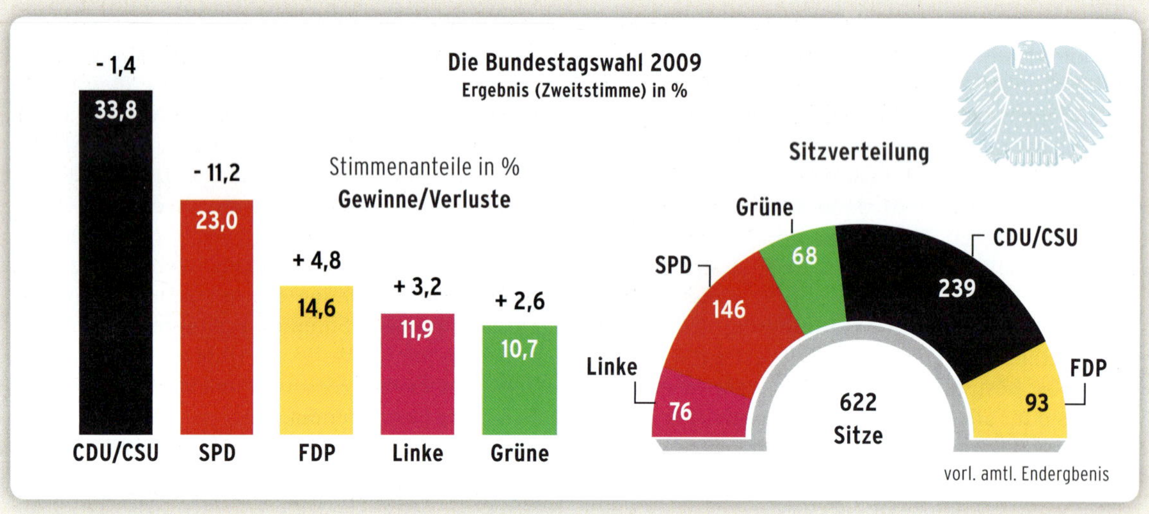

dpa Grafik 11447

M 7 Bundestagswahl 2009 – Wer wählte was?

Wähler nach Altersgruppen in Prozent

	Erstwähler	18-24	25-34	35-44	45-59	60 u. älter
Union	25	25	29	30	31	43
SPD	18	18	17	21	24	27
FDP	14	15	18	16	14	12
Linke	11	11	12	12	14	10
Grüne	16	15	14	15	12	5
Piraten	9	k.A.	k.A.	k.A.	k.A.	k.A.

Wähler nach Tätigkeit in Prozent

	Arbeiter	Angestellte	Selbstständige	Rentner	Arbeitslose
Union	28	33	33	40	22
SPD	24	21	14	29	23
FDP	13	16	26	13	10
Linke	18	11	7	12	25
Grüne	7	14	14	5	9

Wähler nach Bildungsgrad in Prozent

	Hauptschule	Mittl. Reife	Abitur	Hochschule
Union	37	34	30	31
SPD	28	21	21	20
FDP	13	15	16	15
Linke	11	14	11	10
Grüne	5	9	16	18

Umfrageergebnisse von infratest dimap und Forschungsgruppe Wahlen

Wahlanalyse: Kleine ganz groß

M8

Dass die „Sonstigen“ diesmal so gut abschnitten, liegt vor allem an einer Partei: den Piraten. Sie nahmen das erste Mal an einer Bundestagswahl teil und holten aus dem Stand 2 Prozent (845.904 Stimmen). Ein beachtliches Ergebnis für die junge, erst im September 2006 gegründete Partei. Sie zählt schon heute mehr als 9.000 Mitglieder und besitzt Landesverbände in allen 16 Bundesländern. Viel bemühte Politiker-Vokabeln wie Wachstum und Arbeitsplätze kommen im Wahlprogramm der Piratenpartei nicht vor. Stattdessen setzt sie auf die Themen Datenschutz und Internet. 13 Prozent der männlichen Erstwähler honorierten das mit ihrem Kreuz. Mit Hilfe der Wahlkampfkostenerstattung werden sich die Piraten jetzt noch besser organisieren können. Anspruch hat jede Partei, die mindestens 0,5 Prozent der Stimmen erreicht hat. 0,85 Euro pro Stimme gibt es bis zu einer Gesamtzahl von 4 Millionen Stimmen, 0,70 Euro für alle darüber hinaus erzielten. Könnten die Piraten so bald den größeren Parteien Konkurrenz machen? Parteienforscher Niedermayer glaubt das nicht. Er sieht weder die Piraten noch eine andere Partei im nächsten Bundestag: „Ich erkenne im Moment keine große neue Konfliktlinie in der Gesellschaft, die nach einem politischen Ausdruck schreit und die von den traditionellen Parteien nicht genauso organisiert werden könnte.“ Auch das Thema Datenschutz, wenngleich zuletzt heiß diskutiert, hält Niedermayer nicht für ein „Katalysatorthema“, das den Piraten den Weg ins Parlament ebnen könnte. „Das Thema ist bei den Grünen am sinnvollsten aufgehoben. Sie haben es zwar bisher versäumt, sich darum zu kümmern, aber sie werden es nachholen.“ Will heißen: Sobald ein Thema gesellschaftlich relevant wird, greifen es mit hoher Wahrscheinlichkeit auch die größeren Parteien auf. Die Ein-Themen-Partei, insofern ein wirksames „Frühwarnsystem“ für die „Großen“, verliert ihre Bedeutung und damit den Großteil ihrer Wähler. Doch es hat in den zurückliegenden Jahrzehnten auch Ausnahmen von diesem Prinzip gegeben: Die Grünen, Die Linke, aber auch die rechtsextremen Parteien haben gesellschaftliche Konflikte mit Erfolg aufgegriffen. Sie haben sich – wenn auch auf unterschiedlichem Niveau – im deutschen Parteiensystem etabliert: die Grünen zu Beginn der 1980er Jahre aufgrund ihrer Umwelt- und Friedenspolitik, die rechten Parteien im selben Jahrzehnt wegen des Streits um die Zuwanderung und Die Linke, als Vertreterin ostdeutscher Interessen und Verfechterin des Sozialstaats. Der Berliner Soziologe Dieter Rucht glaubt durchaus, dass sich solche Erfolge in naher Zukunft wiederholen könnten – und dass vielleicht bald eine sechste oder siebte Partei im Parlament sitzen wird. „Sobald die besser informierten Wechselwähler den Eindruck haben, dass die Unterschiede zwischen den Parteien nicht groß genug sind, schauen sie sich nach neuen Akteuren um“, sagt Rucht und gibt zu Bedenken: „Wenn das Wählerpotenzial der Volksparteien weiter abschmilzt, ist auch mehr Platz für kleinere Parteien.“

Johanna Metz, Das Parlament, 5.10.2009

M 9 Kontrovers diskutiert: Das Wahlsystem zum Bundestag

a) Gute Erfahrungen mit der Verhältniswahl

Wie gut ist Deutschland mit seinem personalisierten Verhältniswahlrecht mit Sperrklausel gefahren? Die Zeiten des erbitterten Streits zwischen Befürwortern des Mehrheitswahlrechts nach britischer Art und Anhängern der Verhältniswahl sind vorüber. Das erfreut verständlicherweise Parteien, denen die Verhältniswahl besonders gut bekommt, insbesondere die kleineren Parteien wie die FDP, die Grünen und die Linkspartei. Doch Befürworter der Verhältniswahl sind mittlerweile auch in großer Zahl in den großen Parteien zu finden. Insgesamt hat sich das deutsche Wahlsystem bewährt, so lautet das Urteil der großen Mehrheit der Experten in der Politikwissenschaft und der Staatsrechtslehre. [...] Ausländische Experten rühmen das Wahlsystem bei Bundestagswahlen nicht zuletzt dafür, dass es politische Minderheiten respektiert und doch die übermäßige Zersplitterung des Parteiensystems verhindert. [...] Dass die Verhältniswahl notwendig ein fragmentiertes Parteiensystem hervorbringe, politische Instabilität zufolge habe, die Innovationsfähigkeit von Regierungen blockiere und die Mobilisierung von Abwehrkräften gegen Demokratiegegner verhindere, lässt sich weder an der Bundesrepublik Deutschland noch an der großen Mehrzahl der anderen etablierten Demokratien mit Verhältnissystem exemplifizieren. Und dass Staaten mit Mehrheitswahlsystem systematisch bessere Politikresultate als Länder mit Verhältniswahl vorweisen könnten, trifft nach 1945 ebenfalls nicht zu – mit einer Einschränkung. Die Einschränkung trifft die Zahl der „Vetospieler“, die einem Politikwechsel im Wege stehen: Diese ist in Ländern mit Verhältniswahlrecht in der Regel größer als in Staaten mit Mehrheitswahlsystem. Und deshalb verfügen die Regierungen, die aus einer Mehrheitswahl hervorgehen, unter Umständen über größere Handlungsspielräume als die Regierungen der Verhältniswahlländer. Die personalisierte Verhältniswahl hat die wichtigsten Gütekriterien von Wahlsystemen „einigermaßen ausgewogenen erfüllt“ – insbesondere Repräsentation, Partizipation, Interessenbündelung, Einfachheit und Legitimität. So urteilte einer der führenden Experten der Wahlsystemforschung.

Manfred G. Schmidt, Das politische System Deutschlands, München 2007, S. 51 ff.

b) Wir brauchen die Mehrheitswahl

Um die Frage zu beantworten, ob ein Wahlsystem gerecht ist, muss zunächst die Frage beantwortet werden, woran die Wahlrechtsgerechtigkeit zu messen ist. Traditionell wird sie an der Proportionalität zwischen Wählerstimmen und Parlamentsmandaten gemessen. Die ist durchaus eine wichtige Größe, aber keineswegs die einzige – und auch nicht die entscheidende. Schließlich hat in parlamentarischen Regierungssystemen wie dem der Bundesrepublik der (faktische) Einfluss der Parteien auf die Regierungsbildung und Regierungspolitik eine weitaus größere Bedeutung als die bloße Repräsentation der Parteien im Parlament. Bei einer Betrachtung der Regierungsebene wird das Gerechtigkeitsargument regelrecht auf den Kopf gestellt. Während die Mehrheitswahl in der Regel dazu führt, dass die stimmenstärkste Partei eine absolute Parlamentsmehrheit erhält und in der Folge (allein) die Regierung stellen kann (und damit die Wähler quasi direkt über die Regierungspartei abstimmen), bewirkt die Verhältniswahl in der Regel, dass die Regierung nicht bei der Parlamentswahl, sondern danach (in Form einer Koalition) gebildet wird. Dies kann – wie die Bundestagswahl 2005 belegt – dazu führen, dass eine weder von den Parteien noch von den Wählern (mehrheitlich) gewollte Regierung zustande kommt. [...] Die große Koalition ist allerdings nicht nur eine aus politischer Sicht ungewollte, sondern auch eine aus demokratietheoretischer Sicht unerwünschte Regierungsform. Schließlich impliziert sie eine zu kleine Opposition. [...] Dies bedeutet jedoch nicht, dass eine kleine Koalition unproblematisch ist. Schließlich gibt sie kleinen Parteien einen viel zu großen Einfluss – personell, programmatisch, machtpolitisch. Dies kann auch dazu führen, dass der eigentliche Wahlsieger faktisch zum Verlierer wird: Gelingt es der stimmenstärksten Parteien nicht, die absolute Mehrheit der Mandate zu gewinnen oder eine Koalition zu bilden, ist der Wahlsieg letztlich ein Pyrrhussieg – und der häufig beschworene Auftrag zur Regierungsbildung Makulatur. Das Gerechtigkeitsargument ist vor diesem Hintergrund also ein Argument für die Mehrheitswahl. Allerdings nicht das einzige. Die klassischen Argumente für die Mehrheitswahl sind das „Regierbarkeits-“ und das „Steuerungsargument“: die These, dass die Mehrheitswahl stabilisiere, und die These, dass die Mehrheitswahl handlungsfähigere Regierungen hervorbringe als die Verhältniswahl. [...] Dass eine Partei allein die Regierung stellen und ihr Wahlprogramm umsetzen kann, hat aber auch Vorteile mit Blick auf die politische Verantwortlichkeit und Transparenz. Schließlich ist es kaum möglich, [...] eine Koalitionsregierung an dem zu messen, was von den sie tragenden Parteien im Wahlkampf gesagt wurde. Die Bedeutung des „Regierbarkeitsarguments“ wiederum wird klar, wenn man sich die Alternativen zur großen Koalition nach der Wahl 2005 vor Augen führt: eine höchst instabile Dreiparteienkoalition, eine wohl kaum handlungsfähige Minderheitsregierung oder Neuwahlen (mit vermutlich ähnlichem Ausgang). Die Mehrheitswahl ist also durchaus eine Alternative zur Verhältniswahl.

Gerd Strohmeier, Süddeutsche Zeitung, 2.9.2008

Aufgaben

1. Erläutern Sie die Wahlsysteme zum deutschen Bundestag und zum Europäischen Parlament, und stellen Sie Unterschiede und Gemeinsamkeiten dar (M 3, M 4).

2. Vergleichen Sie die Ergebnisse der Bundestagswahlen, und zeigen Sie Entwicklungstendenzen auf (M 5).

3. Die Wahlbeteiligung erreichte im Jahr 2009 mit 70,8 % (2005: 77,7) einen historischen Tiefststand. Nennen Sie mögliche Gründe für die wachsende Zahl von Nichtwählern. Beurteilen Sie die Auswirkungen auf die Demokratie.

4. Erstellen Sie ein Profil des „typischen“ Wählers zu den einzelnen Parteien (M 7).

5. Wie erklären Sie sich das gute Abschneiden der kleinen Parteien? Nehmen Sie Stellung zu der These, dass in Zukunft noch mehr kleinere Parteien im Bundestag vertreten sein könnten (M 8).

6. a) Beschreiben Sie – von M 9 a) ausgehend –, inwiefern das deutsche Wahlsystem als „Erfolgsgeschichte“ beurteilt werden kann.
b) Verfassen Sie ein kurzes Plädoyer für die Einführung des Mehrheitswahlrechts in Deutschland (M 9 b).

7. Immer wieder wird der Vorschlag gemacht, Kindern von Geburt an eine Wahlstimme zu geben, die zunächst von den Eltern abgegeben werden kann. Diskutieren Sie diesen Vorschlag, und nehmen Sie dazu Stellung.

Wissen kompakt

Wahlrechts-grundsätze
M 2

Das Grundgesetz legt die **Wahlrechtsgrundsätze** für Wahlen in der Bundesrepublik fest (Art. 38 Abs. 1 GG). Sie beinhalten, dass Wahlen in Bund, Ländern und Gemeinden **allgemein**, **unmittelbar**, **frei**, **gleich** und **geheim** sein müssen. Das Wahlsystem selbst ist nicht Bestandteil der Verfassung, sondern in einem einfachen Bundesgesetz festgelegt, dem Bundeswahlgesetz.

Wahlsystem zum Bundestag
M 3

Für die Wahl der 598 Abgeordneten des Deutschen Bundestages haben die Wähler zwei Stimmen: die **Erststimme** und die **Zweitstimme**. Die Zweitstimme, die nach den Prinzipien der Verhältniswahl abgegeben wird, ist die entscheidende Stimme, denn durch sie wird die Zahl der Mandate bestimmt, die den gewählten Parteien im Bundestag zustehen. Mit der Erststimme entscheiden die Wähler – nach den Prinzipien der relativen Mehrheitswahl – über den Wahlkreisabgeordneten in ihren jeweiligen Wahlkreis (= Direktmandat). Sie haben damit Einfluss auf die personelle Zusammensetzung der Fraktion, der der Wahlkreisabgeordnete angehört.

Hat eine Partei die **Sperrklausel** überwunden (5 % der Zweitstimmen oder drei Direktmandate), wird die Gesamtzahl der für sie abgegebenen Zweitstimmen (mit Hilfe des Divisorverfahrens mit Standardrundung nach Sainte-Laguë/Schepers) in Mandate umgerechnet. Anschließend werden die Mandate dieser Partei auf die einzelnen Bundesländer umgerechnet. Die der Partei in einem Bundesland zustehenden Mandate werden zunächst an die in diesem Land erfolgreichen Wahlkreiskandidaten der Partei, dann an Kandidaten von der Landesliste der Partei vergeben. Sollte die Partei in einem Bundesland mehr Direktmandate errungen haben, als ihr nach dem Zweitstimmenergebnis zustehen, erhält sie so genannte **Überhangmandate**. Die Gesamtzahl der Sitze im Bundestag nimmt um die Zahl der Überhangmandate zu.

Personalisierte Verhältniswahl

Zur Charakterisierung des Deutschen **Bundestagswahlsystems** wird häufig der Begriff **personalisierte Verhältniswahl** verwendet. Er verdeutlicht, dass das Wahlsystem im Kern auf dem Verhältniswahlrecht beruht. Durch die Erststimme erfolgt eine Personalisierung, die die reine Verhältniswahl nicht kennt. Das bundesdeutsche Wahlsystem korrespondiert in hohem Maße mit dem in Deutschland vorherrschenden Modell der Konsensdemokratie. Als Vorteile dieses Modells gelten:

- die Berücksichtigung politischer Minderheiten,
- gerechte Repräsentation des Wählerwillens,
- die Verhinderung einer zu starken Zersplitterung des Parteiensystems (Sperrklausel),
- die Möglichkeit, eine stabile Regierung bilden zu können (Koalitionsregierungen).

Wahlsystem zum Europäischen Parlament
M 4

Das deutsche Wahlsystem zum Europäischen Parlament sieht eine **reine Verhältniswahl** mit geschlossenen Listen vor. Die Parteien entscheiden selbst, ob sie mit einer einheitlichen Bundesliste oder mit Landeslisten antreten. Jeder Wähler hat nur eine Stimme. Die Legislaturperiode des Europäischen Parlaments beträgt fünf Jahre. Bei der Verteilung der 99 deutschen Sitze (nach Inkrafttreten des Vertrags von Lissabon 96) werden nur jene Parteien berücksichtigt, die mindestens fünf Prozent der insgesamt abgegebenen gültigen Stimmen erhalten haben. Die Mandate werden seit 2009 wie bei der Bundestagswahl nach dem Divisorverfahren mit Standardrundung (Sainte-Laguë) verteilt.

Diskussion des Wahlrechts
M 9

Doch hat das Verhältniswahlsystem auch Nachteile, weshalb in der öffentlichen Debatte immer wieder die Einführung des Mehrheitswahlsystems z.B. für die Wahlen zum Bundestag gefordert wird. Als problematische Folgen des Verhältniswahlrechts gelten:

- überproportionaler Einfluss kleinerer Parteien als Mehrheitsbeschaffer,
- mangelnder Einfluss des Wählerwillens auf die Regierungsbildung,
- Koalitionsregierungen entscheiden auf dem kleinsten gemeinsamen Nenner,
- mangelnde Transparenz der Verantwortlichkeiten,
- Schwerfälligkeit des Regierungshandelns.

Weitere Ansatzpunkte für Reformen des Wahlrechts sind die Stärkung des Einflusses auf die Kandidatenauswahl, die Herabsetzung des Wahlalters oder die Einführung eines speziellen Familienwahlrechts.

6.3 Wahlkampf – Krampf oder Dampf für die Demokratie?

M 1 Die Kanzler-Kandidaten im Bundestagswahlkampf 2009

Angela Merkel, CDU

Frank-Walter Steinmeier, SPD

M 2 Wahlkampf 2009 – Marketing in eigener Sache

Angela Merkel glänzt also in diesem Wahlkampf. […] Nicht, dass die Kanzlerin wirklich herausragende Auftritte hinlegen würde. Damit sie die Leute fesseln, ja mitreißen könnte, müsste sie einfach mehr sein als eine nüchterne, freundliche, ruhig erklärende Kanzlerin.

Wohl aber hat sie sich inzwischen voll in das Rennen um die Wähler gestürzt, fast kein Tag vergeht mehr ohne ein, meistens zwei, manchmal drei Wahlkampfauftritte. Dass das schweißtreibend ist, steht außer Frage. Dabei aber lernt man, dass dieser Angela Merkel, inzwischen 55, das Auftreten vor großem Publikum deutlich leichter fällt als vor vier Jahren. Während sie den ganzen Sommer 2005 zur Begrüßung fast scheu guten Tag sagte, plaudert sie inzwischen locker drauf los, freut sich über die „tollen" Besucher, die „tolle" Umgebung, die „tolle" Stimmung. Und dabei hilft ihr ein von der CDU bestellter Moderator, der genau die Fragen stellt, die sie beantworten möchte. „Ist es nicht schön auf diesem renovierten Markt von Borna?" Merkels Antwort: „Es ist eine tolle Kulisse." In diesem Jahr ist das also Merkels erste „Botschaft".

Man spürt schnell, was sich geändert hat in den vier Jahren. In diesem CDU-Wahlkampf mit dem Motto „Wir haben die Kraft" dominiert das Marketing in eigener Sache, fast alle Informationen sind nur noch Beiwerk. Merkel als Mensch, Merkel zum Anfassen. […] Denn: „Beim Publikum sein, mit den Menschen sprechen, das ist schön, das macht Spaß." Wer Merkel 2005 erlebt hat, reibt sich die Augen. Damals hätte sie sich eher die Zunge abgebissen, als so daher zu reden. Heute macht sie PR in eigener Sache. Nur wenige TV-Moderatoren könnten das besser machen.

Ihre nachfolgenden Reden, ob in Borna, ob einen Tag später in Bonn, sind schlicht, klar und einfach. Merkel erinnert an die Jubiläen des Jahres, sechzig Jahre Grundgesetz, zwanzig Jahre Mauerfall, um die Geschichte, den Stolz und die west-ostdeutschen Gemeinsamkeiten hervorzuheben. Sie erzählt von jenem ungarischen Grenzbeamten, der im Sommer 1989, als der Stacheldraht vor seiner Nase erstmals aufging, entschied, sich nicht gegen die Menschen zu stellen. „Auf jeden Einzelnen kommt es an, wenn wir Besonderes leisten möchten" – auch das eine von Merkels Grundbotschaften. […]

Vor vier Jahren noch hatte sie unendlich viel vorgerechnet und erklärt und erläutert. Sprichwörtlich stundenlang versuchte sie sich damals an der Volksschulung. Diesmal sind Zahlen Mangelware, Attacken auf den Gegner gibt es fast keine. Stattdessen die Botschaft: Bildung ist wichtig, deshalb kümmert sich die CDU drum; die Leistungsträger sind wichtig, deshalb kämpft die CDU gegen die kalte Progression bei der Steuer; außerdem sind Unternehmer und Handwerker wichtig, deshalb geht die Union gegen die Bürokratie vor. Die Botschaften – nicht mehr als Überschriften.

In der Partei gibt es gegen diese Strategie nur noch leise Zweifel, zum Beispiel beim 60-Jahr-Jubiläum der Unionsfraktion, das die Fraktion am Dienstagabend in Bonn feierte. Hier und da kann man hören, dass es „gefährlich" sei, „wenn wir dem eigenen Wahlkampf keine inhaltliche Richtung geben".

Stefan Braun, Süddeutsche Zeitung, 28.8.2009

Wahlkampf 2009

M3

Stuttmann/CCC, www.c5.net

Aufgaben und Ziele des Wahlkampfes

M4

Definition und Stellenwert des Wahlkampfs

Der Wahlkampf ist die politische Auseinandersetzung von Parteien und Wählervereinigungen um Zustimmung des Bürgers zu Personen und Programmen; letztlich um die politische Herrschaft. [...] Der Wahlkampf kann wiederum unterteilt werden in „Vorwahlkampf" und „heiße Phase", die in der Regel die letzten drei bis vier Wochen vor dem Wahltag ausmacht.

Träger des Wahlkampfes sind bei der Bundestagswahl wie auch bei den Landtags- und Europawahlen fast nur noch die Parteien. Sie allein verfügen über die finanziellen Mittel und personellen Kapazitäten, um einen Wahlkampf zu führen. Sie präsentieren im Wahlkampf dem Bürger ihre Ziele und führen ihm ihr personelles und sachliches Angebot vor Augen und Ohren. Sie versuchen, die Zustimmung und Sympathien der Bürger zu gewinnen, um am Wahltag ihre Stimme zu erhalten. In dieser Zeit verschärft sich die politische Auseinandersetzung zwischen den Parteien, und die Bürger werden intensiver als sonst angesprochen. Der Wahlkampf ist die Zeit der Stimulanz für Politiker und Wähler, findet in ihm doch sichtbar das Ringen um unterschiedliche Ziele und Wege zur Lösung der in der Gesellschaft anstehenden Probleme statt. Jedoch ist der Wahlkampf auch die Zeit, in der an die Emotionen der Bürger appelliert wird, indem mit Vereinfachungen bis hin zu Schlagworten und Leerformeln, kurz, mit Entpolitisierung, gearbeitet wird. So kann der Wahlkampf, anstatt das politische Interesse und Engagement des Bürgers zu stärken, genau das Gegenteil bewirken, indem sich der Bürger von der emotionsgeladenen Auseinandersetzung abgestoßen fühlt.

Funktionen des Wahlkampfs

Da ein sehr großer Teil der Wähler sich bereits lange Zeit vor dem Wahltag für die Stimmabgabe zugunsten einer Partei oder eines Kandidaten festgelegt hat – hier werden Anteile zwischen zwei Drittel und vier Fünftel der Wähler geschätzt –, sind die Funktionen des Wahlkampfes von besonderem Interesse. Man kann sie analytisch unterscheiden nach: Information, Identifikation und Mobilisierung. Je nach Adressat werden diese Funktionen eine unterschiedliche Gewichtung erfahren.

• *Information*

Generell wird im Wahlkampf verstärkt informiert – in Form von Wahlprogrammen, politischen Äußerungen der Kandidaten, Anzeigen der Parteien, Flugblättern, eigenen Zeitschriften, Illustrierten usw. Theoretisch verfügt der Wähler also gerade während des Wahlkampfes über ein großes Angebot, sich mit den Zielsetzungen und Problemlösungskompetenzen der Parteien auseinanderzusetzen. Die Parteien und Kandidaten reduzieren jedoch die politischen Probleme oft auf schwarz-weiße Grundmuster, d.h. sie vereinfachen und betonen die Gegensätze. Öffentlichkeitswirksame Schlagwörter, einprägsame Redewendungen und Formeln („Sprechblasen") kennzeichnen häufig Politikeräußerungen. Wichtiger als die Information selbst erscheint die Besetzung von Themen. Parteien müssen gesellschaftliche Probleme aufnehmen und ihren Kompetenzvorsprung gegenüber dem Konkurrenten nachweisen.

• *Identifikation – Mobilisierung*

Das Ziel der verstärkten Identifizierung richtet sich vor allem auf die Mitglieder und Anhänger der Parteien selbst. Gerade in einer Zeit verstärkter Außendarstellung der Parteien besteht für die Mitglieder und Anhänger der Parteien leichter die Möglichkeit, sich zu ihnen zu bekennen und auf diese Weise für sie zu werben. Schließlich dient der Wahlkampf der Motivierung und Mobilisierung von Mitgliedern sowie parteinahen Wählergruppen oder Personen.

Wichard Woyke: Stichwort: Wahlen. Ein Ratgeber für Wähler, Wahlhelfer und Kandidaten, 11. Aufl., Opladen 2005, S. 110-112.

M5 Amerikanisierung? Die Medien im Wahlkampf

Umfang und Art der Berichterstattung im Vorfeld von Bundestagswahlen unterscheiden sich deutlich zwischen den einzelnen Medien. So ist der Anteil politischer Informationen in lokalen und regionalen Tageszeitungen sowie in Boulevardzeitungen geringer als in der überregionalen Qualitätspresse. Und die öffentlich-rechtlichen Fernsehprogramme von ARD und ZDF sind deutlich informationsorientierter als die privatkommerziellen Sender SAT.1 und RTL. [...] Seit der Zulassung der privat-kommerziellen Sender Mitte der 1980er-Jahre hat sich zudem die Art der Berichterstattung gewandelt. Zwar sind die öffentlich-rechtlichen Nachrichtensendungen nach wie vor für die politische Elite zugänglich: Politiker finden dort ihre politische Themenrangordnung und die von ihnen inszenierten Ereignisse eher wieder als bei den kommerziellen Anbietern. Letztere betonen hingegen häufiger als ARD und ZDF Skandale und das Privatleben von Politikern – sie „boulevardisieren" die Berichterstattung über Wahlen. Ihre Berichterstattung über Politik trägt stärker unterhaltende Züge. [...]

So wird Politik personalisiert, emotionalisiert, verkürzt, verknappt und dramatisiert dargestellt. Dies mündet auch in Deutschland in den Vorwurf, die Berichterstattung über Wahlen werde zunehmend „amerikanisiert".

Die Berichterstattung über Wahlen gilt dann als „amerikanisiert", wenn die drei folgenden Merkmale auf sie zutreffen:

- *Personen statt Parteien:* Parteien werden in der Medienberichterstattung unwichtiger als die Spitzenkandidaten.
- *Persönliches statt Politisches:* Im Zusammenhang mit Kandidaten wird häufiger über Unpolitisches berichtet (u.a. Frisur Angela Merkels, angeblich getönte Schläfenhaare Gerhard Schröders) als über die politischen Standpunkte der Kandidaten.
- *Wettkampf statt Sachfragen:* Der Wettkampfcharakter der Wahl tritt in den Vordergrund. Es wird häufiger darüber berichtet, welcher Kandidat vorne liegt oder zurückfällt (Horse-Race-Journalism), als darüber, für welche Sachpositionen die Parteien und ihre Kandidaten stehen. Mit Hilfe von Umfragen wird die Bedeutung einzelner Wahlkampfereignisse auf den Stand des „Rennens" beschrieben – etwa der Einfluss von „TV-Duellen" der Spitzenkandidaten. Jour-

nalisten benutzen solche Medienereignisse zum Betonen von Trends und Verschiebungen in der Wählergunst. Veränderungen der öffentlichen Meinung werden ereignisgebunden dargestellt. Wahlkampfereignisse erlangen somit eine große Bedeutung für die Position des Kandidaten im „Rennen": Jeder Fehler, jeder Auf- und Fehltritt kann das Bild von den Kandidaten beeinflussen, sie fördern oder ins Schwanken bringen.
In den USA selbst hat sich die Berichterstattung der Medien über den Wahlkampf in den letzten Jahrzehnten deutlich verändert. Zwar erwähnen amerikanische Medien in ihrer Berichterstattung traditionell die Kandidaten häufiger als die Parteien. Die Kandidatenorientierung nimmt aber von Wahljahr zu Wahljahr weiter zu. Zudem wurde die Berichterstattung über politische Sachthemen seit den 1960er-Jahren immer unbedeutender, während der Hauptfokus auf dem Horse-Race liegt, auf dem Wettkampfcharakter des Wahlkampfes.
Davon sind wir in Deutschland – allen „Amerikanisierungs"-Behauptungen zum Trotz – noch weit entfernt. Parteien stehen nach wie vor im Mittelpunkt der Fernsehnachrichten vor Bundestagswahlen:
Etwa zwei Drittel der Berichterstattung entfallen auf Parteien, ein Drittel entfällt auf die Kandidaten. Der genaue Anteil schwankt von Wahl zu Wahl. Einen einheitlichen Bedeutungszuwachs der Kandidaten gibt es allerdings innerhalb des Wahlkampfes, je näher der Wahltermin rückt. Und stellt eine Partei den Kanzler, so ist die Berichterstattung über diese Partei personalisierter als jene über die Oppositionspartei. [...]
Und schließlich wird im Vorfeld von Bundestagswahlen häufiger über Sachfragen berichtet als über Wettkampfaspekte: Etwa 40 Prozent aller Aussagen beziehen sich auf Sachfragen, etwa 20 Prozent auf Wettkampfaspekte. [...] Von einer kontinuierlichen Entsachlichung kann jedenfalls nicht die Rede sein.

Frank Brettschneider, Bundestagswahl 2009, Der Bürger im Staat, 2/2009, S. 103 ff.

Die Wähler – Nomaden und Schnäppchenjäger?

M 6

Die Erosion der Volksparteien führte jedoch nicht bloß dazu, dass ehemals kleinere Parteien an Stärke zulegen oder Protestparteien eine Chance erhalten. Vielmehr lässt sich aus dem Abschmelzungsprozess schließen, dass grundsätzlich der individuelle politische Kompass bei der subjektiven und objektiven Lageeinschätzung seine elementare Funktion verloren hat. Die durch Schichtzugehörigkeit und Bildungsgrad sozialisierte Parteibindung diente über viele Jahrzehnte nicht nur als markentreues Zeichen bei Wahlen. Wesentlicher als der Wahlakt war die Kompass- und Filterfunktion der Parteiidentifikation. Sie schirmte die Individuen gegenüber den möglichen Einflüssen der Medien oder anderen Personen in ihrer politischen Lebenswelt ab und ermöglichte ihnen, sich in der unübersichtlichen Welt der Politik besser zu orientieren. Die „Parteibrille" funktionierte als Bewusstseinsfilter, sie strukturierte die politischen Einstellungen bei den Wahlen auch gegenüber den Kandidaten und den aktuellen Themen. Durch die Bindungsverluste und den Zerfall von Gruppenzusammenhängen werden neue Politikmodelle „jenseits von rechts und links" möglich. Viele Wähler sind Orientierungs-Nomaden. Erschwerend kommt hinzu, dass auch die Mitgliedschaft in den Parteien an Attraktivität verloren hat. [...] Nimmt die Parteibindung ab, wachsen rationale und eben nicht sozial strukturelle Kalküle – wie Bildung, Einkommen, Alter – des Wählervotums. Dies entspricht dem Typus des „Schnäppchen-Jägers". Die Wähler kreuzen dort den Stimmzettel an, wo kurzfristig die Chancen für individuelle Selbstverwirklichung am größten erscheinen. Politik rückte in die Nähe einer Ware, mit der man je nach Bedarf und Situation fast schon spielerisch umgeht und von der man sich ebenso selbstbewusst auch wieder abwendet, ganz den Eingebungen des Augenblicks folgend. Bei derartigen modernen Aufregungsdemokratien bleibt jede Stimmung eine Momentaufnahme mit baldigen Verfallsdatum. Die hohe Wankelmütigkeit der Wähler, ihre „Volatilität" (Flüchtigkeit) korrespondiert mit Pragmatismus, Nützlichkeitsdenken und traditionsvergessener Innovationsbereitschaft – immer dramatisiert durch die Handlungslogiken der fernsehvermittelten politischen Kommunikation.

Karl-Rudolf Korte/Manuel Fröhlich, Politik und Regieren in Deutschland, 2. Auflage, Paderborn 2006, S. 163 ff

M 7 Die Rolle der Demoskopie im Wahlkampf

Die „Sonntagsfrage“ ist aus der Politik nicht mehr wegzudenken. Ergebnisse der Meinungsforschung sind selbst ein Faktor der Meinungsbildung geworden. Doch ihre Wirkung auf die Politik und den Ausgang von Wahlen ist umstritten. Die Ergebnisse der Demoskopie grundsätzlich zu ignorieren wird sich kaum eine Partei, kaum ein Politiker erlauben, auch wenn in ihren Kreisen das Bekenntnis, nicht zu den „Umfragegläubigen“ zu gehören, fast schon zum Ritual geworden ist. […] Die Beratung von Politikern im Wahlkampf durch Demoskopen lässt sich in der Bundesrepublik bis in die frühen fünfziger Jahre zurückverfolgen. […] Bei den Bundestagswahlen von 1998 erreichte der Einsatz der Demoskopie für Wahlkampfplanung und -führung einen – zumindest vorläufigen – Höhepunkt. […] Dieser Zuwachs lässt eine Untersuchung zweier Probleme umso dringlicher erscheinen: erstens, ob sich Wahlumfragen auf die Wahlbeteiligung auswirken; zweitens, ob sie das Wahlverhalten grundsätzlich oder in einer bestimmten Richtung beeinflussen.

Im ersten Fall ist von vier Wirkungsvermutungen die Rede: Hinter dem so genannten *Mobilisierungs-Effekt* steht die Annahme, Umfragen würden insbesondere bei einem Kopf-an-Kopf-Rennen zu einer stärkeren Wahlbeteiligung führen, weil jede einzelne Stimme für den Wahlausgang von entscheidender Bedeutung sein könnte. Der *Defätismus-Effekt* indes beruht auf der Überlegung, die Anhänger der – tatsächlich oder vermeintlich – schwächeren Partei würden nicht mehr wählen, weil der Sieger ohnehin feststünde. Umgekehrt behauptet die These vom *Lethargie-Effekt*, die Sympathisanten des vermuteten Wahlsiegers würden der Wahl aus eben jenem Grunde fernbleiben. Schließlich beteiligen sich dem *Bequemlichkeits-Effekt* zufolge unentschlossene Wahlberechtigte nicht an der Wahl, sofern deren Ausgang bereits gewiss erscheint. Handfeste Belege für die Richtigkeit dieser Vermutungen konnten bislang freilich nicht erbracht werden.

Ähnliches lässt sich über den zweiten Fall sagen: Insgesamt sind die Antworten auf die Frage nach dem Einfluss von Wahlumfragen auf die Wahlentscheidung bis heute kaum empirisch fundiert. Seit den Anfängen der Umfrageforschung sind vor allem zwei Wirkungshypothesen im Gespräch: Einerseits, das impliziert die unter dem Namen *Bandwagon-Effekt* bekannte Vermutung, könnten Wähler von ihrer ursprünglichen Wahlabsicht abrücken und sich auf die Seite der Partei schlagen, die laut Umfragen die größten Siegeschancen hat. Andererseits könnten sie sich, glaubt man der Behauptung eines *Underdog-Effekts*, aus Mitleid oder Trotz für die Partei entscheiden, die nach den Wahlprognosen zurückliegt. Auch für diese Annahmen über den Einfluss demoskopischer Daten auf den Wahlausgang konnte bislang kein Nachweis erbracht werden.

Info: Wahlumfrage/Wahlprognose/Hochrechnung

Wahlumfrage
Eine Befragung von Wahlberechtigten zu ihrer hypothetischen Wahlentscheidung. („Wen würden Sie wählen, wenn am nächsten Sonntag Wahl wäre?“).

Wahlprognose
Die Voraussage des Wahlergebnisses am Wahlabend. Sie basiert nicht auf Wahlergebnissen, sondern auf repräsentativen Wählerbefragungen.

Hochrechnung
Die Voraussage des Wahlergebnisses nach Auszählung von Teilergebnissen ausgewählter repräsentativer Wahlbezirke.

Zwei weitere Hypothesen betreffen die deutsche Koalitionsdemokratie und ergeben sich aus dem Verhältniswahlrecht in Verbindung mit der Fünf-Prozent-Sperrklausel. Hinter dem so genannten *Wasted-vote-* oder *Fallbeil-Effekt* steht der folgende Gedanke: Ein Wähler votiert nur dann für die von ihm präferierte Partei, wenn deren Einzug in das Parlament wahrscheinlich ist. Ansonsten wählt er eine andere Partei, um seine Stimme nicht zu „verschenken“. Denkbar ist mithin, dass eine Partei deswegen an der Sperrklausel scheitert, weil ihre potenziellen Wähler unter anderem aufgrund von Befragungsdaten glauben, ihrer Partei würde der Sprung in den Bundestag nicht gelingen. Signalisierten Umfrageergebnisse hingegen ihren Einzug in das Parlament, so erhielte sie tatsächlich über fünf Prozent der Stimmen. Im Falle der Freien Demokraten ließ sich im Wahljahr 1983 ein derartiger Effekt zu ihren Gunsten feststellen. Beim *Stütz-* oder *Leihstimmen-Effekt*, so lautet die zweite These, würden taktische oder „rationale“ Wähler in Kenntnis von Umfrageergebnissen nicht die eigentlich präferierte Partei wählen, sondern stattdessen den kleineren, in Aussicht stehenden Koalitionspartner. Erneut lassen sich aus den empirischen Befunden zu diesen beiden Wirkungshypothesen aber keine allgemeingültigen Regeln ableiten.

Trotz der Tatsache, dass (eindeutige) Wirkungen der Demoskopie auf das Wahlverhalten bis heute nicht zu belegen sind, haftet ihr der „Geruch des Unerlaubten“ an, und es ist wiederholt die Forderung nach einem gesetzlichen Veröffentlichungsverbot von Umfrageergebnissen in einer bestimmten Periode vor Wahlen erhoben worden.

Alexander Gallus, Medien und Wahlkampf, Aus Politik und Zeitgeschichte, 12.4.2002, S. 34 ff.

Aufgaben

1. Beschreiben Sie, wie sich der Wahlkampfstil Angela Merkels zwischen 2005 und 2009 verändert hat, und nennen Sie mögliche Ursachen dafür (M 2 – M6).
2. „Wahlkämpfe sollten mit klaren Argumenten geführt werden, als Sachdebatten über für die Gesellschaft wichtige Themen. Aus dem Wahlkampf sollte eine Erneuerung der Politik resultieren. Er sollte Antworten auf Zukunftsprobleme geben.“ (Wolfgang R. Langenbucher). Erörtern Sie, weshalb moderne Wahlkämpfe häufig diesen Vorstellungen nicht entsprechen (M 3 – M 5).
3. Wenn die Einschätzung der Wähler als „Orientierungs-Nomaden“ bzw. „Schnäppchenjäger“ (M 6) stimmt, werden die Parteien ihren Wahlkampf und ihre Politik auch unter diesen Aspekt stellen:
   a) Ermitteln Sie – vom Text ausgehend – die Ursachen für diese Entwicklung.
   b) Erläutern Sie mögliche Folgen für Wahlkampfstrategie und -planung, für Themen, Timing und Veranstaltungen.
4. Stellen Sie dar, welche Effekte von Wahlumfragen ausgehen können, und diskutieren Sie die Forderung nach einem Verbot von Wahlumfragen (M 7).

Wissen kompakt

Aufgaben und Funktionen des Wahlkampfs
M 2

Im **Wahlkampf** geht es zunächst um eine Information des Wählers. Dazu präsentieren die Parteien ihre Wahlprogramme, d. h. ihre Vorstellungen künftiger Politik, sowie ihre Kandidaten für politische Ämter mit dem Ziel, vom Wähler mit der Regierungsbildung beauftragt zu werden. Von einem „idealen" Wahlkampf wird daher eine ernsthafte und intensive **Diskussion** um die richtigen Lösungen anstehender Probleme erwartet.
Ein zweites Anliegen des Wahlkampfes ist die **Mobilisierung** der Wähler. Aus einer möglichen Neigung zu einer Partei muss die Bereitschaft erwachsen, diese Partei auch tatsächlich zu wählen.

Amerikanisierung der Wahlkämpfe
M 3, M 4

Diese zweite Aufgabe prägt die modernen Wahlkämpfe in hohem Maße und führt zu drei Entwicklungen:

- **Personalisierung:** Dies bedeutet eine Ausrichtung auf einen Spitzenkandidaten, der möglichst kompetent und sympathisch erscheinen muss, und eine Verdrängung der Sachthemen.
- **Medienabhängigkeit:** Da die Information über den Wahlkampf fast ausschließlich durch Medien erfolgt, bedienen die Parteien auch ganz gezielt deren spezifische Gesetze und Anforderungen, z. B. durch das Eingehen auf das Unterhaltungsbedürfnis der Mediennutzer (Politainment) oder durch gezielte publikumswirksame Themensetzung (Agenda-Setting).
- **Professionalisierung:** Damit ist die Unterwerfung unter ein professionelles Wahlkampfmanagement mit entsprechenden Marketingstrategien gemeint. Wichtig wird der positive Kontrast zum politischen Gegner, was nicht selten in ein „Negativ-Campaigning" (Herabsetzung des Gegners) mündet.

Häufig werden diese Merkmale eines Wahlkampfs auch unter dem Stichwort einer „Amerikanisierung der Wahlkämpfe" zusammengefasst.

Wandel des Wahlverhaltens
M 6

Insgesamt ist auch ein Wandel des Wählerverhaltens zu beobachten. So haben langfristige Parteibindungen, die durch soziostrukturelle Merkmale (Konfession, Beruf, ...) beeinflusst waren, tendenziell abgenommen. Das **Wahlverhalten** wird heute durch kurzfristige und nutzenorientierte Überlegungen bestimmt, was größere Wählerwanderungen zur Folge hat.

Rolle der Demoskopie
M 7

Die Meinungsforschung (**Demoskopie**) dient der Ermittlung von Einsichten, Einstellungen, Stimmungen oder Wünschen der Bevölkerung. Durch Befragungen werden auf der Basis eines repräsentativen Querschnitts der Bevölkerung Daten und Meinungen, unter anderem zur beabsichtigten Wahlentscheidung, gesammelt und interpretiert. Die Aussagekraft der ermittelten Stimmungsbilder ist allerdings umstritten. Darüber hinaus wird kritisiert, dass insbesondere Wahlumfragen selbst zu einem Faktor für Wahlentscheidungen werden können und Wahlen so in unzulässiger Weise beeinflusst würden.

7

Parlament, Regierung und Opposition

In den Nachrichten sind Parlament und Regierung ständig präsent. Am Morgen empfängt die Bundeskanzlerin einen Staatsgast aus Japan, mittags gibt sie eine Pressekonferenz. Parallel wird im Bundestag über ein neues Gesetz zur Gentechnik debattiert, die Fraktionsvorsitzenden geben Stellungnahmen ab. Welche Aufgaben haben die einzelnen Akteure und wie arbeiten sie zusammen? Weshalb wird die Regierung von Teilen des Parlaments gelobt, während andere Abgeordnete Kritik üben? Und wer kontrolliert die Arbeit der Regierung?

Im Zentrum der öffentlichen Aufmerksamkeit steht die Regierung mit dem Bundeskanzler an der Spitze. Das Grundgesetz verleiht dem Bundeskanzler eine starke Stellung, gleichzeitig setzt es seiner Macht aber Grenzen. Kapitel 6.1 geht der Frage nach, wie groß der Handlungsspielraum eines Bundeskanzlers eigentlich ist.

Seine Legitimation erhält der Bundeskanzler durch den Deutschen Bundestag. Neben der Wahl des Bundeskanzlers erfüllt der Bundestag noch weitere wichtige Funktionen im politischen System. Um seine Aufgaben zu erledigen, hat der Deutsche Bundestag eine hoch spezialisierte Arbeitsweise entwickelt (Kapitel 6.2).

In einem System der Gewaltenteilung muss das Parlament die Regierung kontrollieren. Dabei kann der Deutsche Bundestag auf verschiedene Kontrollinstrumente zurückgreifen. Das Verhältnis von Regierung, Parlamentsmehrheit und Opposition wird in Kapitel 6.3 dargestellt.

Das Grundgesetz garantiert den Abgeordneten des Bundestages ein freies Mandat. In Wirklichkeit sind die Abgeordneten jedoch in ein komplexes Geflecht unterschiedlicher politischer Interessen eingebunden. Kapitel 6.4 thematisiert die Stellung der Abgeordneten und fragt nach den Konsequenzen für die parlamentarische Arbeit.

Tipps & Links

Politik vor Ort

- Führen Sie ein Interview mit einem Bundestagsabgeordneten Ihres Wahlkreises (z.B. zum Werdegang, zu einer aktuellen politischen Fragestellung, ...).
- Organisieren Sie eine Podiumsdiskussion zu einem aktuellen Streitthema, an der Abgeordnete Ihres Wahlkreises teilnehmen können.

Referieren und Präsentieren

- Deutschland – eine „Kanzlerdemokratie"?
- Unterschiede zwischen parlamentarischem und präsidentiellem Regierungssystem
- Die Vertrauensfrage von Gerhard Schröder (2005) – entsprach sie dem Geist der Verfassung?
- Vergleich zwischen der Weimarer Verfassung und dem Grundgesetz (besonders Stellung des Parlaments)

Weiterlesen

- Horst Pötzsch: Die deutsche Demokratie, 4. Aufl., Bonn 2005 (Bundeszentrale für politische Bildung)
  Der Band führt in die Grundlagen der deutschen Demokratie ein. Dabei wird in übersichtlichen Kapiteln v.a. ein Grundlagenwissen zu den Bereichen Parlament, Bundespräsident und Regierung und Verwaltung vermittelt. Der Band ist umfangreich bebildert und mit vielen Schaubildern versehen.

- Marie-Luise Recker, Geschichte der Bundesrepublik Deutschland, München 2002 (C.H. Beck Verlag)
  Diese knappe Einführung schildert die Geschichte der Bundesrepublik von ihrer Gründung bis zur Wiedervereinigung. Im Mittelpunkt stehen der Auf- und Ausbau der parlamentarischen Demokratie, die wirtschaftliche Entwicklung, gesellschaftliche Veränderungen sowie die Einbettung des westdeutschen Staates in den europäischen und atlantischen Rahmen. Ein Blick auf das wiedervereinte Deutschland rundet die Darstellung ab.

- Manfred Schmidt, Das politische System Deutschlands, Bonn 2007 (Bundeszentrale für politische Bildung)
  In diesem Buch geht es um die parlamentarische Demokratie der Bundesrepublik. Übersichtlich werden in kürzeren Kapiteln drei Bereiche des politischen Systems der BRD beleuchtet. Im ersten Teil werden Problemstellungen aus den Bereichen Politische Institutionen, Akteure und Willensbildung dargestellt. Im zweiten Teil folgen Analysen einzelner Politikfelder, z.B. „Politik mit Zweidrittelmehrheiten – Änderungen des Grundgesetzes". Abgeschlossen wird der Band im dritten Teil mit einer Bilanz, die sich mit Leistungen und Mängeln der Politik in Deutschland befasst.

- Informationen zur politischen Bildung Nr. 295, Parlamentarische Demokratie, Heft 2/2007 (Bundeszentrale für politische Bildung)
  Das Heft bietet einen breiten Einblick in die Arbeit des Bundestages. Es beleuchtet den Bundestag und seine Akteure, zeigt, wie der Bundestag seine Funktionen im Fraktionenparlament erfüllt und verdeutlicht neue Problemlagen, denen sich der Bundestag stellen muss.

Recherchieren

www.bundesregierung.de
Offizielle Seite der Bundesregierung mit detaillierten Informationen zum Regierungsprogramm und zu ausgewählten Politikfeldern.

www.bundestag.de
Portal des Deutschen Bundestages mit umfangreichen Recherchemöglichkeiten und vielen Informationstexten. Unter www.mitmischen.de/ bietet der Bundestag ein spezielles Jugendportal an.

www.unser-parlament.de
Der Deutsche Bundestag bietet auf dieser Homepage Informationen speziell für die Schule an. Es finden sich Informationen zu aktuellen Themen, Möglichkeiten zur gezielten Recherche und Videoclips zum politischen System der BRD.

7.1 Bundeskanzler und Bundesregierung

Arbeitsfelder der Bundeskanzlerin

M 1

Aufgabe

Beschreiben Sie die in M 1 dargestellten Arbeitsfelder der Bundeskanzlerin und suchen Sie weitere Arbeitsfelder durch die Auswertung der Schlagzeilen in der Tagespresse.

M 2 Die verfassungsrechtliche Rolle des Bundeskanzlers

Absolut zentral in der Regierung ist die Stellung des Bundeskanzlers, und diese Zentralität verleiht dem Amt eine ungeheure Machtfülle. Diese wird allerdings eingeschränkt durch dessen Abhängigkeit vom Bundestag, der ihn wählt, dem er verantwortlich ist und der ihn schließlich auch über den Weg des Konstruktiven Misstrauensvotums abwählen kann. Ist er auf Vorschlag des Bundespräsidenten bzw. der -präsidentin gewählt, so schlägt er die Namen der Minister und Ministerinnen vor, die seinem Kabinett angehören sollen. Dem Bundespräsidenten wiederum obliegt dann die Ernennung. Eine genauso zentrale Stellung hat der Kanzler bezüglich der Entlassung der Minister und Ministerinnen inne, er schlägt vor und der Bundespräsident entlässt (Art. 64 GG). Und schließlich endet die Amtszeit der Kabinettsmitglieder auch mit derjenigen des Kanzlers (Art. 69 Abs. 3). [...]
Art. 65 GG weist dem Amt des Bundeskanzlers keinesfalls nur die Stellung eines primus inter pares zu, sondern echte Führungsfunktionen:

- Der Kanzler schlägt die Minister und Ministerinnen zur Ernennung und Entlassung vor
- er bestimmt „die Richtlinien der Politik und trägt dafür die Verantwortung" (Art. 65 Abs. 1 S. 1)
- er allein ist gegenüber dem Parlament mit voller Sanktionsmöglichkeit verantwortlich
- und schließlich hat er die Organisationsgewalt der Regierung, d.h., er bestimmt über Anzahl und Struktur der Ministerien.

Die verfassungsrechtliche Basis für die Machtstellung des Bundeskanzlers liegt eindeutig in seiner Richtlinienkompetenz. Sie ist das Instrument zur „Disziplinierung" seines Kabinetts.
Durch eine ihm geeignet erscheinende „Personalpolitik" in seinem Kabinett kann er sich nicht nur eine arbeitsfähige Regierung zusammenstellen, sondern durch die Um- oder Neuorganisation kann er auch auf bestimmte Problemlagen oder Stimmungen in der Bevölkerung eingehen.

Irene Gerlach, Bundesrepublik Deutschland: Entwicklung, Strukturen und Akteure eines politischen Systems, 3. Aufl., Wiesbaden 2007, S. 202 f.

M 3 Verfassungspolitische Grenzen der Macht des Bundeskanzlers

Bei der Regierungsbildung unterliegen aber auch die weitgehenden Rechte des Bundeskanzlers faktischen Einschränkungen. Dies bezieht sich nicht nur auf den Zwang, auf die Wünsche des Koalitionspartners bei der Besetzung von Ministerien einzugehen, sondern auch darauf, dass gemäß der Auffassung, es sollten sich im Hinblick auf die gewünschte Wiederwahl möglichst alle Interessengruppen im Volk in der Zusammensetzung der Regierung einer repräsentativen Demokratie wiederfinden. Entsprechend hat sich die Rücksichtnahme auf eine Reihe von „Proporzüberlegungen" bei der Zusammensetzung der Kabinette eingebürgert. So sind neben den parteipolitischen Interessen der Koalitionspartner z.B. unterschiedliche konfessionelle Interessen durch eine entsprechende Personalauswahl zu berücksichtigen genauso wie die der ostdeutschen und der westdeutschen Bevölkerung und sonstiger regionaler Gruppen, die von wichtigen Interessenverbänden (z.B. bei der Besetzung des Landwirtschafts-, Wirtschafts- oder Sozialministeriums) oder auch die der Geschlechter. Dies erklärt, dass es im Zuge der Kabinettsbildung vorkommen kann, dass für ein bestimmtes Ressort nur eine Kandidatin aus Ostdeutschland mit katholischer Konfession in Frage kommt, die günstigerweise auch noch Mitglied der CDA ist. Der suchende Blick landet dann notgedrungen zuweilen auf Neulingen.
Die trotz dieser Einschränkungen immer noch bestehende Machtfülle des Kanzleramts in der Demokratie der Bundesrepublik hat zu deren Etikettierung als Kanzlerdemokratie geführt. [...]
Viel stärker, als es in den ersten Jahrzehnten der Existenz der Bundesrepublik Deutschland der Fall war, wird aber das Kanzlerprinzip heute von den Handlungsprinzipien des Parteienstaates überdeckt, was wiederum zu einer faktischen Schwächung des Prinzips beiträgt. Schwer wiegt dabei die Tatsache, dass Entscheidungen von Koalitions- und nicht nur von Kanzlerrunden vorgeprägt werden, denn die Koalitionsrunde als empirisch identifizierbarer Kern der politischen Entscheidungsfindung ist weder dafür legitimiert noch kontrollierbar.

Irene Gerlach, Bundesrepublik Deutschland: Entwicklung, Strukturen und Akteure eines politischen Systems, 3. Aufl., Wiesbaden 2007, S. 204 f.

Wie setzt sich die Bundesregierung zusammen?

M 4

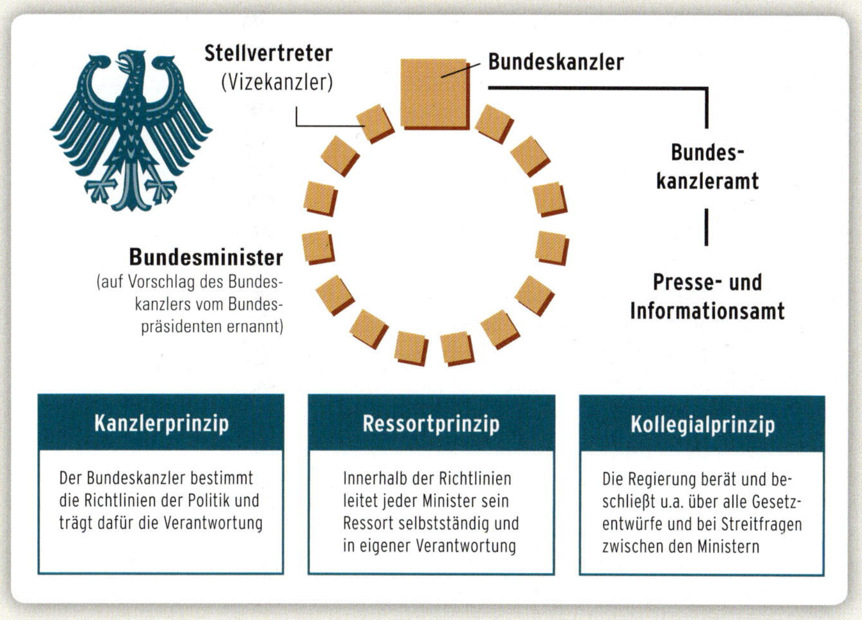

Erich Schmidt Verlag, Zahlenbild 67123

Aufgaben

1. Erläutern Sie die verfassungsrechtliche Stellung des Bundeskanzlers (M 2).
2. Stellen Sie mit Hilfe einer geeigneten Grafik dar, welche Faktoren die Macht des Bundeskanzlers beschränken (M 3).

Kommentar: Durchregieren? Von wegen!

M 5

Ach, war das noch ein Durchregieren, anscheinend! Damals konnten noch Briefe geschrieben werden wie dieser vom 5. Mai 1951: „Sehr geehrter Herr Erhard! Wie ich sehe, werden Sie im Fraktionsvorstand Erklärungen über Ihre Wirtschaftspolitik abgeben, und zwar am nächsten Montag abends 19 Uhr. Ich ersuche Sie, mir vorher mitzuteilen, welche Erklärungen Sie dort abgeben werden. Es ist unmöglich, da Wirtschafts- und Finanzpolitik miteinander zusammenhängen, dass der Wirtschaftsminister allein solche Erklärungen abgibt. Ich bitte Sie, auch dessen eingedenk zu sein, dass die Richtlinien der Politik durch den Bundeskanzler bestimmt werden. Mit freundlichen Grüßen (Adenauer)." Recht oft hat sich der erste Bundeskanzler auf seine Richtlinienkompetenz berufen. Dies zeigt zweierlei: zum einen, dass sich damit einiges durchsetzen ließ – zum anderen aber, dass diese Erinnerung offensichtlich immer wieder nötig war, vor allem Ludwig Erhard gegenüber. [...] Solche Briefe könnten heute gar nicht mehr geschrieben werden. Was aber ist von dieser Richtlinienkompetenz des Bundeskanzlers geblieben? Was bleibt davon für Angela Merkel übrig? Immer wieder heißt es, wir lebten in einer „Kanzlerdemokratie". Noch in der mündlichen Verhandlung vor dem Bundesverfassungsgericht über die vorgezogenen Neuwahlen klang es so, als stünden wir vor der Alternative „Kanzlerdemokratie" oder „Parlamentsdemokratie". Und jetzt, nach den Wahlen, ist die Alternative so falsch wie selten zuvor. Dass der Bundeskanzler als „Durchregierer" auftreten könnte, steht so nicht einmal im Grundgesetz – ganz abgesehen davon, dass der einschlägige Artikel 65 längst von der Verfassungswirklichkeit überwachsen wurde wie ein Eichenstamm vom Efeu: „Der

Bundeskanzler bestimmt die Richtlinien der Politik und trägt dafür die Verantwortung. Innerhalb dieser Richtlinien leitet jeder Bundesminister seinen Geschäftsbereich selbständig und unter eigener Verantwortung. Über Meinungsverschiedenheiten zwischen den Bundesministern entscheidet die Bundesregierung." Drei Prinzipien stehen also in reichlich ungeklärter Beziehung zueinander – die Richtlinienkompetenz, das Ressortprinzip und das Kollegialprinzip. Und niemand kann unter Berufung auf eines dieser Prinzipien mit dem Kopf durch die Wand. [...] Aber bevor man sich zu tief in die verfassungsrechtliche Literatur stürzt, muss man die Verfassungswirklichkeit ins Auge fassen. [...]

Erst recht aber haben sich die Dinge mit dem Beginn der Großen Koalition (1966 – 1969) gründlich geändert. Dieses Bündnis zwischen Union und SPD stützte sich zum ersten Mal auf eine ausführliche Koalitionsvereinbarung. Aus einer juristisch strengen Sicht des Artikels 65 handelt es sich bei einem solchen Papier um eine außerkonstitutionelle, ja sogar verfassungswidrige „Wahlkapitulation" des Kanzlers. Aber seit es diese Vereinbarungen gibt, die man inzwischen öffentlich bei einem Gläschen Sekt unterzeichnet, ist die Zeit endgültig vorbei, in der zuerst ein Kanzler gewählt wird und dieser anschließend die Richtlinien der Politik bestimmt. Vielmehr werden zuerst die Richtlinien der Politik definiert, und danach wird der Kanzler mit seiner Wahl de facto auf diese Grundlage verpflichtet – widrigenfalls: Koalitionskrise oder Koalitionsbruch. Selbst bei der anschließenden Regierungsbildung sind die verfassungsrechtlichen Kompetenzen des Kanzlers längst ausgehöhlt worden: Sind erst einmal die Ämter zwischen den Partnern aufgeteilt, so bestimmt jede Seite „ihre" Minister. Demzufolge hatte selbst ein so starker Kanzler wie Helmut Kohl sich nach einer chaotischen Abstimmung in der FDP-Fraktion schlicht Klaus Kinkel als Außenminister vorsetzen lassen müssen, ohne Widerrede.

[...] Die Zeiten, in denen das Kabinett der wichtige Ort politischer Diskussion und Entscheidungen war, sind längst vorbei. Unter Helmut Kohl hat sich die Auszehrung des Kabinettsprinzips rapide beschleunigt, und auch in der rot-grünen Koalition war ein Minister, der nicht im Koalitionsausschuss Sitz und Stimme hatte, faktisch ein machtloser Darsteller einer Politik, über die er nicht zu entscheiden hatte. In dem Maße aber, in dem die Macht des Kabinetts ausgelaugt wurde, hat das Instrument der Richtlinienkompetenz seinen Biss verloren. Das gilt umso deutlicher, je größer die Koalitionspartner sind. Ist deshalb der Kanzler gänzlich machtlos? Gewiss nicht in den Krisensituationen, in denen er (oder sie) allein und ad hoc handeln kann – und muss. Ansonsten kommt es für seine Durchsetzungsfähigkeit einzig darauf an, ob er seinen Partnern und Rivalen ernsthaft mit der Drohung „Dann macht doch euren Kram allein" Angst vor Stimmenverlusten einjagen oder ob er ihnen einen Wahlsieg versprechen kann – gestützt auf innere und äußere Autorität, auf politische Leidenschaft, sachliche Überzeugungskraft und durchschlagende Popularität. Doch selbst dann kann ein Kanzler scheitern. Das hat auf dramatische Weise Helmut Schmidt 1982 erlebt. Wie man sich verschätzen kann, das hat auf eher groteske Weise Gerhard Schröder am Wahlabend (und danach) demonstriert. Und Angela Merkel? Je weniger sie sich auf die Richtlinien der Politik berufen muss, desto besser. Denn unter den gegebenen Umständen stehen sie ihr nicht zu Gebote.

Robert Leicht, Die Zeit, 13.10.2005

Aufgabe

Wenden Sie die Kategorien „Verfassungsnorm und Verfassungsrealität" auf die Richtlinienkompetenz des Bundeskanzlers (Art. 65 GG) an (M2 – M5).

Verfassungsnorm – Verfassungsrealität

Info

Unter „Verfassungsnorm" versteht man die Normen, die in der Verfassung festgeschrieben sind. Beispielsweise wird in Art. 3 GG die Gleichberechtigung von Männern und Frauen festgelegt: „Männer und Frauen sind gleichberechtigt." In der Realität ist die Gleichberechtigung aber noch nicht in allen Bereichen verwirklicht. Diesen Zustand nennt man „Verfassungsrealität", d.h. die tatsächliche Umsetzung und Verwirklichung einer im Grundgesetz festgeschriebenen Norm. Oftmals hinkt die Umsetzung der Norm dem Anspruch der Verfassung hinterher. Der Staat ist z.B. nach der Verfassung auch dazu verpflichtet, die natürlichen Lebensgrundlagen zu schützen. Die entsprechende Norm ist in Art. 20a GG formuliert:

„Der Staat schützt auch in Verantwortung für die künftigen Generationen die natürlichen Lebensgrundlagen und die Tiere im Rahmen der verfassungsmäßigen Ordnung durch die Gesetzgebung und nach Maßgabe von Gesetz und Recht durch die vollziehende Gewalt und die Rechtsprechung."

Die Verfassungsrealität deckt sich (noch) nicht mit dem Anspruch der Norm, da die natürlichen Lebensgrundlagen durch vielfältige Umwelteinwirkungen nach wie vor gefährdet sind. Im Bereich der politischen Institutionen lassen sich häufig Unterschiede zwischen Verfassungsnorm und Verfassungswirklichkeit feststellen.

Autorentext

Die Vertrauensfrage – eine Machtinstrument des Bundeskanzlers?

M 6

Artikel 68 Grundgesetz

„(1) Findet ein Antrag des Bundeskanzlers, ihm das Vertrauen auszusprechen, nicht die Zustimmung der Mehrheit der Mitglieder des Bundestages, so kann der Bundespräsident auf Vorschlag des Bundeskanzlers binnen einundzwanzig Tagen den Bundestag auflösen. Das Recht zur Auflösung erlischt, sobald der Bundestag mit der Mehrheit seiner Mitglieder einen anderen Bundeskanzler wählt."

Als Vertrauensfrage bezeichnet man den vom Bundeskanzler gestellten Antrag an das Parlament, ihm das Vertrauen auszusprechen. Die Verneinung der Vertrauensfrage bedeutet, dass sich der Bundeskanzler nicht mehr auf eine stabile Mehrheit im Parlament stützen kann und hat in der Regel den Rücktritt der Regierung und die Parlamentsauflösung zur Folge.

Autorentext

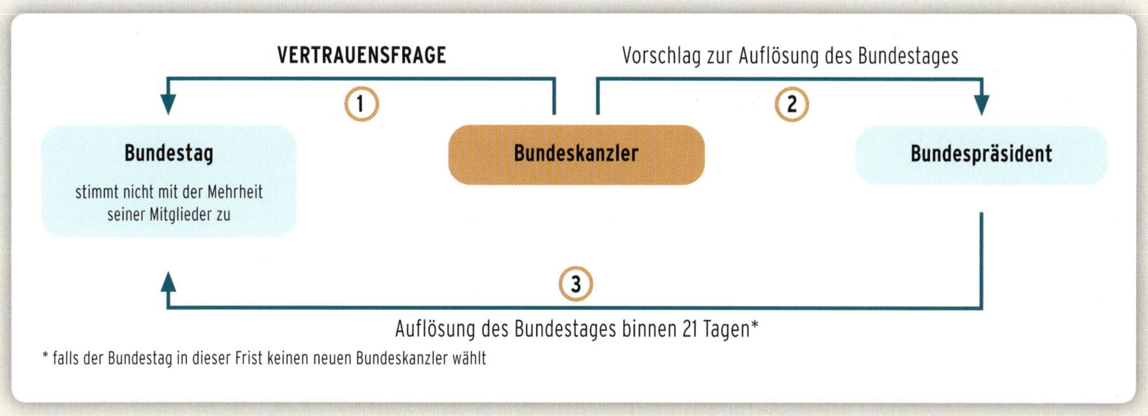

M 7 Sind Regierungen unfähig, Probleme zu lösen?

Den Vorwurf, Regierungen seien unfähig, die anstehenden Probleme zu meistern, gibt es ungefähr seitdem es überhaupt Regierungen gibt. Schon immer hat man sich – zumindest in der kontinentaleuropäischen Tradition – darüber beklagt, dass „der Staat" seine Aufgaben nicht hinreichend wahrnehmen würde, dass Probleme ungelöst bleiben oder sich sogar verschärfen usw. Das ist nicht zuletzt ein Ergebnis des absolutistischen Erbes in unserem Teil der Welt, in dem der Staat, ursprünglich repräsentiert durch den Herrscher, später dann durch eine zunehmend demokratisch legitimierte Regierung, zunächst einmal allzuständig ist. Der Staat „gewährt" den Mitgliedern bestimmte Freiheiten, aber im Prinzip sitzt er am längeren Hebel. Er ist schuld, wenn etwas schief läuft. [...]

Wie sieht es nun mit der Steuerungsfähigkeit moderner Regierungen gegenüber dieser Fülle von Problemen aus? [...] Modernes Regieren im Sinne politischer Steuerung, [...] ist nicht Befehlen, sondern ist vielmehr Verhandeln, Koordinieren und Überzeugen. [...]

Die zentrale Aufgabe einer modernen Regierung besteht also darin, solche Verhandlungssysteme zu entwickeln und zu stärken, die eine Vielzahl sich widerstrebender, aber doch aufeinander angewiesener, Interessen zusammenfügen und sie dazu veranlassen, die längerfristigen Interessen der anderen Partner zu berücksichtigen. Das schließt Konflikte nicht aus, über die am Ende vielleicht sogar unter „rein politischen" Gesichtspunkten entschieden wird. Aber worüber entschieden wird, die Details der Lösung und der gegenseitigen Abhängigkeiten und Probleme, das wird in einem modernen Staat notwendigerweise in umfassenden Politiknetzwerken vorgeklärt und vorformuliert, so dass von einseitiger, hierarchischer Steuerung nicht mehr die Rede sein kann. [...]

Zwar ist das Bild der Regierung oder des Staatsmannes als „Steuermann des Staatsschiffes" eines der bekanntesten und ältesten der politischen Philosophie („der Lotse geht von Bord"), aber dennoch steuert eine Regierung die Geschicke eines Landes nicht so, wie man ein Schiff oder ein Auto steuert. Regierungen steuern nicht, sie intervenieren. Es gibt keine einfachen und eindeutigen Beziehungen zwischen staatlichen Steuerungsinstrumenten und erwünschten Ergebnissen und Zielen, d. h. selbst wenn es eindeutige Ziele geben würde – was in der Regel nicht der Fall ist – verfügt eine Regierung in der Regel nicht über das Steuerungswissen, wie diese Ziele schnell und effizient zu erreichen wären. Und sie ist schon gar nicht allmächtig, sondern ist auf die Kooperation selbstständiger Akteure angewiesen.

Regierungen sind, das ist zumindest das Ergebnis der theoretischen Diskussion, in der Lage, politische Ziele zu formulieren und in komplexen Verhandlungssystemen einer Lösung näher zu bringen. Inwieweit sie dies können und in welche Richtung sie agieren, hängt zum einen von ihrer politischen Unterstützung ab, ob sie also in der Lage und willens sind, Verhandlungssysteme aufzubauen, Verhandlungspartner an einen Tisch zu zwingen und sie ggf. auch glaubwürdig „im Schatten der Hierarchie" zu gemeinwohlverträglichem Verhalten zu „überreden", zum anderen aber auch von der internen Effizienz und Effektivität des Regierungsapparates. Hier liegt einer der Gründe für die derzeitige Aktualität der Diskussionen über eine notwendige „Modernisierung des öffentlichen Sektors".

Werner Jann, Regieren ohne Wirkung, in: Gegenwartskunde 3/1996, S. 301 ff.

Aufgaben

1. Erläutern Sie, inwiefern die Vertrauensfrage ein Machtmittel des Bundeskanzlers ist (M 6).
2. „Sind Regierungen unfähig, Probleme zu lösen?" Arbeiten Sie die Kerngedanken aus M 7 heraus.
3. Diskutieren Sie, ob der Autor mit seinen Thesen Recht hat (M 7).

Wissen kompakt

Regieren
M 5

Die zentrale Aufgabe der Bundesregierung ist das Regieren. **Regieren** bedeutet, die Vorstellungen der politischen Mehrheit in konkrete Gesetze zu gießen und deren Durchsetzung zu sichern, um den Regelungsbedarf moderner Gesellschaften zu erfüllen. An der Spitze der Regierung stehen der Bundeskanzler und sein Kabinett. Sie bilden zusammen die **Bundesregierung**. Als weiterer Teil der Bundesregierung können die Ministerien und die nachgeordnete Verwaltung gesehen werden, die die Beschlüsse der Bundesregierung vorbereiten und ausführen.
Um regieren zu können, ist die Bundesregierung auf eine Mehrheit im Deutschen Bundestag angewiesen, denn nur so können die Gesetze, die von der Bundesregierung ausgearbeitet werden, verabschiedet werden.

Bundesregierung
M 4

Die Arbeit der Bundesregierung wird im Wesentlichen durch drei Grundprinzipien geprägt (Art. 65 GG).
Das **Kanzlerprinzip:** Der Bundeskanzler bildet nach seiner Wahl durch den Deutschen Bundestag die Bundesregierung. Er verfügt über die Richtlinienkompetenz innerhalb der Bundesregierung, und er besitzt die Organisationsgewalt, d.h. er kann über die Anzahl und den Geschäftsbereich der Bundesministerien verfügen.
Die Bundesregierung arbeitet nach dem **Kabinettsprinzip**, d.h. alle wichtigen Entscheidungen werden kollektiv im Kabinett beschlossen.
Innerhalb der vom Bundeskanzler vorgegebenen Richtlinien führt jeder Minister sein Ministerium eigenständig und in eigener Verantwortung. Dieses Prinzip wird als **Ressortprinzip** bezeichnet.

Stellung des Bundeskanzlers
M 2, M 3

Der **Bundeskanzler** hat innerhalb der Bundesregierung eine starke Stellung. Da er aus den Reihen des Bundestags gewählt wird, verfügt er allein über eine direkte Legitimation (Art. 63 GG). Die einzelnen Minister werden auf Vorschlag des Bundeskanzlers ernannt (Art. 64 GG). Darüber hinaus weist ihm das Grundgesetz die so genannte **Richtlinienkompetenz** zu. Er kann demnach die Grundzüge der Regierungspolitik bestimmen (Art. 65 GG). Auch dem Parlament gegenüber besitzt der Kanzler eine starke Stellung. Das Parlament hat keine Möglichkeit, einzelne Minister abzuwählen und so Einfluss auf die personelle Zusammensetzung der Regierung zu nehmen. Ein starkes Machtmittel des Bundeskanzlers stellt die Vertrauensfrage dar, die er immer dann einsetzen kann, wenn er glaubt, keine stabile Mehrheit im Parlament mehr zu haben (Art. 68 GG). Erreicht der Kanzler in einer Vertrauensfrage keine absolute Mehrheit im Deutschen Bundestag, so kann er dem Bundespräsidenten empfehlen, den Bundestag aufzulösen und Neuwahlen anzusetzen.

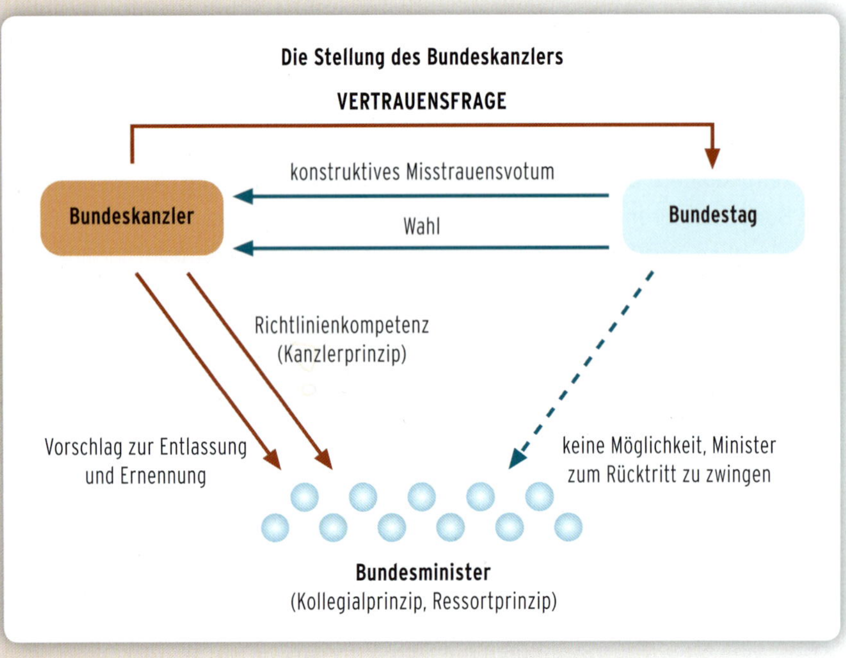

Grenzen der Macht des Bundeskanzlers

Das Grundgesetz verleiht dem Bundeskanzler zwar eine starke Stellung (Verfassungsnorm), doch gibt es zahlreiche Mechanismen, die seine Macht im Sinne der Gewaltenteilung einschränken (Verfassungsrealität).

- Der Bundeskanzler braucht die Unterstützung der Mehrheit des Parlaments, muss also auf die Abgeordneten seiner Partei Rücksicht nehmen.
- Durch den in Deutschland seit mehr als dreißig Jahren bestehenden Zwang, Koalitionsregierungen zu bilden, ist die Richtlinienkompetenz des Bundeskanzlers eingeschränkt. Er muss auch die Interessen des Koalitionspartners berücksichtigen.
- Aufgrund des föderalen Aufbaus kann der Bundeskanzler nicht die Bedürfnisse der Landesregierungen ignorieren.
- Das konsensdemokratische Modell der Bundesrepublik Deutschland gewährt vielen Akteuren (wie z.B. starken Interessenverbänden) ein Mitspracherecht bei der Gestaltung von Politik. Dies schränkt auch den Handlungsspielraum des Bundeskanzlers ein.

7.2 Wie arbeitet der Deutsche Bundestag?

Bundestagsdebatte ...

M 1

Mester/CCC,www.c5.net

Die Arbeit in den Ausschüssen

M 2

In der Regel kommen die Ausschüsse mittwochs morgens in den Sitzungswochen zusammen. Nicht ungewöhnlich sind jedoch auch kurzfristig einberufene Sondersitzungen, wenn eine dringende Angelegenheit ansteht. Auf den häufig langen Tagesordnungen stehen sowohl Anträge als auch die Gesetzesvorhaben, die die Bundesregierung, der Bundesrat oder eine der fünf Bundestagsfraktionen in den Bundestag eingebracht haben. Jedes Gesetzesvorhaben wird vom Plenum des Bundestages in die Ausschüsse zur Beratung verwiesen. Dort beschäftigen sich die Fachpolitiker mit den Details. Das kann manchmal binnen weniger Tage geschehen, bisweilen aber auch Monate oder sogar Jahre dauern. Ohne dass dafür ein Antrag oder Gesetzentwurf vorliegen muss, haben die Ausschüsse im Zuge der so genannten Selbstbefassung die Möglichkeit, zum Beispiel Themen, mit denen sie sich beschäftigen wollen, selber zu bestimmen, oder Minister einzuladen, um diese zu befragen.

Die Ausschüsse umfassen 15 bis 42 Abgeordnete. Jede Bundestagsfraktion ist entsprechend ihrer Stärke im Bundestag vertreten. Auch die Zahl der Ausschussvorsitzenden wird diesem Proporz entsprechend verteilt. [...]

In ihren Sitzungen diskutieren die Abgeordneten, ob die geplanten Maßnahmen sinnvoll sind oder ob es Alternativen gibt. Die Abgeordneten haben vorher die Themen, die im Ausschuss beraten werden, in den Arbeitskreisen ihrer Fraktionen besprochen. Dadurch stellen sie sicher, dass ihre Fraktionen hinter den Vorschlägen stehen, die sie im Ausschuss machen. [...] Die Vertreter der Oppositionsparteien bringen meist eigene Anträge ein. Sie können eigentlich nur darauf hoffen, die Mehrheit im Ausschuss oder die Bundesregierung von ihren Vorschlägen zu überzeugen. Auch dieses geschieht.

Häufig laden Ausschüsse Sachverständige zu öffentlichen Anhörungen ein. Dort tragen Experten oder Vertreter von Verbänden ihre Positionen zum jeweiligen Gesetzentwurf vor. Deren Stellungnahmen fließen in die Meinungsbildung der Abgeordneten ein. Das Recht, eine öffentliche Anhörung zu beantragen, ist ein Minderheitenrecht; es genügt dazu ein Viertel der Ausschussmitglieder.

Wenn ein Gesetzentwurf in den Ausschüssen fertig beraten und abgestimmt ist, geht er zurück an das Plenum des Bundestages. Dieser Entwurf ist durch die Arbeit der Ausschüsse mehrheitsfähig gemacht worden. Die abschließende Diskussion im Plenum vor allen Abgeordneten macht die Arbeit der Ausschüsse und ihr Ergebnis im „Forum der Nation", dem Plenum, öffentlich. Die Opposition hat hier die Chance, ihre Kritik öffentlich zu präzisieren und sich dadurch selbst dem Wähler als Alternative zu empfehlen.

Hinter verschlossenen Türen gehen die Abgeordneten, gleichgültig welcher Partei sie angehören, meist sachlicher und weniger streitlustig miteinander um, als wenn sie den Anblick einer Fernsehkamera gewärtigen. In der Regel herrscht nüchterne Arbeitsatmosphäre.

Deshalb stoßen Bemühungen, die Ausschüsse für die Öffentlichkeit zu öffnen, auf Zurückhaltung bei vielen Abgeordneten. Von dem Vorhaben erhoffen sich viele, dass die Medien stärker von der alltäglichen Arbeit des Bundestages berichten und nicht nur über die Diskussionen im Plenum. Doch die Ausschüsse sind noch zurückhaltend. Sie möchten nicht, dass die Arbeitsatmosphäre in den Ausschüssen leidet, sobald die Medien in den Sitzungen Einzug halten. Hierbei spielt auch eine Rolle, dass die Berichterstattung der Medien die Kompromissfindung in den Ausschüssen erschweren könnte.

Blickpunkt Bundestag 5/1998, S. 71 ff.

M 3 Die Aussschüsse im Deutschen Bundestag

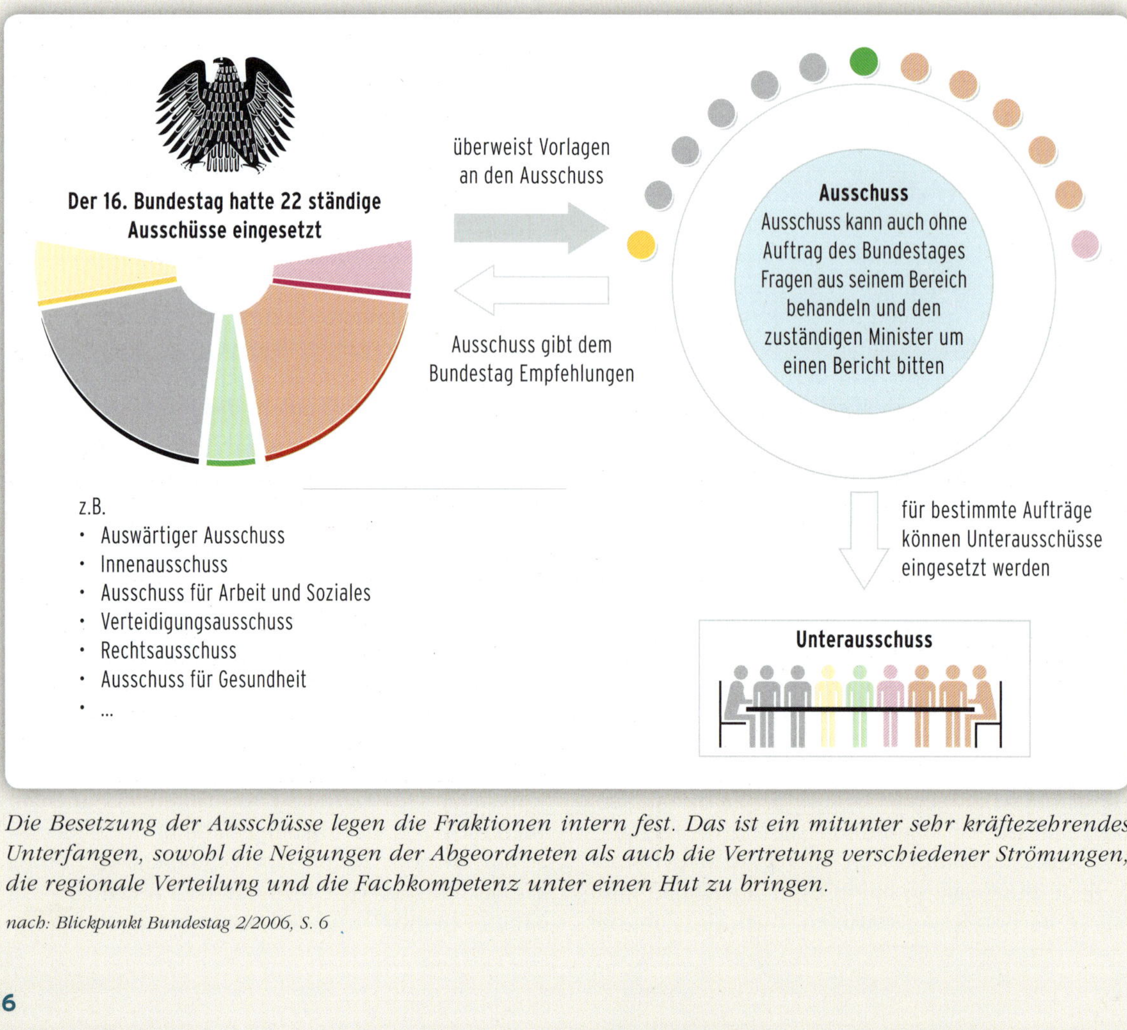

Die Besetzung der Ausschüsse legen die Fraktionen intern fest. Das ist ein mitunter sehr kräftezehrendes Unterfangen, sowohl die Neigungen der Abgeordneten als auch die Vertretung verschiedener Strömungen, die regionale Verteilung und die Fachkompetenz unter einen Hut zu bringen.

nach: Blickpunkt Bundestag 2/2006, S. 6

Unterschiede zwischen Rede- und Arbeitsparlament

M 4

Ein *Redeparlament* ist ein eminent politisches Parlament. Es erhebt den Anspruch, das wichtigste Forum der öffentlichen Meinung, die offizielle Bühne aller großen, die Nation bewegenden politischen Diskussionen zu sein. Die parlamentarischen Ausschüsse steigen nicht über den Rang mehr zweitrangiger Hilfsorgane, das Plenum bleibt das entscheidende Aktionsforum. Die Parlamentsrede hat dabei verschiedene grundlegende Funktionen zu erfüllen: Rechtfertigung eigener Entscheidungen, Kritik an der Haltung anderer, öffentlich-wirksame Kontrolle, Information und Meinungsbekundung sowie politische Bildung im weitesten Sinne. Im Plenum wird nicht primär diskutiert, um sich gegenseitig zu überzeugen. Derartige „Überzeugungs-Gespräche" finden auf anderen Ebenen in größeren und kleineren Gruppen sowie in vielerlei Form und Weise statt. Die parlamentarische Plenarrede zielt in wesentlichem Maße auf die öffentliche Meinung, die Presse, den Wähler ab. Die Plenarrede ist von allen anderen politischen Reden dadurch unterschieden, dass sie öffentlich in einem höchsten staatlichen Entscheidungsorgan im Beisein des politischen Gegners erfolgt, der über das Recht zur Gegenrede verfügt. [...]
Ein Redeparlament lebt davon, dass die wichtigsten Redepartner entscheidende politische Macht repräsentieren. Daher steht im Zentrum die Debatte zwischen Regierungschef und Oppositionsführer, zwischen Minister und „Schattenminister". Das Redeparlament hat folglich nur dort eine Chance, wo Regierungschef und Oppositionsführer Mitglieder des Parlaments sind oder zumindest in ihm ein Rederecht und eine Auskunftspflicht haben. Ein Redeparlament kann nur dort seinen Funktionen sinnvoll nachkommen, wo Parlamentsreden mit wacher Resonanz in der öffentlichen Meinung rechnen können; in einem derartigen Parlament wird das Zusammenspiel zwischen einer glaubwürdigen, systematischen und überzeugenden Opposition und einer kritischen öffentlichen Meinung zum wichtigsten Element wirksamer politischer Kontrolle.
Während im Redeparlament das Plenum die wesentliche Rolle spielt, sind im *Arbeitsparlament* Macht und Arbeit in entscheidender Weise in die Ausschüsse verlagert. Nicht der Redner, sondern der kenntnisreiche Detailexperte, der unermüdliche, bestens informierte Sachbearbeiter wird zur wichtigsten Parlamentsfigur. Der Machteinfluss des einzelnen Abgeordneten hängt jetzt vor allem von seiner Position im parlamentarischen Ausschusssystem ab. Im Arbeitsparlament findet die Regierungskontrolle nicht primär dadurch statt, dass die Regierung und Verwaltung sowie deren politische Apologeten im Plenum von opponierenden Kritikern öffentlich zur Rede gestellt werden. Hier besteht weit mehr die Tendenz, dass das Parlament den Charakter einer betont politisch interessierten Spezialbürokratie gewinnt. Die Macht des Arbeitsparlaments beruht im wesentlichen darauf, dass in ihm parlamentarische Experten die Experten der Exekutive in höchst intensiver und kenntnisreicher Weise um Rede und Auskunft ersuchen, deren Tätigkeiten und Vorhaben bis zu Detailfragen und Einzelposten hin überprüfen sowie gegebenenfalls durch Bestimmungen im vorhinein die Aktionsmöglichkeiten der Exekutive einzuengen wissen.

Winfried Steffani, Parlamentarische und präsidentielle Demokratie, Opladen 1979, S. 96 f.

Aufgaben

1. Nehmen Sie aus Sicht eines Abgeordneten Stellung zu M 1.
2. Erläutern Sie die Aufgaben der Ausschüsse im Bundestag (M 2, M 3).
3. Stellen Sie die Unterschiede zwischen einem Rede- und einem Arbeitsparlament dar, und ordnen Sie den Deutschen Bundestag einer der Alternativen zu. Begründen Sie Ihre Entscheidung (M 2 – M 4).

M 5 Die Aufgaben des Bundestages

Wahlfunktion

Die Wahl des Bundeskanzlers ist in Art. 63 geregelt. Bisher sind alle Kanzler im ersten Wahlgang mit der absoluten Mehrheit der Stimmen gewählt worden, sowohl bei der Wahl zu Beginn der Legislaturperiode als auch bei der Wahl des Nachfolgers eines zurückgetretenen Bundeskanzlers.

Gesetzgebungsfunktion

Das Grundgesetz regelt sehr ausführlich die Zuständigkeiten der Gesetzgebung von Bund und Ländern. Art. 73 GG zählt zwölf Gebiete auf, in denen der Bund das Recht der ausschließlichen Gesetzgebung hat. Dazu gehören beispielsweise die Auswärtigen Angelegenheiten, die Verteidigung, die Staatsangehörigkeit, die Währung, die Einheit des Zoll- und Handelsgebietes bis hin zum Urheberrecht und zur Statistik des Bundes. Für viele Rechtsgebiete sind nach dem Grundgesetz Bund und Länder nebeneinander zuständig. Das sind die Gebiete der konkurrierenden Gesetzgebung. Der Bund hat hier ein Vorrecht. Nur wenn er davon keinen Gebrauch macht, können die Länder ihre eigenen Gesetze erlassen.

Kontrolle von Regierung und Verwaltung (Kontrollfunktion)

Im traditionellen Verständnis von der Teilung der drei Gewalten hat das (Gesamt-)Parlament die Aufgabe, die Regierung zu kontrollieren. Für parlamentarische Demokratien ist jedoch eine andere Form der Gewaltenteilung charakteristisch: Regierung und Mehrheitsfraktionen steht die parlamentarische Opposition gegenüber. Die Kontrollfunktion nimmt hier vor allem die Opposition wahr. Sie nutzt verschiedene Instrumente, beispielsweise Anfragen und Untersuchungsausschüsse, um die Regierung öffentlich zu kritisieren und zu kontrollieren. Die Mehrheitsfraktionen werden die Regierung nur in Ausnahmefällen kritisieren. In der Regel stimmt die Regierung ihre Vorhaben vorher mit den sie tragenden Fraktionen ab, sodass Konflikte hier eher die Ausnahme darstellen.

Budgetrecht

Das Budgetrecht, das Recht, Steuern und Abgaben zu bewilligen, ist das klassische Kontrollrecht des Parlaments. Zuerst erkämpfte es sich das englische Parlament, im 19. Jahrhundert wurde es in die Verfassungen der konstitutionellen Monarchien aufgenommen. Die Parlamente nutzten dieses Recht, um die Steuern möglichst niedrig zu halten und die Ausgaben zu beschränken.

Der Bundestag ist das einzige direkt vom Volk gewählte Verfassungsorgan und steht im Zentrum der deutschen Demokratie.

Teilnahme an der politischen Willensbildung (Willensbildungsfunktion)

Das Parlament soll das „Forum der Nation" sein. Hier sollen die wichtigen politischen Themen diskutiert und Konzepte zur Lösung von Problemen entwickelt werden. Die unterschiedlichen Standpunkte sollen in verständlicher Form vorgetragen und die Gründe für Entscheidungen erkennbar gemacht werden. Das geschieht in den großen Plenardebatten, in denen die Bundesregierung sowie Regierungsfraktionen und Opposition ihre Positionen vor der Öffentlichkeit darlegen und begründen. Doch solche großen Debatten sind selten, und sie finden nicht immer die Aufmerksamkeit der Öffentlichkeit, die ihnen zukommen sollte. Es gehört zu der gängigen Kritik am Bundestag, dass er die informierende Funktion nicht ausreichend wahrnimmt. Politische Meinungs- und Willensbildung findet heute vor allem auf dem Weg über die Massenmedien statt. Regierungsmitglieder und führende Abgeordnete der Koalitionsparteien und der Opposition teilen ihre Meinungen der Öffentlichkeit in Fernsehen, Hörfunk und Zeitungen mit. Dabei geht jedoch verloren, was nur eine Debatte leisten kann: die Auseinandersetzung, das Ringen um bessere Lösungen in Rede und Gegenrede.

Repräsentation der Bevölkerung und Artikulationsfunktion

Im Parlament soll zur Sprache kommen, was die Bürger politisch bewegt. Die Wähler erwarten, dass ihre eigenen Ansichten zu politischen Themen in den Debatten ausgesprochen (artikuliert) werden und dass ihre Wünsche und Interessen im Parlament vertreten (repräsentiert) sind. Häufig wird beklagt, die Bürger dürften alle vier Jahre zur Wahl gehen, danach hätten sie keinen Einfluss mehr auf die politischen Entscheidungen. Doch Abgeordnete wollen wieder gewählt werden. Die Wünsche der Wähler hören sie in ihrem Wahlkreis. Meinungsumfragen geben ständig ein Bild von der Stimmung der Bürger. Zahlreiche Landtags- und Kommunalwahlen finden im Laufe einer Legislaturperiode statt und bieten den Wählern Gelegenheit, ihre Zufriedenheit oder Unzufriedenheit mit der Regierungspolitik zu bekunden. Das alles hat Rückwirkungen auf die Politik der Regierung und auf das Verhalten der einzelnen Abgeordneten.

Horst Pötzsch, Die deutsche Demokratie, 4. Aufl., Bonn 2005, S. 61 ff.

M 6

Kommentar: „Parlare heißt reden, nicht nicken"

Der Bundestag soll die umfangreichste Änderung des Grundgesetzes, die es je gegeben hat, einfach abnicken – ohne große Beratung, ohne große Debatte, ohne große und ohne kleine Änderungen? Der Bundestag soll Ja und Amen und Danke sagen zur Föderalismusreform, die die Grundprinzipien der deutschen Bundesstaatlichkeit grundlegend verändert? So will es die Regierung der großen Koalition, so wollen es die meisten Ministerpräsidenten. Es zeigt sich, wie erdrückend eine Regierung der großen Parteien für die Demokratie sein kann.

Der Bundestag darf sich nicht einfach fügen in das, was außerhalb des Parlaments ausgehandelt worden ist. Er darf sich nicht schweigend abfinden mit dem, was die Anführer der großen Koalition vereinbart haben. Der Bundestag kann und darf bei einem so gewaltigen Gesetzespaket nicht auf sein Recht der gründlichen Beratung verzichten. Er kann nicht einfach schlucken, was ihm vorgesetzt wird. Würde sich das Parlament nicht widersetzen, es verdiente seinen Namen nicht mehr: Das Wort Parlament kommt vom altfranzösischen parler und dem italienischen parlare. Das heißt reden, nicht nicken.

Der Bundestag soll, so will es die Föderalismusreform, künftig auf jeglichen Einfluss in der Schul- und Bildungspolitik verzichten. Und darüber sollen Abgeordnete nicht einmal streiten dürfen? Sie hören, dass fast alle Experten die Verlagerung der Gesetzgebungskompetenz für den Strafvollzug auf die Länder für Unsinn halten. Und zu diesem Unsinn sollen sie diese Experten nicht einmal anhören dürfen? Dem Bundestag wurde die Großreform serviert wie eine Fertigpizza: Er soll sie warm machen und konsumieren.

Je größer die Reform, umso kleiner die Rechte des Gesetzgebers? Wenn das Parlament dies mit sich machen lässt, dann ist es kein Gesetzgeber, sondern ein Gesetznehmer – der Gesetzespakete entgegennimmt, stempelt und auf den Weg bringt.

In der Realität ist aber das Gewicht der Regierung im Gesetzgebungsprozess seit langem sehr groß geworden, ihr Apparat bedient sich einer Vielzahl außerparlamentarischer Gremien und Räte, und die dort ausgearbeiteten Regelungen werden dem Parlament fix und fertig vorgesetzt. Die Mehrheit des Parlaments hat darüber bisweilen gemurrt, aber nicht gemeutert – schließlich war es ja immer die von ihr gestellte Regierung, die das so gemacht hat. Das geplante Procedere bei der Föderalismusreform stellt nun den Höhepunkt dieser Entwicklung dar. Die Regierung der großen Koalition spielt ihre Macht aus – und missachtet das Parlament.

Heribert Prantl, Süddeutsche Zeitung, 10.3.2006

M 7 Statistik der Gesetzgebung – 16. Wahlperiode

Vom Bundestag verabschiedet	**616**
Regierungsvorlagen	488
Initiativen des Bundesrates	19
Initiativen des Bundestages	89
CDU/CSU, SPD, FDP, DIE LINKE, Bündnis 90/Grüne	2
CDU/CSU, SPD, FDP, Bündnis 90/Grüne	8
CDU/CSU, SPD, FDP	4
CDU/CSU, SPD, Bündnis 90/Grüne	2
CDU/CSU, SPD	70
FDP	0
Die Linke	0
Bündnis 90/Grüne	0
Außerfraktionell (Abgeordnete ohne Beteiligung der Fraktionen)	3
Sonstige	2

Deutscher Bundestag, Referat Parlamentsdokumentation, 15.9.2009

Aufgaben

1. Erläutern Sie, welche Aufgaben der Bundestag hat (M 4).
2. Heribert Prantl kritisiert in M 6 das Verhalten des Parlaments bei der Verabschiedung eines wichtigen Reformvorhabens. Nehmen Sie dazu Stellung. Beziehen Sie dabei auch Ihr Wissen über die Funktionsweise des Bundestages als Arbeitsparlament mit ein (M 2 – M 6).
3. Erläutern Sie die Statistik der Gesetzgebung aus der 16. Legislaturperiode (M 7).

Wissen kompakt

Bedeutung des Bundestages

Der **Deutsche Bundestag** steht als einziges direkt gewähltes Organ des Bundes im Zentrum der parlamentarischen Demokratie in der Bundesrepublik Deutschland. Die Abgeordneten als Vertreter des Volkes repräsentieren die Meinungen und Strömungen der Menschen im Land, diskutieren über die unterschiedlichen politischen Konzepte und entscheiden über Gesetze und somit über die politische Ausrichtung des Landes.

Arbeitsweise und Organisation des Bundestages
M 2, M 3

Der Bundestag verfügt über eine weit verästelte **Organisationsstruktur**. Das Bundestagspräsidium leitet die Bundestagssitzungen. Der Bundestagspräsident und seine Stellvertreter werden zu Beginn jeder Legislaturperiode gewählt, wobei die größte Fraktion im Normalfall den Präsidenten des Bundestages stellt. Der Ältestenrat besteht aus dem Präsidium und 23 erfahrenen Abgeordneten. Er organisiert die Parlamentsarbeit, legt die Tagesordnung von Plenums- und Ausschusssitzungen fest und bestimmt die Redezeit der Abgeordneten.
Im **Plenum** des Bundestages wird öffentlich diskutiert und über die Gesetzesvorhaben abgestimmt. Die eigentliche Arbeit des Parlaments findet aber in Ausschüssen statt, die nicht öffentlich tagen. Die Organisation der ständigen **Ausschüsse** entspricht in etwa der Struktur der Ministerien.
Hier treffen sich die Experten unter den Abgeordneten, um über die Gesetzesentwürfe der Bundesregierung zu diskutieren, Änderungswünsche einzubringen oder Experten dazu zu hören. Die Ausschüsse legen dem Plenum die Gesetzesentwürfe zur Abstimmung vor.

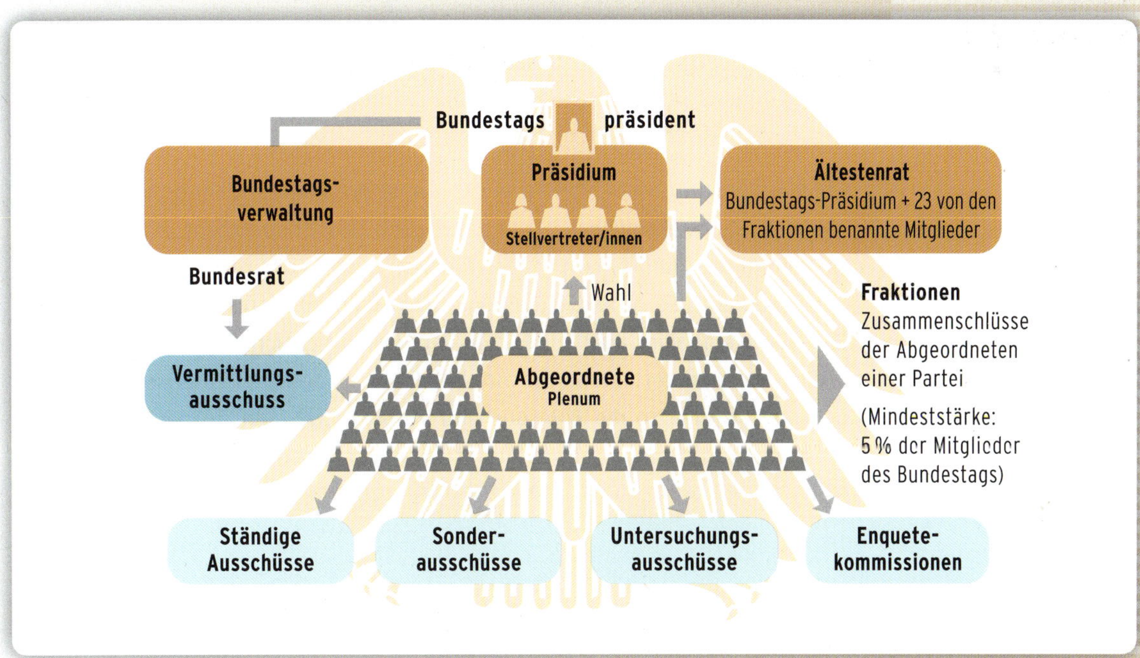

Rede- und Arbeitsparlament
M 4

Es gibt zwei unterschiedliche Arten, wie Parlamente ihre Arbeit organisieren. Zum einen das **Redeparlament** (z.B. das englische Unterhaus). Dort wird die eigentliche Arbeit im Plenum gemacht. Ein weitgefächertes System von Ausschüssen, in denen die Parlamentarier arbeiten, gibt es nicht. Zum anderen das **Arbeitsparlament** (z.B. der amerikanische Kongress). Dort gibt es ständige Ausschüsse, in denen die Parlamentarier arbeiten. Die eigentliche politische Arbeit findet hier in den Ausschüssen statt. Der Bundestag kann als eine Mischform aus beiden angesehen werden. Er ist aber eher ein Arbeitsparlament.

Aufgaben des Bundestages
M 5

Der Bundestag erfüllt eine Vielzahl von **Aufgaben**: Im Mittelpunkt steht die **Wahlfunktion**. An erster Stelle ist die Wahl des Bundeskanzlers zu nennen, den der Bundestag mit absoluter Mehrheit – auch Kanzlermehrheit genannt – wählt. Darüber hinaus wirkt der Bundestag auch an der Wahl des Bundespräsidenten und an der Wahl der Richter des Bundesverfassungsgerichts mit.

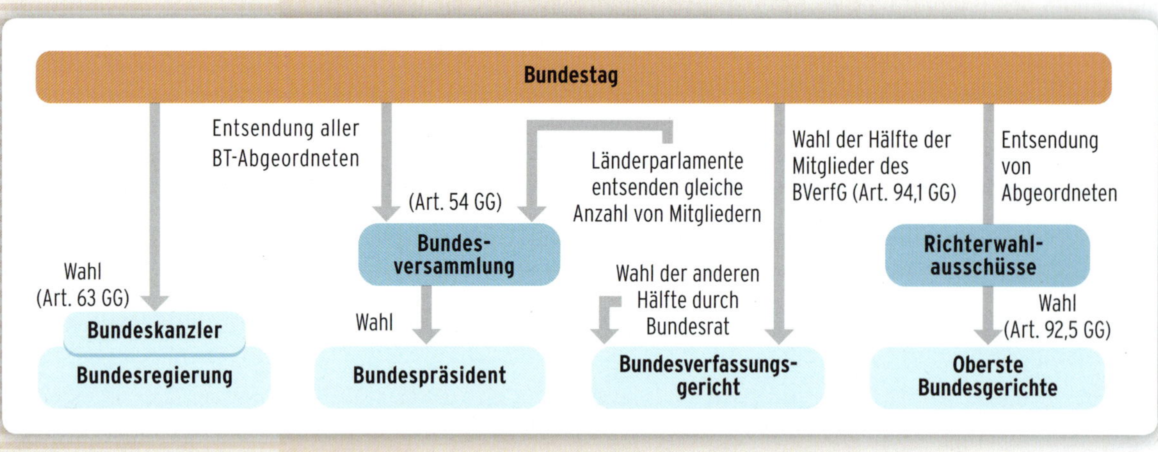

Die klassische Aufgabe von Parlamenten ist die Verabschiedung von Gesetzen (**Gesetzgebungsfunktion**). Dazu zählt auch das Budgetrecht, d.h. die Verabschiedung des Bundeshaushaltes. In einem System der Gewaltenteilung erfüllt das Parlament die Aufgabe, die Regierung zu kontrollieren (**Kontrollfunktion**). Der Bundestag wird auch als Forum der Nation bezeichnet. Die Abgeordneten diskutieren stellvertretend für ihre Wähler über die wichtigen politischen Fragen und bringen so die Wünsche und Vorstellungen der Bürger in das Parlament ein (**Repräsentations-** und **Artikulationsfunktion**).

7.3 Wie kontrolliert der Bundestag die Bundesregierung?

Stimmen aus dem Bundestag

M 1

Opposition verlangt die Einsetzung eines Untersuchungsausschusses

G-8-Gipfel: Opposition prüft rechtliche Schritte gegen die Bundesregierung

Opposition: „Finanzpolitik der Bundesregierung ist unverantwortlich"

Die Linke beantragt aktuelle Stunde

Opposition wirft Bundesregierung Untätigkeit vor

Heftige Kritik am Kurs der Bundesregierung in der Generaldebatte

Autorentext

Welche Kontrollrechte besitzt der Deutsche Bundestag?

M 2

Die Kontrolle der Regierung ist eine zentrale Aufgabe des Bundestages. Sie ist eng verwoben mit der Aufgabe der Gesetzgebung, denn jeder Gesetzentwurf der Regierung wird im Parlament beraten und muss dort die notwendige Mehrheit finden. Besonders deutlich wird diese Verknüpfung beim Staatshaushalt. Ohne die ausdrückliche Zustimmung des Parlaments kann das Haushaltsgesetz, in dem alle Einnahmen und Ausgaben geregelt sind, nicht in Kraft treten. Das Haushaltsgesetz ist aber mehr als ein einfaches Gesetz. Ohne Geld kann keine Regierung ihre programmatischen Ziele durchsetzen. Die alljährliche Debatte zwischen Regierung und Opposition über den Staatshaushalt zieht sich deshalb meist über mehrere Tage hin. Auch die Einhaltung des Haushalts kontrolliert das Parlament: Der Finanzminister muss dem Bundestag Rechnung legen und die Regierung muss durch das Plenum entlastet werden.

Das folgenschwerste Instrument der Kontrolle ist das konstruktive Misstrauensvotum. Der Bundestag kann mit der Mehrheit seiner Mitglieder einen neuen Bundeskanzler wählen und vom Bundespräsident ernennen lassen.

Zur Kontrolle der Regierung setzt der Bundestag verschiedene Gremien ein. Diese sind zum Teil permanent vorhanden wie beispielsweise die ständigen Ausschüsse oder das Parlamentarische Kontrollgremium. Andere Gremien werden hingegen erst aus aktuellem Anlass und beispielsweise mit Zustimmung von mindestens 25 Prozent der Mitglieder des Bundestages eingesetzt. Dazu gehören Untersuchungsausschüsse zur Aufklärung politischer und bürokratischer Missstände.

Information ist eine wesentliche Voraussetzung für die Kontrolle der Regierung. Deshalb hat der Bundestag verschiedene Formen der Befragung und Beratung im Parlament etabliert, die von den Abgeordneten und damit auch von der Opposition in Anspruch genommen werden können. Dazu gehören: Kleine und Große Anfragen, Schriftliche Fragen und Fragestunden, Aktuelle Stunden, Regierungsbefragungen.

Die Abgeordneten des Bundestages haben vielfältige Möglichkeiten, sich im Plenum über die Pläne und Arbeit der Regierung zu informieren und ihre Meinung darzulegen. Darüber hinaus setzt der Bundestag aber auch Gremien ein, zu deren Aufgabe die Kontrolle der Regierung gehört und die unterschiedlich weit reichende Einflussmöglichkeiten besitzen. Die ständigen Ausschüsse des Bundestages sind in der Regel so organisiert, dass ihnen ein Bundesministerium gegenüber steht. Sie haben somit ein genau definiertes Fachgebiet bzw. einen Geschäftsbereich. Die Ausschüsse üben ihre Kontrollfunktion zum einen indirekt über die Mitwirkung bei der Gesetzgebung aus. Sie haben aber auch direkte Kontrollrechte. So ist es ihnen ausdrücklich gestattet, von Vertretern des zuständigen Bundesministeriums Berichterstattung zu aktuellen Gesetzgebungsvorhaben zu verlangen und Empfehlungen auszusprechen – und das auch ohne Auftrag des Plenums. Dieses so genannte Selbstbefassungsrecht hat sich zu einem wichtigen Instru-

ment der parlamentarischen Kontrolle entwickelt. Unter den ständigen Ausschüssen haben einige im Bezug auf die Kontrolle der Regierung eine besondere Stellung. So ist die Hauptaufgabe des Auswärtigen Ausschusses die Kontrolle der Außenpolitik der Regierung. Der Verteidigungsausschuss ist genau wie der Wehrbeauftragte in das Grundgesetz eingefügt worden, um die Kontrolle der Streitkräfte – und damit auch des Bundesministeriums für Verteidigung – zu gewährleisten. Er hat sogar das Recht, sich selbst zum Untersuchungsausschuss zu erklären. Als mächtigster Ausschuss gilt der Haushaltsausschuss, denn er bereitet entscheidend die Bewilligung von Haushaltsmitteln vor. Die Besonderheit des Ausschusses für Angelegenheiten der Europäischen Union liegt darin, dass er im Namen des Bundestages Stellungnahmen zu Regelungsvorhaben der EU abgeben kann. Die Regierung muss, bevor sie über EU-Rechtsnormen mitentscheidet, ihren Standpunkt mit dem Bundestag bzw. dem Ausschuss abstimmen.[1]
Zu den ständig vorhandenen Institutionen des Bundestages gehören auch die Kontrollgremien. Sie überwachen spezielle Bereiche der Regierungsarbeit. Das Parlamentarische Kontrollgremium überwacht die nachrichtendienstlichen Tätigkeiten des Bundes. Die Kontrollgremien können von der Regierung Auskunft über die allgemeine Tätigkeit der betreffenden Dienste und Ämter und über Vorgänge von besonderer Bedeutung verlangen.

www.unser-parlament.de/download/SHOW/basisinfos/kontrolle_der_regierung/ (10.3.2009)

[1] *vgl. dazu Kapitel 7.5*

Aufgaben

1. Gestalten Sie eine Übersicht über die Kontrollrechte des Bundestages (M 2).
2. Diskutieren Sie, welche Kontrollrechte Ihnen am wirkungsvollsten erscheinen (M 2).

M 3 Das konstruktive Misstrauensvotum

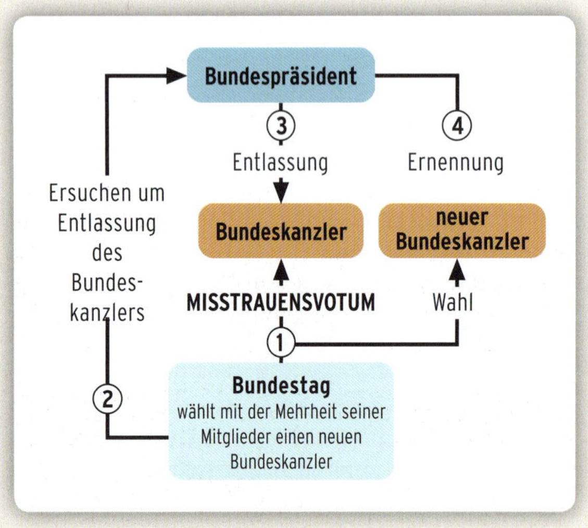

Der Bundestag kann nach Art. 67 GG den Bundeskanzler abwählen, indem er mit der absoluten Mehrheit seiner Mitglieder einen Nachfolger wählt. Damit wird gesichert, dass der Bundeskanzler nur dann aus dem Amt entfernt werden kann, wenn sich im Bundestag eine neue Regierungsmehrheit zusammenfindet. Verhindert wird dadurch, dass wie in der Weimarer Republik negative Mehrheiten, die sich nur in der Ablehnung der Regierung einig sind, die Regierung stürzen können. Diese Bestimmung wird als „konstruktives Misstrauensvotum" bezeichnet. Ein konstruktives Misstrauensvotum hat es im Bundestag bisher zweimal gegeben, das gescheiterte gegen Bundeskanzler Willy Brandt 1972 und das erfolgreiche gegen Bundeskanzler Helmut Schmidt 1982.

Horst Pötzsch, Die deutsche Demokratie, 4. Aufl., Bonn 2005, S. 61 f.

Einsatz parlamentarischer Kontrollrechte

M 4

Anzahl je Legislaturperiode, darunter allein von oppositioneller Seite in Prozent

	Große Anfragen	dar. oppositionell	Kleine Anfragen	dar. oppositionell	Anfragen Einzelner	dar. oppositionell	Aktuelle Stunden
1998 – 2002	101	95,1	1.813	99,1	15.137	94,3	141
2002 – 2005	65	100	797	99,7	13.623	96,8	71

Wolfgang Rudzio, Das politische System der Bundesrepublik Deutschland, 7. Auflage, Wiesbaden 2006, S. 221

Der Dualismus von regierender Mehrheit und Opposition

M 5

Die politischen Institutionen eines Landes bilden ein System, in dessen Rahmen und nach dessen Regeln die politische Auseinandersetzung zu verbindlichen Entscheidungen führt. Im Zentrum dieser Institutionen steht im heutigen Deutschland das Parlament, der Bundestag. [...] Einst – in der konstitutionellen Monarchie – primär Volksrepräsentation gegenüber einer obrigkeitlichen Regierung, stellt nun das Parlament selbst, genauer: die Parlamentsmehrheit, durch Personen ihres Vertrauens die Regierung. Dies hat zur Folge, dass für die Parlamentsmehrheit nun die Wahl- und Gesetzgebungsfunktion im Vordergrund stehen, für die Opposition hingegen Kontrolle und Artikulation. Anstelle eines Dualismus von Gesamtparlament und Regierung ist damit ein Dualismus von Parlamentsmehrheit (einschließlich Regierung) und parlamentarischer Opposition getreten. [...] Dem Dualismus von Regierungsmehrheit und Opposition entsprechend bilden Regierung, Regierungsmehrheit und Spitzen der Ministerialbürokratie eine politische Handlungseinheit. Deutlich wird dies in ihrer engen Zusammenarbeit. Regierungsfraktionen leben vom Informationsfluss aus den Ministerien, ihre Mitglieder decken in Plenum und Ausschüssen des Bundestages die Regierung. [...] Bricht dieses Zusammenspiel ab, so signalisiert dies eine Entfremdung zwischen Parlamentsmehrheit und aus ihr hervorgegangener Regierung und damit das wahrscheinlich baldige Ende der letzteren.

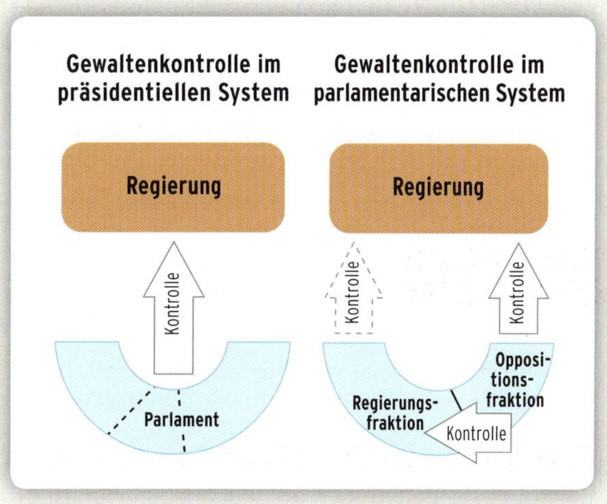

Wolfgang Rudzio, Das politische System der Bundesrepublik Deutschland, 7. Auflage, Wiesbaden 2006, S. 197 ff.

Untersuchungsausschuss

Info

Nach Artikel 44 des Grundgesetzes kann und muss der Bundestag auf Antrag eines Viertels seiner Mitglieder einen Untersuchungsausschuss einsetzen. Dieser prüft hauptsächlich mögliche Missstände in Regierung und Verwaltung und mögliches Fehlverhalten von Politikern. Er kann Zeugen und Sachverständige vernehmen und sonstige Ermittlungen durch Gerichte und Verwaltungsbehörden vornehmen lassen. Das Ergebnis fasst der Untersuchungsausschuss in einem Bericht an das Plenum zusammen. Um eine wirksame parlamentarische Kontrolle der Streitkräfte zu gewährleisten, hat der Verteidigungsausschuss jederzeit das Recht, sich als Untersuchungsausschuss zu konstituieren.

http://www.bundestag.de/ausschuesse/ua/index.html (18.4.2009)

M 6 Kommentar: Die Arbeit der parlamentarischen Untersuchungsausschüsse

Die Arbeit der Untersuchungsausschüsse wird regelmäßig von der Frage begleitet, was sie mehr sind: politisches Kampfmittel oder Instrument der Aufklärung? Der Vorwurf, Untersuchungsausschüsse dienen mehr der parteipolitischen Polemik als der Sachaufklärung, begleitet deren Arbeit immer wieder. Im Artikel 44 des Grundgesetzes heißt es jedoch ganz nüchtern: „Der Bundestag hat das Recht und auf Antrag eines Viertels seiner Mitglieder die Pflicht, einen Untersuchungsausschuss einzusetzen, der in öffentlicher Verhandlung die erforderlichen Beweise erhebt." Es geht um das grundlegende Recht des Parlaments auf Selbstinformation über politische Vorgänge in Staat und Gesellschaft, und Untersuchungsausschüsse sind das Mittel zum Zweck. Um diesen zu erfüllen, wurden sie vom Gesetzgeber mit umfangreichen Befugnissen ausgestattet. Insbesondere das Recht, Beweise zu erheben, also auch Zeugen vorzuladen und zu vereidigen, gehört dazu. Das parlamentarische Untersuchungsrecht befreit den Bundestag (auf Landesebene den Landtag) davon, in seiner Arbeit auf Fremdinformationen angewiesen zu sein, zum Beispiel durch die Regierung. Nur dadurch ist er in der Lage, eine unabhängige Kontrollfunktion gegenüber der Regierung einzunehmen – vor allem die Opposition hat daran naturgemäß ein Interesse. Es handelt sich also eigentlich nur um Auswertung von Aktenmaterial, und das ist eher mühselige Kleinarbeit.
Indem dies aber öffentlich geschieht, bietet sich den Parteien die Chance, die Fakten zu instrumentalisieren und dem politischen Gegner zu schaden. Nicht umsonst werden Untersuchungsausschüsse als „schärfstes Schwert" der Opposition bezeichnet. Sie dienen der „Bestimmung der politischen Tagesordnung" sagt der Politikwissenschaftler Jürgen Plöhn. „Aus Sicht der Bundestagsfraktionen ist eine Untersuchung nur dann interessant, positiv wie negativ, wenn sie in den Medien ein großes Echo erfährt", so Plöhn.
„Untersuchungsausschüsse sind in der Tat immer mehr ein Mittel der politischen Auseinandersetzung geworden, und natürlich hat das auch etwas mit der Entwicklung der Medien zu tun", sagt der Bundestagsabgeordnete Volker Neumann (SPD). Er war selber zwei Mal Vorsitzender eines Untersuchungsausschusses, zuletzt von 1999 bis 2002 im Parteispenden-Ausschuss. „Dennoch haben sie einen reinigenden Charakter, weil sie viele Missstände aufdecken und Anregungen für Gesetzesinitiativen geben", so Neumann weiter.

Claudia Heine, www.unser-parlament.de (25.2.2009)

Aufgaben

1. Beschreiben Sie, wie die parlamentarischen Kontrollrechte im Bundestag genutzt wurden (M 4).
2. Erklären Sie den Befund mit Hilfe von M 5.
3. In M 6 wird die Frage aufgeworfen, ob Untersuchungsausschüsse „politische Kampfmittel oder Instrumente der Aufklärung" sind. Arbeiten Sie heraus, was die Autorin damit meint, und nehmen Sie dazu Stellung.

M 7 Strategien der Opposition

Die Opposition wird durch diejenigen Parteien gebildet, die im Parlament in der Minderheit sind. Sie haben die Aufgabe, die Regierung zu kontrollieren, zu kritisieren und ihr Alternativen gegenüberzustellen. So klar diese Aufgabenumschreibung im ersten Augenblick erscheint, die Erwartungen, denen sich eine Opposition gegenübersieht, sind doch sehr unterschiedlich.
In der Bundesrepublik haben sich die aus der amerikanischen Politikwissenschaft stammenden Begriffe der kompetitiven (etwa: Konkurrenz/Wettbewerb bevorzugend) und der kooperativen (etwa: Zusammenarbeit/Mitwirkung bevorzugend) Opposition durchgesetzt.
Eine *kompetitive Opposition* sieht ihre Aufgabe in erster Linie darin, eine klare Gegenposition zu den

Regierungsentscheidungen bereitzustellen. Sie zielt mit ihrer Kritik am Regierungshandeln zum Beispiel nicht auf eine Verbesserung von Gesetzesvorlagen der Regierung. Ihr Blick gilt vielmehr den nächsten Wahlen. Der Wählerschaft sollen die Mängel der Politik der Regierung deutlich gemacht werden, und sie soll dazu veranlasst werden, sich bei der nächsten Wahl zu Gunsten der derzeitigen Opposition zu entscheiden. Die Sachalternativen werden nicht selten durch personelle Alternativen unterstrichen. [...] Versteht sich eine Opposition in erster Linie als kompetitives Gegenüber zur Regierung, so wird die Detailarbeit in den Ausschüssen bedeutungslos. Der Ort der scharfen Auseinandersetzungen zwischen Regierung und Opposition ist das Parlamentsplenum. Hier wenden sich Regierung und Regierungsmehrheit sowie Opposition an die Wählerschaft: die eine Seite mit dem Ziel der Rechtfertigung ihrer Entscheidungen, die andere Seite mit der Absicht, die Mängel und Fehler der Regierungspolitik herauszustellen.

Die *kooperative Opposition* hingegen denkt nicht in erster Linie an die nächsten Wahlen. Ihr kommt es vor allem darauf an, ihre eigenen Vorstellungen nicht nur als Alternativen zu den Regierungsentscheidungen darzustellen, sondern so weit wie möglich in den konkreten Gesetzentscheidungen unterzubringen. Solche Erfolge kann sie aber nur dann erzielen, wenn sie darauf verzichtet, der Regierung öffentlich ihre Unfähigkeit nachzuweisen. Sie ist gezwungen, während der Verhandlungen in den Ausschüssen zu versuchen, der Regierung und der Regierungsmehrheit möglichst viele Zugeständnisse abzuringen. Wird ein solches Oppositionsverhalten auf die Spitze getrieben, so findet die wesentliche Parlamentsarbeit fast ausschließlich in den Ausschüssen statt, das Plenum hingegen, in dem die unterschiedlichen Positionen von Mehrheit und Minderheit der Öffentlichkeit vermittelt und ihr gegenüber begründet werden sollen, verliert seine Funktion. Der Wähler kann die Verantwortung für Entscheidungen nicht mehr zurechnen, da für ihn die Kompromisse nur schwer über- und durchschaubar sind.

nach: Informationen zur politischen Bildung 227, Die parlamentarische Demokratie 1, Bonn, 1993, S. 28

Haitzinger/CCC, www.c5.net

Aufgaben

1. Sammeln Sie Beispiele für die unterschiedlichen Oppositionsstrategien aus der Tagespresse (M 7).
2. Entscheiden Sie, welche Strategie Sie für die bessere erachten, und begründen Sie ihre Entscheidung (M 7).

Wissen kompakt

Kontrolle politischer Herrschaft

Die Gewaltenteilung hat zum Ziel, politische Herrschaft zu beschränken und so einen Missbrauch von Macht zu verhindern. Eine wesentliche Aufgabe des Parlaments im System der Gewaltenteilung ist die Kontrolle der Exekutive. Im parlamentarischen System der Bundesrepublik Deutschland besteht eine enge inhaltliche und auch personelle Verbindung zwischen der Regierung und der Regierungsmehrheit im Parlament. Man spricht in diesem Zusammenhang von einem **Dualismus von Regierung und Regierungsmehrheit** auf der einen Seite **und** den **Oppositionsparteien** auf der anderen Seite. Die Kontrolle politischer Herrschaft erfolgt deshalb hauptsächlich durch die Oppositionsparteien. Dieses System stellt eine Abkehr von der klassischen Gewaltenteilungslehre dar, da Teile der Legislative eng mit der Exekutive verwoben sind.

Kontrollrechte des Bundestages
M 2

Der Bundestag verfügt über eine Reihe von Rechten, mit denen er die Regierung kontrollieren kann. Dazu gehören

- Informationsrechte der Abgeordneten: z.B. die Zitierung von Ministern zu Bundestagssitzungen, Große und Kleine Anfragen mit dem Wunsch auf mündliche oder schriftliche Stellungnahme durch die Regierung, Fragestunden, Aktuelle Stunden mit Fragen und Stellungnahmen von Abgeordneten zu aktuellen Themen.
- Untersuchungsausschüsse: Sie können eingesetzt werden, um Vorgänge, die die Regierung zu verantworten hat, zu durchleuchten.
- Haushaltsrecht: Ohne die Zustimmung des Bundestages kann das Haushaltsgesetz nicht in Kraft treten, und ohne finanzielle Mittel kann die Regierung nicht handeln.
- Wehrbeauftragter des Bundestages: Er kontrolliert die Bundeswehr.
- Parlamentarisches Kontrollgremium: Es überwacht die nachrichtendienstliche Tätigkeit der Regierung.

Konstruktives Misstrauensvotum
M 3

Mit dem **konstruktiven Misstrauensvotum** (Art. 67 GG) besitzt der Bundestag die Möglichkeit, dem bisherigen Bundeskanzler das Misstrauen auszusprechen, indem er einen neuen Bundeskanzler wählt. Damit kann der Bundestag eine Regierung abwählen, aber nur unter der Bedingung, dass er sich mehrheitlich auf einen neuen Regierungschef einigt („konstruktiv“).

Einsatz parlamentarischer Kontrollrechte
M 4

Die parlamentarischen Kontrollrechte werden vor allem von den Oppositionsparteien eingesetzt. Dabei spielt die mediale Wirkung eine herausragende Rolle. Oppositionspolitiker nutzen die Generaldebatten und Aktuelle Stunden, um die Regierungspolitik in der Öffentlichkeit zu kritisieren und sich als bessere Alternative zu empfehlen. Auch der Einsatz von Untersuchungsausschüssen unterliegt oft dem Diktat der öffentlichen Wirkung.

Oppositionsstrategien
M 7

Die Oppositionsparteien im Deutschen Bundestag kontrollieren und kritisieren die regierende Mehrheit mit dem Ziel, sich als bessere Alternative zu präsentieren und die Regierung nach den nächsten Wahlen abzulösen. Um diese Ziel zu erreichen, kann die Opposition unterschiedliche Strategien anwenden. Entweder sie arbeitet vor allem bei der Gesetzgebung mit der Regierungsmehrheit zusammen, um eigene politische Ziele in die Entscheidung einfließen zu lassen (**kooperative Opposition**) oder aber sie betont die Gegensätze zur regierenden Mehrheit in allen wichtigen politischen Fragen und blockiert Entscheidungen soweit wie möglich (**kompetitive Opposition**).

7.4 Die Stellung der Abgeordneten

M 1 Hat ein Abgeordneter nichts zu sagen?

Fraktionszwang, Druck und Denkverbote: Der SPD-Abgeordnete Marco Bülow über die begrenzten Einflussmöglichkeiten der Bundestagsmitglieder.

Seit Wochen denke ich darüber nach, wie ich abstimmen soll, wenn im Bundestag nun über den Afghanistan-Einsatz entschieden wird. [...] Ich bin seit fünf Jahren im Bundestag. Ich halte mich nicht für einen notorischen Abweichler oder Revoluzzer, doch die politische Linie der SPD hat in den vergangenen Jahren häufiger meinen Überzeugungen widersprochen. In der Fraktion habe ich mehrfach gegen die Mehrheit gestimmt oder mich enthalten – und das wird gar nicht gern gesehen. Ich werde zwar nicht gemobbt und muss auch nicht in der Kantine allein am hintersten Tisch sitzen. Doch in den Fraktionssitzungen merke ich bisweilen den Unmut der anderen: Es kann zu heftigen Attacken kommen, bei denen die Redner deutlich machen, wie übel sie es finden, wenn sich jemand der Mehrheit verweigert. Sätze wie „Die Abweichler machen es sich schön leicht, während wir zu Hause geprügelt werden", sind nicht selten. [...] Wer häufig gegen die Mehrheit stimmt, ist bei der Fraktionsspitze schnell unten durch und wird irgendwann nicht mehr ernst genommen. Vor wichtigen Entscheidungen werden Abweichler unter Druck gesetzt und zum Beispiel zu Einzelgesprächen ins Büro von Peter Struck, unserem Fraktionsvorsitzenden, zitiert. Eigentlich ist es unsere Aufgabe als Abgeordnete, nicht alles mitzumachen. Aber es ist heute so, dass man sich rechtfertigen muss, wenn man nicht zustimmt. [...] Die Fraktionsspitze wird kaum höhere Weihen für die haben, die zu oft dagegen sind. Besonders vorsichtig verhalten sich Abgeordnete, die über die Landeslisten ins Parlament gekommen sind; das betrifft 77 der 222 Abgeordneten, die restlichen 145 wurden direkt gewählt. Wer keinen eigenen Wahlkreis hat, überlegt sich zweimal, ob er gegen die Mehrheit stimmen soll, aus der nicht unberechtigten Sorge, vor der nächsten Wahl vielleicht den guten Listenplatz zu verlieren.

Süddeutsche Zeitung Magazin, 12.10.2007

M 2 Das freie Mandat im Grundgesetz

„Die Abgeordneten des Deutschen Bundestages werden in allgemeiner, unmittelbarer, freier, gleicher und geheimer Wahl gewählt. Sie sind Vertreter des ganzen Volkes, an Aufträge und Weisungen nicht gebunden und nur ihrem Gewissen unterworfen." So steht es in Art. 38 Abs. 1 Grundgesetz. In einer repräsentativen Demokratie wie der Bundesrepublik Deutschland wird das Mandat als Auftrag des Volkes an den Mandatsträger (Abgeordneten) in der Volksvertretung (Parlament) verstanden. Unterschieden wird das freie Mandat, das den Mandatsträger nicht (in einem engen Sinne) an Aufträge und Weisungen bindet und das imperative Mandat, bei dem der Abgeordnete an die konkreten Entscheidungen und Aufträge der Partei oder Gruppe gebunden ist, von der er das Mandat erhalten hat.

Autorentext

M 3 Das freie Mandat im Parteienparlament

Bekanntlich lieben die Medien beides zugleich, den tapfer unter der Fuchtel seiner Fraktionsführung um sein Gewissen ringenden „Abweichler" und „Rebellen" und ebenso den führungsstarken Fraktionsvorsitzenden, der die „Geschlossenheit" seiner Truppe beweist und die „Abweichler auf Linie bringt" – sollte Letzteres nicht gelingen, ist die „führungslos" sowie „tief zerstritten", egal ob Regierungs- oder Oppositionsfraktion. [...] Am Nachmittag finden die Vollversammlungen der Fraktionen statt, in denen die politischen Positionen zu den einzelnen Themen dargestellt, diskutiert und miteinander sowie mit der generellen Linie der Fraktion politisch abgeglichen werden. Der Bundeskanzler und die Minister nehmen wann immer möglich an den Sitzungen ihrer Fraktionen teil. So können sie die Vorhaben der Regierung erläutern und dazu befragt werden. Konrad Adenauer hat einmal gesagt, für ihn als Kanzler sei die Sitzung seiner Fraktion immer „das Fegefeuer" gewesen. Daran wird deutlich, dass dort keine Verkündigungen und keine Befehlsausgabe stattfinden, sondern Diskussionen, die auch sehr kritisch und kontrovers sein können, denen Kanzler und Minister sich stellen und in denen sie ihre Parteifreunde mit Argumenten gewinnen müssen. Dasselbe gilt für die Fraktionen der Opposition, in denen die Führung ebenso für ihre politischen Absichten werben und die Mitglieder überzeugen muss. Hier ist auch der Ort für den einzelnen Abgeordneten der Fraktion, sich seine abschließende Meinung zu bilden. Kann er sich den vorgetragenen Absichten anschließen, in Ausschüssen und Plenum entsprechend abstimmen sowie gegenüber Bürgern und Medien im gleichen Sinne argumentieren? Oder gibt es Gründe für ihn, einem Vorhaben nicht zuzustimmen, bei den Abstimmungen sich zu enthalten oder sogar dagegen zu stimmen, in der Praxis als Mehrheitsabgeordneter mit der Opposition und als Oppositionsabgeordneter mit der Regierung? Hier kann die viel berufene „Gewissensfrage" auftreten und die Frage nach dem „Fraktionszwang". Das Problem tritt höchst selten auf, aus sehr einleuchtenden Gründen. [...] Weil niemand alle Themen mit voller Kompetenz bearbeiten oder auch nur übersehen kann, verlässt man sich bis zu einem gewissen Grade aufeinander. So entsteht eine Art „umgekehrter Fraktionszwang": Nicht einzelne Abgeordnete werden von der Mehrheit zur Zustimmung genötigt, sondern die jeweilige Mehrheit der nicht auf das betreffende Gebiet spezialisierten Abgeordneten sieht sich fachlich genötigt, den Vorschlägen der Spezialisten zuzustimmen, wenn es keine grundsätzlichen politischen Bedenken gibt. [...] Trotzdem können Situationen entstehen, in denen ein einzelner oder einige Abgeordnete der Mehrheit ihrer Fraktionen dennoch nicht zustimmen können oder wollen. Dahinter können grundsätzliche Überzeugungen in einer Thematik stehen, ebenso gut – und ebenso legitim – auch besondere Gegebenheiten und Bedürfnisse im Wahlkreis des Abgeordneten, für die er sich einzusetzen versprochen hat und die durch die jetzt anstehende Entscheidung nicht ausreichend berücksichtigt werden.

Wolfgang Zeh, Verfassungsrechtliche und politische Organisation des Deutschen Bundestages, in: Politische Bildung, Der Deutsche Bundestag, Schwalbach/Ts. 2/2007, S. 62 ff.

M 4

Abgeordnete nach Berufsgruppen

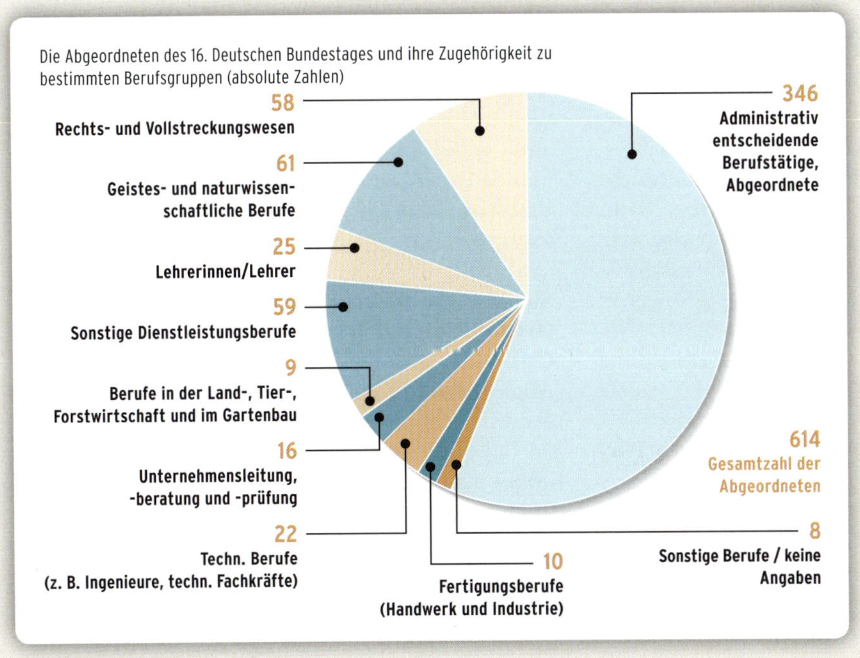

Blickpunkt Bundestag

M5 Christian Ströbele über die komplizierte Stellung eines Abgeordneten

Herr Ströbele, ihr Kollege Marco Bülow beklagt, Abgeordnete hätten in Wirklichkeit nichts zu sagen. Wie frei ist ein Abgeordneter Ihrer Meinung nach?
Gesetzlich sind die Abgeordneten nicht nur frei, sondern sogar verpflichtet, ihrem Gewissen zu folgen. Politisch sollen sie allerdings auch verantwortungsvoll das Programm ihrer Partei umsetzen, denn auf dieser Basis sind sie gewählt worden. Tatsächlich wird von Abgeordneten einer Regierungspartei oft verlangt, dass sie den Vorlagen der Regierung ohne Widerspruch zur Mehrheit verhelfen. Es hängt von jedem Abgeordneten selbst ab, wie viel Rückgrat er gegenüber Regierung und Fraktionsspitze im Konfliktfall beweist. Richtig wäre es, wenn die Regierung mit den Abgeordneten spricht, ihre Bedenken anhört und einarbeitet. Für falsch dagegen halte ich eine „Basta"-Strategie, bei der die Regierung einfach den Abgeordneten das vorsetzt, was sie für richtig hält und dann Zustimmung verlangt.

Seit 1998 ist Hans-Christian Ströbele Mitglied des Deutschen Bundestages (ebenso von 1985 – 1987). Direkt gewählter Abgeordneter ist er seit 2002 für den Wahlkreis Berlin – Friedrichshain-Kreuzberg und Prenzlauer Berg Ost und wurde damit zum ersten direkt gewählten bündnisgrünen Mandatsträger im Bundestag.

Gab es denn Entscheidungen, wo Sie sich als Abgeordneter gegen die Fraktionsspitze oder gegen die rot-grüne Bundesregierung gestellt haben?
Ja! Die Entscheidung im Jahr 2001, ob Deutschland im Afghanistankrieg mitmacht, ist ein Beispiel dafür. Kanzler Schröder hatte diese Frage mit einer Vertrauensfrage verbunden. Wer also gegen den Afghanistankrieg stimmen wollte, musste auch gegen Schröder und den Fortbestand der rot-grünen Koalition stimmen. Dies zeigt, welchen Druck die Regierung auf die Abgeordneten ausgeübt hat.
Ich habe gegen den Krieg gestimmt; andere, die auch gegen den Krieg waren, haben aber dafür gestimmt, weil sie die Koalition nicht preisgeben wollten. Aber immer, wenn ich meiner Fraktionsspitze und der Regierungsvorlage nicht gefolgt bin und anders votiert habe, entsprach mein Abstimmungsverhalten der jeweils gültigen Beschlusslage meiner Partei.

Hatte dies Konsequenzen innerhalb von Partei und Fraktion für Sie?
Bei der folgenden Listenaufstellung wurde ich nicht mehr nominiert. Natürlich lässt sich nicht feststellen, ob die Versammlung mich nicht aufgestellt hat aufgrund meines Abstimmungsverhaltens oder weil sie den Gegenkandidaten aus anderen Gründen bevorzugte. Ich trat dann ohne Absicherung auf der Landesliste der Partei im Wahlkreis direkt an. Im Wahlkampf hat mein Abstimmungsverhalten zum Afghanistankrieg eine Rolle gespielt. Und ich gewann das Mandat. So entstand das erste grüne Direktmandat auf Bundesebene. Sehr viele Bürger haben mir versichert, dass sie zwar in den politischen Positionen nicht völlig meiner Meinung seien, aber gleichwohl mich gewählt hätten, weil ich zu meinen politischen Positionen stehe, auch gegen Druck. Nach dem Gewinn des Direktmandates wurde ich in der Fraktion zu einem der Vize-Vorsitzenden gewählt. Letztlich war ich politisch gestärkt.

Sie sind mit Ihrer Fraktion Bündnis 90/Die Grünen seit der letzten Bundestagswahl in der Opposition. Ist der Druck auf den einzelnen Abgeordneten nun geringer geworden?
Natürlich ist der Druck in einer Regierungsfraktion bei einer Mehrheit von vier Stimmen sehr viel höher als in einer Oppositionsfraktion. Doch auch in der Opposition wird Fraktionstreue erwartet, nur in Ausnahmefällen wird mal akzeptiert, dass Anträgen anderer Fraktionen, die man selbst richtig findet, zugestimmt wird. Leider. Aber auch in

einer großen Koalition mit großen Mehrheiten müsste es doch möglich sein, dass die einzelnen Abgeordneten sich nicht ständig einer Fraktionsdisziplin unterwerfen. Sie könnten stärker entlang ihrer Sicht der Sachfragen entscheiden und damit auch Gesicht zeigen.

Gibt es Ihrer Auffassung nach Wege, wie die Unabhängigkeit der Abgeordneten erhöht werden könnte?
Es geht nicht einfach um Unabhängigkeit, um Querulantentum und Dickköpfigkeit bei jeder passenden Gelegenheit. Natürlich braucht eine Regierung eine Verlässlichkeit bei den Abgeordneten, auf die sie sich stützt. Aber in wichtigen Entscheidungen, z. B. über Krieg und Frieden, muss der Abgeordnete seiner vom Grundgesetz festgeschriebenen Pflicht nachkommen und evtl. auch anders entscheiden. Das muss dann doch nicht der Untergang der Koalition sein. Ich meine, zum einen sollten die Abgeordneten selbst mehr Selbstbewusstsein gegenüber ihrer Fraktionsführung entwickeln. Die Wähler können dies unterstützen, in dem sie Abgeordneten mit eigener Meinung den Rücken stärken, vor allem bei Wahlen, aber auch in Zuschriften bzw. E-Mails, in Leserbriefen, in Gesprächen.

Interview: Erik Müller, 27.6.2008

Aufgaben

1. Erläutern Sie das Spannungsverhältnis von freiem Mandat und Fraktionszwang. Verwenden Sie dabei die Kategorien „Verfassungsnorm" und „Verfassungsrealität" (M 1 – M 3).
2. Erklären Sie, was der Autor in M 3 unter „umgekehrter Fraktionsdisziplin" versteht.
3. Diskutieren Sie, wie sich die berufliche Zusammensetzung des Parlaments auf Arbeit und Selbstverständnis der Volksvetretung auswirken könnte (M 4).
4. Erläutern Sie, welche Konsequenzen es hätte, wenn die Abgeordneten häufiger von Ihrem Recht Gebrauch machen würden, gegen die eigene Fraktion zu stimmen (M 5).

Wissen kompakt

Stellung der Abgeordneten

Das Grundgesetz der Bundesrepublik Deutschland weist den Abgeordneten des Bundestages eine starke Stellung zu. Artikel 38 besagt, dass Abgeordnete „an Aufträge und Weisungen nicht gebunden und nur ihrem Gewissen unterworfen" sind. Darüber hinaus verfügen Abgeordnete über weitere **Rechte**:

- Indemnität: Abgeordnete dürfen für Äußerungen und Abstimmungen im Parlament nicht zur Verantwortung gezogen werden.
- Immunität: Abgeordnete können für strafbare Handlungen nicht strafrechtlich verfolgt werden. Die Immunität kann im Einzelfall durch das Bundestagspräsidium aufgehoben werden.
- Zeugnisverweigerungsrecht: Abgeordnete können als Zeuge vor Gericht die Aussage verweigern, soweit diese im Zusammenhang mit ihrer Abgeordnetentätigkeit steht.
- Diäten: Abgeordnete haben Anspruch auf eine angemessene Vergütung ihrer Tätigkeit. Das Ausmaß der zeitlichen Belastung schließt im Normalfall eine weitere berufliche Tätigkeit aus, sodass es im Laufe der Zeit zu einer Professionalisierung der Abgeordneten kam. Einkünfte aus Nebentätigkeiten (z.B. Beratertätigkeiten, Tätigkeiten in Aufsichtsräten von Unternehmen, ...) müssen offengelegt werden.

Freies Mandat und imperatives Mandat

In einer repräsentativen Demokratie wird das Mandat als Auftrag des Volkes an den Abgeordneten (Mandatsträger) in der Volksvertretung (Parlament) verstanden. Unterschieden wird das **freie Mandat**, das den Abgeordneten (im engeren Sinne) nicht an Aufträge und Weisungen bindet und das **imperative Mandat**, bei dem der Abgeordnete an die konkreten Entscheidungen und Aufträge der Partei oder Gruppe gebunden ist, von der er sein Mandat erhält.

Freies Mandat in der Parteiendemokratie
M 3, M 5

Das Grundgesetz sichert den Abgeordneten zwar ein freies Mandat zu (Verfassungsnorm), im politischen Alltag stehen die Abgeordneten aber in einem vielschichtigen Spannungsverhältnis. Die Fraktionen, in denen sich Abgeordnete einer Partei organisieren, haben großen Einfluss auf das Verhalten der Abgeordneten. Wird der Fraktionszwang bei einer Abstimmung nicht aufgehoben, müssen Abgeordnete mit Konsequenzen rechnen, wenn sie gegen den Beschluss der Fraktion votieren. Diejenigen Abgeordneten, die über die Parteilisten in das Parlament eingezogen sind, können bei der nächsten Wahl für ihr abweichendes Verhalten mit einem schlechten Listenplatz bestraft werden. Dies gilt insbesondere für die Abgeordneten der Regierungsfraktionen. Die Wähler wünschen sich, dass der Abgeordnete ihre Interessen vertritt. Handelt er gegen ihre Interessen, so können sie ihn bei der nächste Wahl mit dem Entzug ihrer Wählerstimme abstrafen.

7.5 Wird der Bundestag durch die EU entmachtet?

Das Regierungssystem der EU im Überblick

M 1

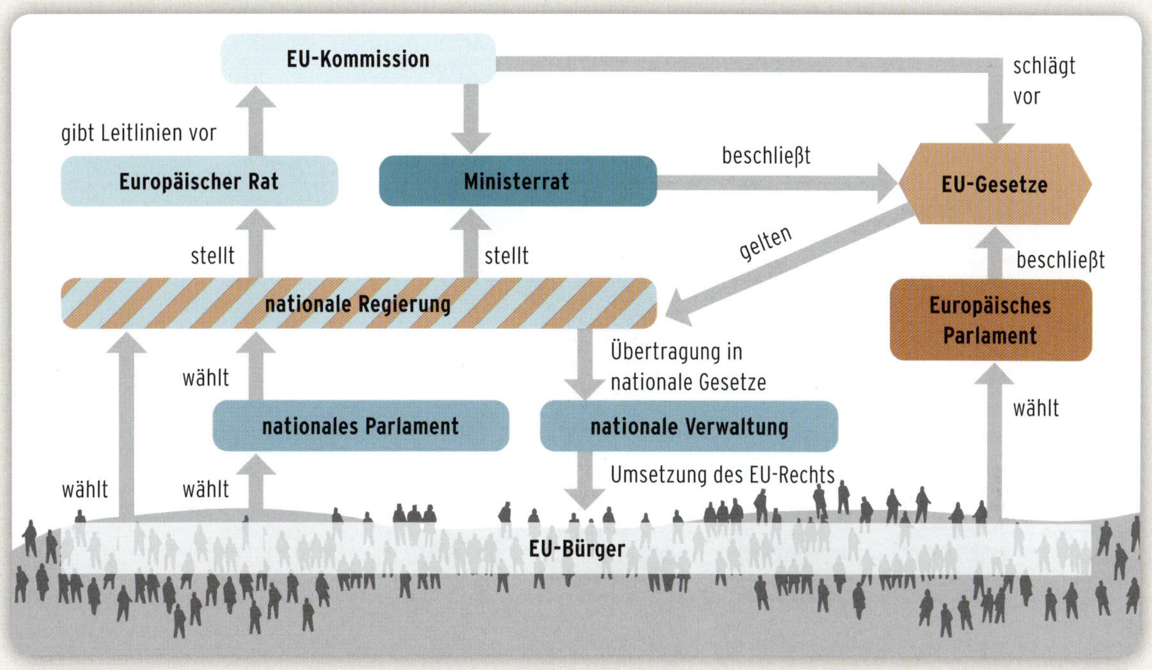

Die Abschaffung des Drei-Säulen-Modells im Vertrag von Lissabon

M 2

Das bisherige Drei-Säulenmodell umfasste die Europäischen Gemeinschaften (im Kern den Binnenmarkt), die zweite Säule den Bereich der Außen- und Sicherheitspolitik und die dritte Säule die Zusammenarbeit von Polizei und Justiz in Strafsachen. Für die Politikfelder der jeweiligen Säulen galten unterschiedliche Rechtsetzungsverfahren. Die Säulenstruktur soll im Vertrag von Lissabon abgeschafft werden. Für die verschiedenen bisherigen Gemeinschaftspolitiken (z.B. Binnenmarkt) sowie für die polizeiliche und justizielle Zusammenarbeit soll künftig grundsätzlich die Gemeinschaftsmethode gelten. Dadurch kann das Europäische Parlament nun in mehr Politikbereichen gleichberechtigt mitentscheiden (das bisherige Mitentscheidungsverfahren wird als ordentliches Gesetzgebungsverfahren zur Regel). Ausnahme bleibt die Gemeinsame Außen- und Sicherheitspolitik, für die weiterhin besondere Vorschriften gelten, wie etwa Einstimmigkeit bei der Beschlussfassung. Bei der Gemeinschaftsmethode kommt im Rat die qualifizierte Mehrheitsentscheidung zur Anwendung. Von 2014 an entscheiden die Mitgliedstaaten im Rat mit doppelter Mehrheit. Danach gilt ein Beschluss als angenommen, wenn eine Mehrheit von 55 Prozent der Mitgliedstaaten und 65 Prozent der Bevölkerung der EU zustimmt.

Autorentext

M 3 Der EU-Kommission?

Stuttmann/CCC, www.c5.net

M 4 Der Vertrag von Lissabon und die Beteiligung der nationalen Parlamente

Der EU-Reformvertrag von Lissabon muss nach der Ratifizierung in allen Mitgliedstaaten der Europäischen Union in nationales Recht umgesetzt werden. In Deutschland regeln Begleitgesetze die Umsetzung. Das Bundesverfassungsgericht hatte jedoch in seinem Urteil vom 30. Juni 2009 festgestellt, dass das Begleitgesetz zur Ratifizierung des Vertrages von Lissabon zum Teil nicht mit dem Grundgesetz vereinbar ist, weil Beteiligungsrechte des Bundestages und des Bundesrates am europäischen Integrationsprozess nicht hinreichend ausgestaltet worden sind. Dies gilt insbesondere für die nach dem Vertrag von Lissabon vorgesehenen vereinfachten Verfahren zur Vertragsänderung sowie für die Verfahren zur Änderung der Einzelheiten des Gesetzgebungsverfahrens der Europäischen Union. Deshalb wurden die Beteiligungsrechte von Bundestag und Bundesrat in einem Gesetzespaket zum Vertrag von Lissabon neu geregelt.

Die Vorgaben des Bundesverfassungsgerichts werden hauptsächlich durch das Integrationsverantwortungsgesetz umgesetzt. Es soll sicherstellen, dass der Bundestag an den im Lissabon-Vertrag vorgesehenen vereinfachten Verfahren zur Vertragsänderung ausreichend beteiligt wird. Das zweite Begleitgesetz regelt die Grundgesetzänderungen, die für die Ratifizierung des Lissabon-Vertrags nötig werden. Aus technischen Gründen muss es getrennt vom Integrationsverantwortungsgesetz verabschiedet werden. Die künftige Zusammenarbeit zwischen Bundestag und Bundesregierung in EU-Fragen wird in einem dritten Gesetz geregelt. Danach muss die Bundesregierung den Bundestag frühzeitig, fortlaufend und schriftlich über alle Vorhaben (Aufnahme von Beitrittsverhandlungen, Initiativen von Gesetzgebungsakten, Stellungnahmen, etc.) im Rahmen der Europäischen Union unterrichten. Die Unterrichtung über die Außen-, Sicherheits- und Verteidigungspolitik werden darin gesondert geregelt. Das Gesetz sieht auch vor, dass die Bundesregierung dem Bundestag eine Möglichkeit zur Stellungnahme geben muss, bevor sie ihre Position für die Verhandlungen in Brüssel festlegt. Förmlich zustimmen muss der Bundestag der Aufnahme von Verhandlungen mit möglichen EU-Beitrittskandidaten und bei der Aufnahme von Verhandlungen zur Veränderung der EU-Verträge.

Ein viertes Gesetz regelt die Zusammenarbeit von Bund und Ländern in Angelegenheiten der Europäischen Union.
Außerdem erhalten die nationalen Parlamente die Möglichkeit, die Gesetzgebung der Europäischen Union hinsichtlich der Einhaltung des Subsidiaritätsprinzips zu überprüfen.
Mit Hilfe der Subsidiaritätsrüge, die von einem Drittel der nationalen Parlamente der EU ausgesprochen werden muss, kann die Kommission gezwungen werden, ihre Gesetzentwürfe noch einmal zu überprüfen. Unter bestimmten Voraussetzungen kann die Mehrheit der nationalen Parlamente, gemeinsam mit Rat oder Europäischem Parlament, sogar erreichen, dass Gesetzentwürfe der Kommission überhaupt nicht mehr weiter beraten werden.
Die nationalen Parlamente können darüber hinaus vor dem Europäischen Gerichtshof wegen Verstoßes gegen das Subsidiaritätsprinzip klagen (Subsidiaritätsklage).
Der Vertrag von Lissabon selbst ist nach dem Urteil des Bundesverfassungsgerichts mit dem Grundgesetz vereinbar. Der Vertrag soll die auf 27 Mitglieder erweiterte Europäische Union effizienter und handlungsfähiger machen. Unter anderem sieht er die Verkleinerung der Kommission vor, die Ausweitung von Mehrheitsentscheidungen, die Schaffung des Amtes eines EU-Präsidenten und die Aufwertung des EU-Außenrepräsentanten. Außerdem wird eine Grundrechte-Charta in Kraft gesetzt.

Autorentext (mit Material von AP)

Das Subsidiaritätsprinzip

Info

Die Europäische Union darf nicht wahllos Gesetze erlassen. Sie muss die Grundsätze der Subsidiarität und der Verhältnismäßigkeit beachten. Das Subsidiaritätsprinzip bedeutet, dass die EU nur dann handeln darf, „sofern und soweit die Ziele der in Betracht gezogenen Maßnahmen von den Mitgliedstaaten weder auf zentraler noch auf regionaler oder lokaler Ebene ausreichend verwirklicht werden können" – so steht es im Vertrag von Lissabon.
Der Grundsatz der Verhältnismäßigkeit sagt, dass die EU „inhaltlich wie formal nicht über das zur Erreichung der Ziele der Verträge erforderliche Maß hinaus" gehen darf.

Autorentext

Kontrovers diskutiert: Wird der Bundestag durch die europäische Integration entmachtet? M 5

a) Schleichende Entmachtung

Schon Ende der 1970er Jahre war festzustellen, dass der Deutsche Bundestag mehr oder minder schleichend und von der Öffentlichkeit unbeachtet eine ganze Reihe von Gesetzgebungszuständigkeiten an die Organe der EWG bzw. EU verloren hatte. Einer Phase der Stagnation folgte ein kräftiger Integrationsschub durch die Einheitliche Europäische Akte, die den 1993 in Kraft getretenen Vertrag von Maastricht vorbereitete. Die Verträge von Amsterdam 1997 und Nizza 2000 ließen weitere Schritte in Richtung gemeinschaftlicher Entscheidungen folgen […].
Heute werden so gut wie alle Bereiche der Landwirtschaft auf EU-Ebene reguliert. In der Währungs- und Geldpolitik, breiter noch: in der Wirtschaftspolitik entstammen mehr als drei Viertel der Rechtsetzung europäischen Verfahren. Eine Reihe weiterer Politikfelder ist partiell vergemeinschaftet. In jeder Wahlperiode erreichen den Bundestag circa 2.500 bis 3.000 EU-Vorlagen und 10.000 bis 15.000 Begleitdokumente. Nur in einem Teil davon, nämlich den Richtlinien, kann das Parlament noch eigenständig legislativ tätig werden. Aber auch hierbei ist der Rahmen durch Absprachen zwischen den nationalen Regierungen oft so eng gezogen, dass kaum noch Gestaltungsspielraum bleibt.
Im Alltagsgeschäft muss der Bundestag versuchen, auf die Verhandlungsführung und das Stimmverhalten der Minister sowie des Bundeskanzlers im Ministerrat beziehungsweise im Europäischen Rat

kontrollierend Einfluss zu gewinnen. Die nach dem Vertrag von Maastricht neu gefassten Grundgesetzartikel 45 und 23 bieten hierfür einige Chancen. Art. 45 GG verpflichtet den Bundestag, einen Ausschuss für die Angelegenheiten der Europäischen Union einzusetzen. Mit dieser Verankerung in der Verfassung wird dem Gremium ein Rang verliehen, den es in der parlamentarischen Praxis jedoch nur wenig zur Geltung zu bringen vermag. Selten ist der EU-Ausschuss in der Beratung von Vorlagen federführend; zumeist nimmt diese Aufgabe der fachlich zuständige Ausschuss wahr. Außerdem erreichen nur wenige EU-Angelegenheiten das Plenum des Bundestages, in der Regel bleibt nur die pauschale und nachträgliche Kontrolle der Vorlagen, da diese als Paketlösungen der Brüsseler Aushandlungsprozesse den nationalen Parlamenten zugehen. Ähnlich schwach nimmt sich die Stellung des Bundestages im Verhältnis zur Regierung aus, wenn es um deren Handeln in den EU-Gremien geht. Nach Art. 23 GG müssen Stellungnahmen des Bundestages den Verhandlungen in der EU „zugrunde gelegt" werden; rechtliche Bindungswirkung entfalten diese aber nur, wenn sie in einem förmlichen Gesetz für den jeweiligen Fall niedergelegt sind.

Faktisch muss bei diesen parlamentarischen Kontrollrechten wiederum zwischen den Möglichkeiten und Zielen von Mehrheitsfraktionen einerseits und der Opposition andererseits unterschieden werden. Während die Opposition im Normalfall auf die förmlichen Verfahren angewiesen ist, können die Abgeordneten der Regierungsmehrheit informell Einfluss auf ihre Minister nehmen, bevor diese im Ministerrat der EU entscheiden. Die Grenzen dieses Einflusses sind aber enger gesteckt als im nationalen Rahmen, denn in der europäischen Normsetzung ist die Bundesregierung selbst nur ein Akteur neben weiteren.

Insgesamt ist der Bundestag – wie auch die anderen nationalen Parlamente der EU-Mitgliedstaaten – im Hinblick auf den europäischen Einigungsprozess mit mehreren Problemen konfrontiert:

- Er hat objektiv Gesetzgebungskompetenzen eingebüßt und zwar auf innenpolitisch bedeutsamen Feldern. Diese Kompetenzverluste werden nur symbolisch dadurch aufgefangen, dass der Bundestag ihnen selbst zustimmen musste und, im Interesse der europäischen Integration, auch keineswegs widerwillig zugestimmt hat.
- Die Arbeitskapazität des Bundestages und die zur Verfügung stehende Zeit reichen oft nicht aus, um den ohnehin schon schmalen Korridor der Mitwirkung effektiv nutzen zu können.

Im nationalen Kontext hat also die europäische Integration förmliche Kompetenzen vom Bundestag hin zur Regierung verlagert sowie den Einfluss auch der regierungstragenden Fraktionen geschmälert; insofern hat in der Tat eine „Entparlamentarisierung" stattgefunden.

Informationen zur politischen Bildung Nr. 295, Parlamentarische Demokratie, Bonn 2007, S. 58 ff.

b) Von wegen machtlos

Europa, die phönizische Königstochter, soll von Zeus nach Kreta entführt und dort verführt worden sein. Vielleicht hat der Entstehungsmythos des Kontinents auf die Europäische Union abgefärbt – jedenfalls werden auch über das moderne Europa zahlreiche Mythen erzählt. Zum Beispiel, dass [...] der Bundestag entmachtet wird, wenn der Vertrag von Lissabon in Kraft tritt. Schließlich der Mythos, dass das deutsche Parlament ohnehin nichts mehr zu entscheiden habe, weil vier Fünftel der Gesetze in Brüssel geschrieben würden.

Kurzum, es scheint, als ob der Bundestag in Brüssel wenig zu melden habe. Dabei gibt es seit fast 15 Jahren einen Europa-Ausschuss, der Brüsseler Gesetzesvorhaben verfolgt, und ein eigenes Verbindungsbüro des Bundestages in Brüssel. Außerdem schickt Kommissionspräsident Jose Manuel Barroso seit 2006 Gesetzentwürfe und sonstige Dokumente nicht mehr nur an die Bundesregierung, sondern auch an den Bundestag – mit der Bitte um Stellungnahme. Doch die Berliner Abgeordneten regen sich statistisch selten: Nach einer internen Kommissionsstatistik für die Zeit von Herbst 2006 bis 2007 meldete sich der Bundestag gerade dreimal, der Bundesrat dagegen 16 mal. Der schwedische Reichstag gab 13 mal, der dänische Folketing zwölf Mal seine Meinung zu Protokoll. Dürfen Deutschlands Abgeordnete nicht aufmucken? Oder wollen sie nicht? Oder müssen sie vielleicht gar nicht? [...]

Richtig ist: Anders als anderen europäischen Parlamenten fehlt es dem Bundestag an scharfen Waffen, um die Regierung auf Verhandlungsziele festzunageln oder Gesetzesvorhaben zu stoppen. [...]

Andere Parlamente gehen offensiver an die Europathemen. Das britische Unterhaus etwa gilt mit seinem „Scrutiny"-Verfahren als vorbildlich. In einem engmaschigen Netz fangen Parlamentarier jene Brüsseler Gesetzesvorhaben ab, von denen sie glauben, sie könnten sich in ihrem Land negativ auswirken. Dazu trifft sich zweimal wöchentlich ein Ausschuss von Abgeordneten und Beamten, um Dokumente aus Brüssel zu begutachten. Was auffällt, wird an die Fachausschüsse weitergeleitet. Auch der EU-Ausschuss prüft Papiere. Überwiegen die Bedenken, kann das House of Commons eine „scrutiny reserve", einen Prüfungsvorbehalt einlegen. Bevor das Parlament nicht zugestimmt hat, darf kein Minister in Brüssel eine Vorlage abnicken. [...]

Im Gegensatz dazu ist der Bundestag ein klassisches Arbeitsparlament. Regierung und parlamentarische Mehrheit kooperieren eng, die Arbeit wird an Arbeitskreise und Gruppen der Fraktionen delegiert, was das System eher intransparent macht. Erschwerend kommt hinzu, dass die Bundesregierung – mit vielen an der Europapolitik beteiligten Referaten – ihre Aktivitäten im EU-Rat kaum publik macht, dass Europa unter Außenpolitik läuft, die im Kanzleramt und im Auswärtigen Amt doppelt besetzt ist und im Wirtschaftsministerium koordiniert wird. Und dass die Länder über den Bundesrat auch noch mitwirken.

Doch machtlos ist der Bundestag keinesfalls: [Der CDU-Abgeordnete] Krichbaum ist überzeugt, dass durch die inzwischen praktizierte Politik der Einbindung bereits im Vorfeld die möglichen Konflikte aus dem Weg geräumt würden. [...]

Weiter ins Herz Europas wird sich der Bundestag mit dem Vertrag von Lissabon begeben. Dieser sieht vor, dass die nationalen Parlamente stärker am EU-Gesetzgebungsprozess beteiligt werden: Sie können rügen, wenn sie meinen, das Subsidiaritätsprinzip werde verletzt. Wenn mindestens ein Drittel aller Parlamente eine negative Stellungnahme abgibt, muss die Kommission ihren Vorschlag überprüfen. In Deutschland, darauf haben sich Koalition und Opposition geeinigt, muss die Klage eingereicht werden, wenn dies von einem Viertel der Abgeordneten verlangt wird. Wenn also der EU-Reformvertrag in Kraft tritt, gilt die Ausrede, der Bundestag habe in Brüssel nichts zu melden, endgültig nicht mehr.

Jeanne Rubner, Das Parlament, 6.4.2009, S.11

Aufgaben

1. Erläutern Sie die grundsätzliche Funktionsweise des politischen Systems der Europäischen Union. Beachten Sie dabei insbesondere die Mitwirkungsrechte der nationalen Ebene (M 1 – M 4).
2. Stellen Sie die Beteiligungsrechte des Bundestages in Angelegenheiten der Europäischen Union in einer Übersichtsgrafik dar (M 1 – M 4).
3. Droht eine „Entparlamentarisierung" des politischen Systems der BRD? Erörtern Sie diese These, und nehmen Sie dazu Stellung (M 5).

Wissen kompakt

Einfluss der EU auf die Gesetzgebung
M 1, M 2

Zahlreiche Gesetze werden heute von der **Europäischen Union** verabschiedet. Die Rechtsetzung erfolgt durch die europäischen Gemeinschaftsorgane in den Bereichen Zollunion und Binnenmarkt, Agrarpolitik, Strukturpolitik, Handelspolitik, Umwelt- und Verbraucherschutz, mit dem Vertrag von Lissabon auch im Bereich der Innen- und Justizpolitik und vielen anderen Politikfeldern. Verordnungen der Europäischen Union in diesen Bereichen gelten als unmittelbares Recht. Richtlinien nennen Ziele und müssen von den Parlamenten in nationales Recht umgesetzt werden. Der Deutsche Bundestag hat deshalb – dies ist unbestritten – die Regelungskompetenz in einer Vielzahl von Politikfeldern an die Organe der Europäischen Union verloren.

Mitwirkungsmöglichkeiten des Bundestages
M 4, M 5

Gleichzeitig wurden jedoch die **Mitwirkungsmöglichkeiten** von Bundestag und Bundesrat in Angelegenheiten der Europäischen Union – zuletzt durch ein Urteil des Bundesverfassungsgerichts vom 30.6.2009 – gestärkt.
Im Grundgesetz und den geänderten Begleitgesetzen zum Vertrag von Lissabon werden dem Bundestag umfassende Mitwirkungsrechte eingeräumt:

- Bei der im Lissaboner Vertrag vorgesehenen Möglichkeit einer vereinfachten Änderung des Primärrechts, das heißt der europäischen Verträge selbst, muss die Bundesrepublik Deutschland jeweils durch gesonderte Gesetze nach Art. 23 GG zustimmen (hier bedarf es der Zustimmung des Bundestages und des Bundesrates).
- Die Bundesregierung muss den Bundestag umfassend, zum frühestmöglichen Zeitpunkt, fortlaufend und in der Regel schriftlich über alle Vorhaben der Europäischen Union unterrichten.
- Vor ihrer Mitwirkung an Vorhaben der EU gibt die Bundesregierung dem Bundestag Gelegenheit zur Stellungnahme.
- Bundestag und Bundesrat bestellen Ausschüsse für die Angelegenheiten der Europäischen Union.
- Bundestag und Bundesrat haben die Möglichkeit, die Einhaltung des Subsidiaritätsprinzips durch die Organe der EU zu überprüfen (Subsidiaritätsklage).

Die nationalen Parlamente der EU-Mitgliedstaaten versuchen auch, ihrem Bedeutungsverlust durch eine bessere Koordination ihrer Arbeit und einen besseren Informationsaustausch zu begegnen. Dazu haben sie die Konferenz der Europaausschüsse als parlamentarisches Gremium auf EU-Ebene eingerichtet.

Es ist allerdings fraglich, ob Bundestag und Bundesrat in der Praxis der Parlamentsarbeit in der Lage sein werden, ihre gestärkten Rechte auch zu nutzen, haben sie doch bestehende Mitwirkungsmöglichkeiten aufgrund der begrenzten Arbeitskapazitäten und der Komplexität der Verfahren nur zögerlich wahrgenommen.

8 Der Gesetzgebungsprozess

Die zentrale Aufgabe des Deutschen Bundestages ist die Gesetzgebung. Über Gesetze werden verbindliche Spielregeln für das gesellschaftliche Zusammenleben der Menschen formuliert. Am Beispiel des demografischen Wandels der Gesellschaft wird in Kapitel 8.1 gezeigt, wie ein Gesetzgebungsprozess abläuft und dass er als Prozess der Problemlösung aufgefasst werden kann.

Neben dem Bundestag ist auch der Bundesrat ein zentraler Akteur im Gesetzgebungsprozess. Auf der einen Seite vertritt er die Interessen der Länder, auf der anderen Seite droht er zu einem Instrument der Opposition zu werden und parteipolitische Ziele zu verfolgen. Diese Entwicklung wird seit langen kritisch diskutiert (Kapitel 8.2).

Als „Hüter der Verfassung" werden häufig der Bundespräsident und vor allem das Bundesverfassungsgericht bezeichnet. Sie wachen über die Verfassungsmäßigkeit staatlichen Handelns. Der Bundespräsident hat im Vergleich zum Verfassungsgericht zwar eine deutlich schwächere Stellung, er kann aber durchaus Einfluss auf die aktuelle Politik nehmen. Welches die Aufgaben des Präsidenten sind und wie er seine Rolle ausgestalten kann, wird in Kapitel 8.3 ausgeführt.

Kapitel 8.4 setzt sich mit der Bedeutung des Bundesverfassungsgerichts auseinander. Das Verfassungsgericht besitzt eine herausragende Stellung im politischen System. Es erfüllt eine ganze Reihe von wichtigen Aufgaben, insbesondere wacht es auch über die Grundrechte der Menschen. Das Gericht sieht sich aber auch mit Kritik konfrontiert. Oft ist zu hören, dass es sich zu stark in konkrete politische Fragen einmische und dem Gesetzgeber zu detaillierte Vorschriften mache. Im Kontext der europäischen Einigung stellt sich die Frage, ob das Gericht gegenüber dem Europäischen Gerichtshof an Bedeutung verliert.

Tipps & Links

Lernen vor Ort

- Stellen Sie die Sozialstruktur Ihrer Stadt bzw. Region dar. Wie stark wird der demografische Wandel die Sozialstruktur verändern? Untersuchen Sie dabei, wie sich Unternehmen auf diesen Wandel und seine Auswirkungen auf den Arbeitsmarkt vorbereiten.
- Befragen Sie Richter des örtlichen Amtsgerichts bzw. Landgerichts über die Stellung des Bundesverfassungsgerichts im deutschen Rechtssystem.

Referieren und Präsentieren

- Das Für und Wider einer Direktwahl des Bundespräsidenten
- Leben und Bedeutung der einzelnen Bundespräsidenten
- Der Bundesrat – eine „Blockadekammer"?
- Bedeutende bzw. umstrittene Entscheidungen des Bundesverfassungsgerichts
- Stellung des Bundesverfassungsgerichts im Vergleich mit Verfassungsgerichtshöfen anderer Staaten (z.B. Supreme Court)
- Aufbau, Stellung und wichtige Entscheidungen des EuGH

Weiterlesen

- André Kaiser, Föderalismus – Geschichte, Formen, Grenzen, München 2008 (C. H. Beck)
  Nur eine Minderheit unter den etablierten Demokratien ist föderal verfasst. Der Autor erläutert die Argumente für eine solche politische Ordnung und zeigt, dass der Föderalismus vor allem in Zeiten harter Verteilungskämpfe und intensiver Reformen Spannungen und Konflikte zwischen Bund und Ländern erzeugt, die Demokratien besonders anfällig für Blockaden machen.
- Horst Säcker, Das Bundesverfassungsgericht, 6. Aufl., Bonn 2003 (Bundeszentrale für politische Bildung)
  Der erste Teil des Bandes befasst sich u.a. mit der Organisation und den Zuständigkeiten des Gerichts. Im zweiten Teil werden wichtige Entscheidungen des BVerfG dargestellt. Dazu gehört auch das Kruzifix-Urteil, das v.a. in Bayern für Furore sorgte.

Recherchieren

www.bundespraesident.de
Die Website des Bundespräsidenten informiert über die Stellung des Bundespräsidenten und das Zusammenwirken mit den anderen Verfassungsorganen. Darüber hinaus werden Reden und Interviews sowie kleine Clips über die Arbeit des Bundespräsidenten.

www.bundesrat.de
Dort finden sich auch umfangreiche Informationen zu den Aufgaben und der Arbeitsweise des Vermittlungsausschusses.

www.bundesverfassungsgericht.de
Die Website bietet Informationen zu den einzelnen Verfassungsrichtern, den Aufgaben des Gerichts und seiner Organisation. Unter den Rubriken Pressemitteilungen und Entscheidungen können vergangene Urteile recherchiert werden.

http://curia.europa.eu/de
Homepage des Europäischen Gerichtshofs (EuGH) in deutscher Sprache: Hier werden die Aufgaben und Entscheidungen des Gerichts dargestellt. Umfangreiche Verlinkung mit den europäischen Institutionen.

8.1 Wie entsteht ein Gesetz?

Das Problem – Deutschland altert

M 1

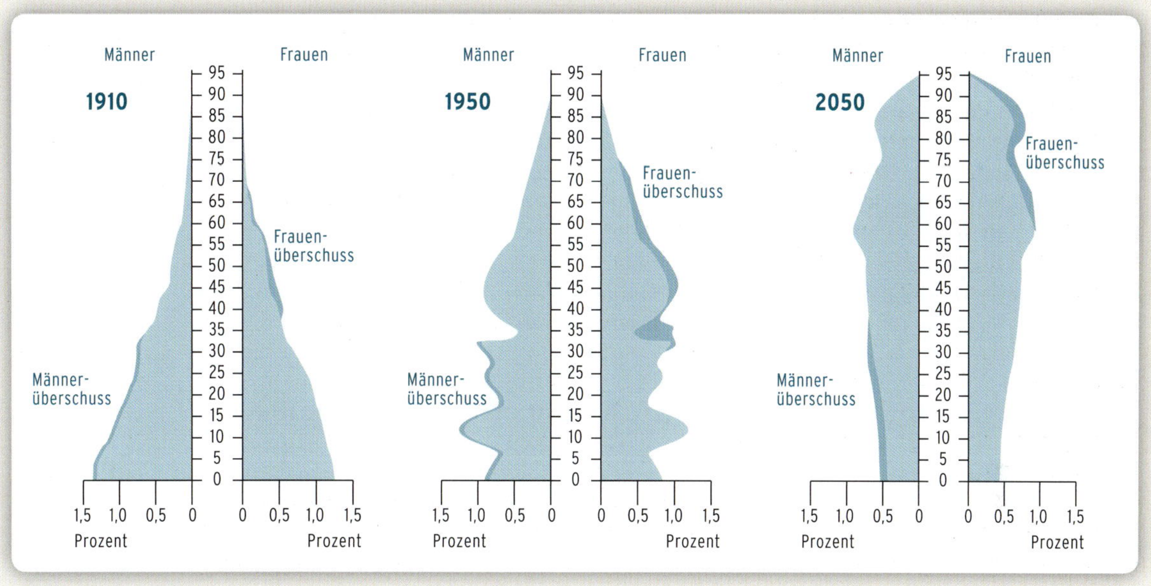

Bundesinstitut für Bevölkerungsforschung (BIB), Bevölkerung, Sonderheft 2004, S. 57, 60

Mehr Kinder durch richtige Familienpolitik?

M 2

Der Norweger Jan Hoem, 67, leitet gemeinsam mit dem Amerikaner James Vaupel das 1996 in Rostock gegründete Max-Planck-Institut für demografische Forschung.

SZ: Die Geburtenraten in Skandinavien sind deutlich höher als in Deutschland. Würden Sie sagen, dass die skandinavische Familienpolitik dies maßgeblich beeinflusst?

Hoem: Es ist natürlich fast unmöglich, nachzuweisen, welches einzelne Element welchen Einfluss auf die Fertilität eines Landes hat. Entscheidungen für oder gegen Kinder werden auch von sozialen, wirtschaftlichen und kulturellen Faktoren beeinflusst. Manchmal lassen sich aber wissenschaftlich fundierte Vergleiche über die Auswirkungen der Politik ziehen. Zum Beispiel zwischen Schweden und Finnland: Beide Länder haben ein ähnliches politisches System, sind kulturell vergleichbar und hatten in den neunziger Jahren eine ähnliche Wirtschaftskrise. In Schweden ging die Fertilität deutlich nach unten – doch Finnland hatte eine neuartige Familienförderung eingeführt: Familien in ökonomisch schwieriger Situation erhielten mehr finanzielle Hilfen vom Staat. Die Folge: Die Fertilität in Finnland blieb hoch; ein Welleneffekt wie in Schweden blieb aus. Daran sieht man, dass Familienpolitik durchaus Effekte hat.

Interview: Felix Berth, Süddeutsche Zeitung, 6.12.2006

Aufgaben

1. Beschreiben Sie die demografische Entwicklung in Deutschland (M 1).
2. Stellen Sie dar, welche Probleme daraus für den Einzelnen und für die Gesellschaft resultieren werden.
3. Kann der Staat durch Familienpolitik die Geburtenrate beeinflussen (M 2)? Erläutern Sie die Position des Bevölkerungsexperten Jan Hoem, und nehmen Sie dazu Stellung.

M3 Das Familienministerium wird aktiv

Kinder oder Karriere? Diese Frage stürzt viele Frauen in ein kaum lösbares Dilemma. Kinderbetreuungsplätze sind rar, und selbst wer einen ergattert, kämpft mit Öffnungszeiten, die nicht zu einem Vollzeitjob passen. Die Konsequenz sind sinkende Geburtenraten. Gerade Akademikerinnen entscheiden sich trotz Kinderwunsch gegen Familie. Mehr als 40 Prozent der Hochschulabsolventinnen bleiben kinderlos. Eine Vorzeigemutter möchte das gern ändern. Ursula von der Leyen, Familienministerin und Mutter von sieben Kindern, will die Vereinbarkeit von Familie und Beruf fördern. Bereits seit Anfang Februar 2006 können berufstätige Eltern einen Teil der Kinderbetreuungskosten steuerlich absetzen. Sukzessive soll außerdem das Betreuungsangebot der unter Dreijährigen ausgebaut werden. Für 2007 plant die **Familienministerin** ein Elterngeld, das Eltern für ein Jahr 67 Prozent ihres monatlichen Nettogehalts ersetzen soll, wenn sie zu Hause ihr Kind betreuen.

Tina Kaiser, Die Welt, 5.3.2006

M4 Bundesregierung beschließt Einführung eines Elterngelds

Die **Bundesregierung** hat die Einführung eines Elterngeldes zum Jahreswechsel 2006/2007 beschlossen und damit eines ihrer zentralen familienpolitischen Projekte auf den Weg gebracht. Das einkommensabhängige Elterngeld gebe jungen Müttern und Vätern einen Schonraum, sich ohne finanziellen Druck Zeit für ihr Neugeborenes zu nehmen, sagte Familienministerin Ursula von der Leyen nach dem Kabinettsbeschluss am Mittwoch. [...] Die Zustimmung des Bundestags ist angesichts der Koalitionsmehrheit sicher. Die Regierung rechnet laut Kabinettsvorlage auch mit der Billigung der Länderkammer, die dem Gesetz zustimmen muss. Das steuerfinanzierte Elterngeld ist Teil der Koalitionspläne, bessere Voraussetzungen zu schaffen, dass wieder mehr Kinder geboren werden und sich Beruf und Kind besser miteinander vereinbaren lassen.

Grüne und Linke: Entwurf sozial unausgewogen

Die familienpolitische Expertin der Grünen, Ekin Deligöz, kritisierte die geplanten Regelungen als sozial unausgewogen, da Geringverdiener zu wenig gefördert würden. Auch der Experte der Linksfraktion, Jörg Wunderlich, sprach von einer Mogelpackung.

manager-magazin.de, 14.6.2006

M5 Gespaltene Reaktion der Verbände

Der **Verband der Selbständigen** kritisiert die Regierung: Bisherige Maßnahmen sind zu teuer und teils kontraproduktiv. Mit der herkömmlichen Familienpolitik sei die demografische Krise in Deutschland nicht zu meistern. Die Einführung eines Elterngeldes und der flächendeckende, zwangsfinanzierte Aufbau eines dichten Netzes von Kindertagesstätten seien nur die Krönung dieser Entwicklung. Die richtige Antwort auf den drohenden Bevölkerungsschwund könne nur im Rückzug des Staates und in einer Wiederherstellung der Selbstverantwortlichkeit der Familien liegen.

Der **Paritätische Wohlfahrtsverband** sprach von einem Fortschritt im Vergleich zum Koalitionsvertrag. Entgegen des Versprechens von Familienministerin Ursula von der Leyen (CDU) könne man aber keinen Beitrag gegen Kinderarmut erkennen. „Das Elterngeld ist eine Hofierung von Gut- und Besserverdienern", sagte Hauptgeschäftsführer Ulrich Schneider der *Westdeutschen Allgemeinen Zeitung*.

Der **Deutsche Familienverband** lobte den guten Ansatz, der Familienbund der Katholiken sprach von einem wichtigen Etappenziel.

Der **Caritasverband** begrüßte die Einigung grundsätzlich als Verbesserung für Familien mit geringem oder keinem Einkommen.

Zusammenstellung des Autors

Das Elterngeld

Regelung ab Januar 2007

- zusätzlich zum Kindergeld
- 67 % des Nettogehaltes des Elternteils, der nach der Geburt des Kindes zu Hause bleibt; max. 12 Monate
- mindestens 300 Euro pro Monat, maximal 1 800 Euro pro Monat
- Teilzeit-Beschäftigung unter 30 Stunden wöchentlich möglich
- zusätzliche Unterstützung für Geringverdiener mit unter 1 000 Euro im Monat
- Geschwisterbonus von je 10 % des Elterngeldes (mind. 75 Euro) für Haushalte mit mind. 2 Kindern unter 3 Jahren oder 3 und mehr Kindern unter 6 Jahren

Beispiele:

Nettogehalt	0	300	448	900	1 500	2 200	2 687	3 200
Elterngeld	300	300	300	603	1 005	1 474	1 800	1 800

- Wenn auch der zweite Elternteil mindestens zwei Monate zu Hause bleibt, verlängert sich das Elterngeld um zwei auf 14 Monate
- Allein Erziehende haben ebenfalls Anspruch auf 14 Monate

Globus Grafik 0957

Bundestag macht den Weg für das Elterngeld frei

M 6

Der **Bundestag** hat den Weg für ein Elterngeld frei gemacht und damit einen grundlegenden Wechsel in der Familienförderung angestoßen. Die große Koalition stimmte im September 2006 der Einführung der Lohnersatzleistung nach der Geburt eines Kindes vom 1. Januar 2007 an zu. Die Regierung hofft, damit die Familien zu mehr Kindern zu ermutigen. FDP, Linksfraktion und Grüne votierten vor allem wegen fehlender Anschlussangebote zur Betreuung von Kleinkindern dagegen. […] Die Koalition hatte sich zuletzt noch auf einen Geschwisterbonus verständigt, der bei mehreren Kleinkindern in der Familie das Elterngeld um zehn Prozent erhöht. Eltern müssen die neue Leistung nicht versteuern.

Nach dem Deutschen Bundestag hat der **Bundesrat** am 3.11.2006 das Gesetz zur Einführung des Elterngelds verabschiedet. Damit steht fest – das Elterngeldgesetz tritt wie geplant zum 1. Januar 2007 in Kraft. Nun bereiten Bund und Länder gemeinsam den Vollzug des Gesetzes vor.

Autorentext

Was ist ein Gesetz?

Info

Mit Gesetzen nimmt der Staat seine Aufgaben wahr. Er schützt seine Bürger (z.B. durch Strafandrohung für Vergehen), ordnet das Zusammenleben (z.B. durch Straßenverkehrsregeln) und erfüllt staatliche Leistungen (z.B. durch die Sozialgesetzgebung). Darüber hinaus kann der Staat mit Hilfe von Gesetzen das Zusammenleben der Menschen lenken und gestalten (z.B. Förderung von Forschung und Bildung, Entscheidung über zukünftige Energiepolitik).

Gesetze weisen im Allgemeinen drei Merkmale auf:

- Sie werden in einem vorgeschriebenen Verfahren der gesetzgebenden Organe (Bundestag) beschlossen und müssen ordnungsgemäß ausgefertigt und verkündet werden.
- Sie enthalten für eine Vielzahl von Personen allgemeine Regeln (keine Einzelfallregelung).
- Gesetze sind allgemeinverbindlich und müssen von allen Betroffenen eingehalten werden.

Autorentext

M 7 Etappen der Gesetzgebung

Die meisten Gesetze, die in den Bundestag eingebracht werden, sind Vorlagen der Regierung. Die Entwürfe werden in den zuständigen Fachministerien erarbeitet.

Generell können Gesetzentwürfe von der Bundesregierung, aus dem Bundestag oder vom Bundesrat eingebracht werden.

Die erste Beratung im Plenum des Bundestages dient der Begründung des Gesetzesvorhabens und der Erörterung der Grundsätze der Vorlage. Es erfolgt noch kein Beschluss.

Der Gesetzentwurf wird anschließend an die fachlich zuständigen Ausschüsse überwiesen und dort intensiv beraten. Dort können in so genannten „hearings" auch Experten von außerhalb zu einem Gesetz gehört werden. Der Ausschuss kann dann dem Plenum eine Abänderung, Annahme oder Ablehnung des Entwurfs empfehlen.

Die zweite Lesung (Beratung) des Entwurfs erfolgt auf der Grundlage der Ausschussempfehlung. Über die einzelnen Bestimmungen wird dann abgestimmt.

Die dritte Lesung schließt sich unmittelbar an. Anschließend erfolgt die Schlussabstimmung.

Das im Bundestag beschlossene Gesetz wird dann dem Bundesrat zugeleitet. Die Zustimmung des Bundesrats ist erforderlich, wenn es sich um ein Zustimmungsgesetz handelt, in der Sache also Bund und Länder zuständig sind. Bei einem Einspruchsgesetz kann der Bundestag einen Einspruch des Bundesrats in einer weiteren Abstimmung überstimmen.

Bei Uneinigkeit über ein Zustimmungsgesetz und einer drohenden Ablehnung kann der Vermittlungsausschuss angerufen werden, der einen Kompromissvorschlag erarbeitet, über den Bundestag und Bundesrat erneut abstimmen. Bundestag und Bundesrat entsenden je 16 ihrer Mitglieder in den Vermittlungsausschuss. Können sich die Vertreter dabei nicht einigen, ist das Gesetz – wenn es sich um ein zustimmungspflichtiges Gesetz handelt – gescheitert.

Nach der Verabschiedung des Gesetzes wird es dem zuständigen Minister und dem Bundeskanzler zur Unterzeichnung vorgelegt.

Anschließend muss noch der Bundespräsident das Gesetz unterzeichnen. Er kann seine Unterschrift nur verweigern, wenn er der Auffassung ist, dass das Gesetz gegen die Verfassung verstößt.

Das Gesetz wird im Bundesgesetzblatt verkündet und tritt in Kraft.

Autorengrafik/Autorentext

Das Elterngeld – eine Erfolgsgeschichte?

M 8

a) Mehr Väter beantragen Elterngeld

Das 2007 eingeführte Elterngeld motiviert Väter, für ihren Nachwuchs eine Pause im Beruf zu machen. Inzwischen stamme jeder achte bewilligte Antrag von einem Mann, berichtete das Statistische Bundesamt (Destatis) in Wiesbaden.

Die Zahl der Anträge von Vätern wuchs während des Jahres 2007 konstant an: Der Anteil der Männer an den Elterngeld-Beziehern wuchs von 6,9 Prozent im ersten Vierteljahr auf 12,5 Prozent im letzten Quartal. Im Jahresdurchschnitt wurden 10,5 Prozent der insgesamt 571.000 bewilligten Anträge des Jahres 2007 von Vätern gestellt. Beim früheren Erziehungsgeld lag der Anteil der Väter den Statistikern zufolge lediglich bei rund 3,3 Prozent.

Frankfurter Allgemeine Zeitung, 29.2.2008

b) Geburtenrate steigt, Probleme bleiben

Die Zahl der Neugeborenen ist durch das Elterngeld nicht gestiegen. Eine neue Studie zeigt allerdings, dass die Neuregelung trotzdem wirkt: Zwar werden weniger Frauen Mütter – die bekommen aber mehr Kinder. [...] Die Statistiker rechnen für 2008 mit 675.000 Neugeborenen – 1,1 Prozent weniger als im Vorjahr. Und das, obwohl die Familienministerin monatelang für ihre Familienpolitik getrommelt und schon erste Erfolge verkündet hatte.

Und doch: Das Elterngeld wirkt – wenn auch im Kleinen. „Auch wenn es in Deutschland 2008 weniger Nachwuchs gab, bekommen die Menschen wieder mehr Kinder“, so das Ergebnis einer Studie des Berlin-Instituts für Bevölkerung und Entwicklung. Was erst einmal widersprüchlich klingt, hat einen wahren Kern: Denn tatsächlich zeigt die Studie, dass zwar die Zahl der Geburten absolut gesunken ist – allerdings nicht so stark wie die Zahl der Frauen im geburtsfähigen Alter. „Wir haben durch die geringen Geburtenzahlen der vergangenen Jahrzehnte einen starken Rückgang der potentiellen Mütter“, sagt Reiner Klingholz, Leiter des Berlin-Instituts. Selbst bei einer gleichbleibenden Geburtenrate könne die Zahl der Kinder deshalb nicht steigen – denn wo weniger Frauen sind, werden auch weniger Kinder geboren. „Dass die Zahl der Geburten quasi gleich geblieben ist, ist deshalb schon ein kleiner Erfolg.“

Susanne Amann, Spiegel-Online, 6.5.2009

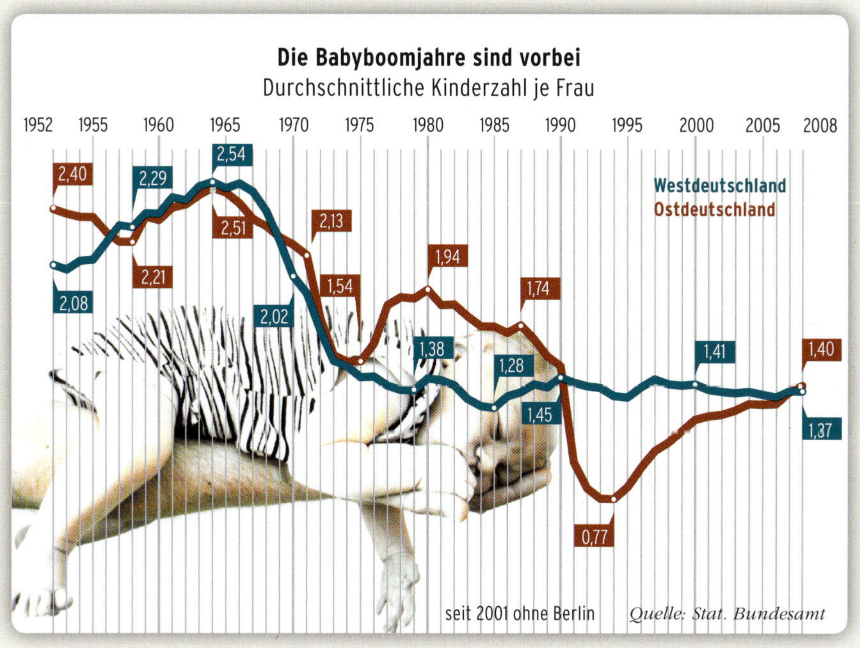

Globus Grafik 3045

Methode

Wie man politische Prozesse analysieren kann – der Politikzyklus

Modelle sind wichtige Instrumente, mit denen wir die politische Wirklichkeit untersuchen können. Ein Modell versucht die Wirklichkeit so darzustellen, damit wir sie verstehen können. Dabei muss das Modell die Wirklichkeit stark vereinfachen - sozusagen nur das Wichtigste darstellen. Darin liegt aber auch eine Gefahr, denn wenn ein Modell zu stark vereinfacht, dann kann es die Wirklichkeit nicht mehr angemessen darstellen.

Der Politikzyklus ist ein solches Modell und ihm liegt ein gewisses Verständnis von Politik zugrunde: Politik wird hier als eine (endlose) Kette von Versuchen zur Bewältigung gesellschaftlicher Probleme verstanden.
D.h. Politik ist ein Prozess, der meist lange andauert und manchmal auch nicht endet. Es gibt Probleme, die werden von der Politik gelöst. Es gibt aber auch Probleme, die die Politik dauerhaft beschäftigen.

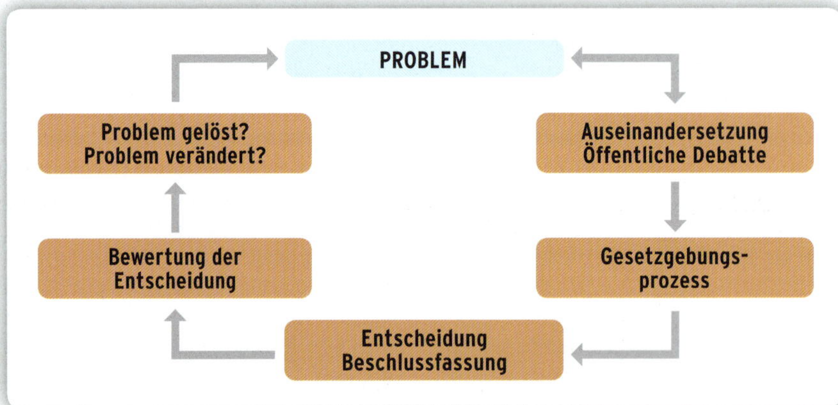

Am Beginn des Politikzyklus steht ein Problem, mit dem sich die Politik beschäftigen muss. Es wird öffentlich darüber gestritten, was man tun soll. Dabei spielen auch die Medien eine ganz wichtige Rolle. Es folgt das Gesetzgebungsverfahren in Bundestag und Bundesrat. Ist eine Entscheidung getroffen, dann wird diese wieder in der Öffentlichkeit diskutiert und bewertet. Wenn das Problem damit beseitigt werden kann, dann wird der Politikzyklus nur einmal durchlaufen. Verändert sich das Problem oder sind die getroffenen Maßnahmen nicht wirksam, dann beginnt der Zyklus von vorn. Deshalb spricht man davon, dass Politik eine (endlose) Kette von Versuchen ist, gesellschaftliche Probleme zu lösen.

Aufgaben

1. Erstellen Sie eine Chronologie der wichtigsten Etappen zum Elterngeld (M 1 – M 8).
2. Ordnen Sie die einzelnen Etappen den Phasen des Politikzyklus zu (M 1 – M 8).
3. Nehmen Sie Stellung zu der Frage, ob das Problem durch das Gesetz gelöst werden konnte. Arbeiten Sie Vorschläge für weitere Maßnahmen aus, mit denen die Geburtenrate gesteigert werden könnte.

Wissen kompakt

Gesetzgebungsfunktion des Bundestages
M 1 – M 6

Die klassische Aufgabe des Parlaments ist die Gesetzgebung. Durch **Gesetze** regelt der Staat das Zusammenleben in der Gesellschaft. Er verabschiedet verbindliche Spielregeln und wacht über deren Einhaltung. Mit Hilfe von Gesetzen regelt er auch die Umverteilung im modernen Wohlfahrtsstaat, z.B. über das Steuerrecht oder die Sozialgesetzgebung.
Gesetze, die der Staat zur Erfüllung seiner Aufgaben erlässt, weisen im Allgemeinen drei Merkmale auf:

- Gesetze kommen durch vorgeschriebene Verfahren zustande (Rechtsstaatlichkeit).
- Gesetze sind als allgemeingültige Normen auf alle entsprechenden Fälle anzuwenden (Allgemeingültigkeit).
- Gesetze haben verbindlichen Charakter und müssen deshalb von allen Betroffenen eingehalten werden (Bindungswirkung).

Gang der Gesetzgebung
M 7

Bei der **Gesetzgebung** wirken Bundesregierung, Bundestag und Bundesrat zusammen. Das Gesetzgebungsverfahren ist recht komplex und zum Teil recht langwierig, es bietet aber gesellschaftlichen und politischen Akteuren viel Raum, Einfluss zu nehmen. So erreichen die Entscheidungen ein hohes Maß an Legitimität.
Am Beginn des Verfahrens steht das Initiativrecht, d.h. das Recht, einen Gesetzesentwurf einzubringen. Bundesregierung, Bundesrat und Bundestag (mindestens 5% der Abgeordneten) besitzen das **Initiativrecht**. In der politischen Praxis kommen mehr als die Hälfte der Initiativen aus den Reihen der Bundesregierung. Die Entwürfe der Bundesregierung werden in den Fachministerien ausgearbeitet. Dort können bereits private Interessen – z.B. Interessenverbände – Einfluss nehmen und mit ihrem Fachwissen die Ausarbeitung des Gesetzes unterstützen.
In der **ersten Lesung** debattiert der Bundestag die Grundzüge des Gesetzentwurfes. Anschließend wird der Entwurf an die **Ausschüsse** verwiesen, in denen eine eingehende Prüfung und Beratung stattfindet. In diesem komplizierten Prozess werden auch Experten und Vertreter von Interessenverbänden gehört. Die Ausschüsse tagen nach wie vor in der Regel nicht öffentlich. Dies wird auf der einen Seite kritisiert, da die Öffentlichkeit keinen Einblick in den wichtigen Prozess der Aushandlung hat. Auf der anderen Seite betonen Befürworter dieses Systems, dass ohne den kritischen Blick der Öffentlichkeit sachbezogener gearbeitet werden kann und parteipolitische Auseinandersetzungen nicht so sehr dominieren wie in öffentlichen Debatten.
Anschließend berät das Plenum in **zweiter Lesung** die Änderungen und Ergänzungen, die in den Ausschüssen vorgenommen wurden. In der **dritten Lesung** findet nach der abschließenden Debatte die Schlussabstimmung statt. Bei einfachen Gesetzen reicht die einfache Mehrheit der anwesenden Parlamentarier aus, bei verfassungsändernden Gesetzen sind die Stimmen von zwei Dritteln

der Mitglieder des Bundestages notwendig. In den Schlussdebatten versuchen die Vertreter der Regierung und Opposition, ihre Position für die Öffentlichkeit zu formulieren. Einen Einfluss auf die Formulierung des Gesetzes hat diese Debatte nicht mehr.

Zustimmungspflichtige und einfache Gesetze

Man unterscheidet im Gesetzgebungsverfahren zwischen **einfachen Gesetzen** und **zustimmungspflichtigen Gesetzen**. Diese Unterscheidung hat erheblichen Einfluss auf die Mitwirkungsmöglichkeiten der Länder an der Gesetzgebung des Bundes.

Zustimmungspflichtige Gesetze sind Gesetze, die:

- die Verwaltung der Länder betreffen,
- die Ausgaben für die Länder festlegen,
- die Steuern zum Inhalt haben, die ganz oder zum Teil Ländern oder Gemeinden zufließen,
- durch die das Grundgesetz geändert wird.

Nicht zustimmungspflichtig sind z.B. Gesetze über auswärtige Angelegenheiten und Verteidigung. Dies ist alleinige Angelegenheit des Bundes.

Mitwirkung des Bundesrats

Hat der **Bundesrat** Änderungswünsche, so kann er bei einfachen Gesetzen Einspruch erheben (deshalb nennt man diese Gesetze auch Einspruchsgesetze). Der Bundestag kann diesen Einspruch mit einfacher Mehrheit überstimmen und das Gesetz kann in Kraft treten.

Bei zustimmungspflichtigen Gesetzen sind die Mitwirkungsmöglichkeiten des Bundesrats wesentlich umfangreicher – hier besitzt er eine echte Vetomacht. Lehnt er einen Gesetzesentwurf ab, beginnt das Vermittlungsverfahren, in dem Bundestag und Bundesrat einen Kompromiss finden müssen. Dazu wird der Vermittlungsausschuss angerufen. Der Vermittlungsausschuss besteht aus je 16 Vertretern aus Bundesrat und Bundestag. Findet der Vermittlungsausschuss einen Kompromiss, kann das Gesetz, nachdem Bundestag und Bundesrat zugestimmt haben, in Kraft treten. Kann keine Einigung erzielt werden, ist das Gesetz gescheitert.

Ausfertigung und Verkündigung

Ist das Gesetz zustande gekommen, wird es durch den Bundeskanzler und den zuständigen Bundesminister unterzeichnet, vom Bundespräsident beurkundet („ausgefertigt“) und im Bundesgesetzblatt veröffentlicht („verkündet“).

8.2 Der Bundesrat im Gesetzgebungsprozess

Der Bundesrat in den Schlagzeilen

M 1

Bundesrat blockiert

BKA-Gesetz soll in Vermittlungsausschuss
Das BKA-Gesetz wird vermutlich im Bundesrat scheitern. Nach den sächsischen verweigern nun auch die Sozialdemokraten in Schleswig-Holstein dem Gesetzentwurf die Zustimmung.
17.11.2008

Bundesrat stimmt Schuldenbremse zu

Nach dem Bundestag hat auch der Bundesrat der Aufnahme einer Schuldenbremse in das Grundgesetz zugestimmt. Die Verfassungsänderung erhielt 58 von 69 Stimmen und damit die erforderliche Zweidrittelmehrheit.
12.6.2009

Bundesrat stimmt Konjunkturpaket II zu

Der Bundesrat hat am Freitag dem zweiten Konjunkturpaket gegen die Wirtschaftskrise zugestimmt. Es ist mit 50 Milliarden Euro das größte Konjunkturprogramm in der bundesdeutschen Geschichte. Bei der Kfz-Steuerreform traten die Länder hingegen auf die Bremse. Sie fordern mehr Ausgleichszahlungen bei der Übertragung dieser Steuer auf den Bund. Die Länderkammer rief den Vermittlungsausschuss von Bundestag und Bundesrat an.
20.2.2009

Bundesrat lehnt Bahnprivatisierung ab

Heftige Kritik an der Teilprivatisierung der Deutschen Bahn: Der Bundesrat hat den Entwurf der Bundesregierung heute abgelehnt. Manche Länder halten die Pläne schlichtweg für verfassungswidrig.
12.10.2007

Zusammenstellung des Autors

Der Bundesrat und seine Bedeutung im politischen System

M 2

Der Bundesrat ist die Institution, mittels derer die Gliedstaaten auf die Politik des Zentralstaates einwirken können. Die Länder liefern über den Bundesrat wichtige Impulse, nicht nur, um ihre eigenen Interessen zu wahren, sondern auch, um die Durchführbarkeit der Bundesgesetze zu sichern. Zudem wirken die Länder über den Bundesrat auch in Angelegenheiten der Europäischen Union mit. Dies ist dann der Fall, wenn in der Europäischen Union Materien geregelt werden sollen, die in die originäre Zuständigkeit der Länder fallen.
Zu den grundlegenden Aufgaben des Bundesrates gehört es sicherzustellen, dass die Länder an der Willensbildung des Zentralstaates beteiligt sind. Da die Länder damit beauftragt sind, die Gesetze des Bundes auszuführen, sollen sie dabei vor allem ihre Verwaltungserfahrung einbringen können. Der Bundesrat soll also korrigierend gegenüber dem Bundestag wirken. Das Hauptaugenmerk des Bundesrates richtet sich dabei auf die Lösung von Verwaltungsproblemen und die Praktikabilität der Regelungen.
Dabei besteht allerdings die Gefahr, dass nicht mehr die betroffenen Bürgerinnen und Bürger, sondern die Interessen der Verwaltung zum Maßstab werden. Zudem können fiskalische Rücksichten auf die Etats der Länder und ihre Ressorts dazu führen, dass eine von der Mehrheit im Bundestag und der Bundesregierung geplante, dringend notwendige Reformmaßnahme verhindert oder abgeschwächt wird. [...]

Im Bundesrat ist jedoch nicht nur die bundesstaatliche Komponente wirksam, sondern es spielen auch parteipolitische Strategien eine Rolle. Welches Element stärker wiegt, hängt in erster Linie von den Mehrheitsverhältnissen in Bundestag und Bundesrat ab.
Arbeiten in Bundesrat und Bundestag unterschiedliche parteipolitische Mehrheiten, wird der Bun-

desrat auch oft als Instrument der Opposition bezeichnet. Dieser Behauptung liegt die Annahme zugrunde, dass die Partei, die im Bundestag in der Minderheit ist, ihre politische Mehrheit im Bundesrat dazu benutzt, die Gesetzesvorlagen der Bundesregierung zu blockieren. Der Hintergrund für diese – nicht immer zutreffende – Wahrnehmung ist die Tatsache, dass Bundes- und Landespolitik von den politischen Parteien unter einer gesamtstaatlichen einheitlichen Strategie gesehen werden und die Taktik entsprechend gestaltet wird. Deshalb ist es stets ein wichtiges Ziel für die Regierungskoalition im Bund, die Bundesratsmehrheit zu gewinnen, wie es umgekehrt das Ziel der Bundestagsopposition ist, dies zu verhindern. […]

Prinzipiell ist es übertrieben, von einer „Blockade“ oder „Lähmung“ der Bundesgesetzgebung durch den Bundesrat zu sprechen. Die Bundesratsmehrheit hat bisher ihre demokratische und verfassungsmäßige Kontroll- und Alternativfunktion – zu der die Bundestagsminderheit aus verschiedenen Gründen kaum fähig ist – überlegt wahrgenommen. Feststellen lässt sich aber, dass gerade bei wichtigen, parteipolitisch kontroversen Gesetzesvorhaben eine Korrektur stattfand und Interessengegensätze ausgeglichen wurden.

Dadurch, dass die Regierungsparteien im Bund bei den entsprechenden Mehrheitsverhältnissen nicht ohne den Bundesrat (und damit möglicherweise die Minderheitspartei im Bundestag) regieren können, muss in verschiedenen Gremien und informellen Gesprächen eine Kompromisslösung herbeigeführt werden, der beide Organe zustimmen können. Da diese Verhandlungen für Außenstehende oft nicht durchsichtig sind, wird eine klare Zuordnung von Verantwortlichkeiten ebenso erschwert wie die gerade für die Wählerinnen und Wähler bedeutsame Identifikation von parteipolitischen Positionen.

Informationen zur politischen Bildung Nr. 298, Föderalismus in Deutschland, Bonn 1/2008, S. 40 ff.

Der Bundesrat in Berlin.

Info

Stimmenverteilung im Bundesrat

Im Bundesrat haben die Länder ein abgestuftes Stimmgewicht. Es orientiert sich an der Einwohnerzahl:

- Länder mit **drei Stimmen**: Bremen, Hamburg, Mecklenburg-Vorpommern, Saarland
- Länder mit mehr als zwei Millionen Einwohnern haben **vier Stimmen**: Berlin, Brandenburg, Rheinland-Pfalz, Sachsen, Sachsen-Anhalt, Schleswig-Holstein und Thüringen
- Länder mit mehr als sechs Millionen Einwohnern haben **fünf Stimmen**: Hessen
- Länder mit mehr als sieben Millionen Einwohnern haben **sechs Stimmen**: Baden-Württemberg, Bayern, Niedersachsen, Nordrhein-Westfalen.

Autorentext

Die Aufgabenverteilung zwischen Bund und Ländern

M 3

Die Verteilung der Zuständigkeiten und Aufgaben zwischen dem Bund und den Ländern ist in unserer Verfassung, dem Grundgesetz, genau geregelt. Darüber hinaus sprechen sich die Länder auch bei einzelnen Vorhaben untereinander ab. Über den Bundesrat wirken die Länder bei der Gesetzgebung des Bundes mit.

Autorengrafik (Stand: 02/2007)

Am 1. September 2006 wurden im Zuge der Föderalismusreform die Zuständigkeiten zwischen Bund und Ländern neu geordnet. Ziel war es, durch eine klarere Trennung der Kompetenzen die Zahl der zustimmungspflichtigen Gesetze zu reduzieren und so die Handlungsfähigkeit von Bund und Ländern zu erhöhen. Bis dahin waren zwischen 50 und 60 % der verabschiedeten Gesetze zustimmungspflichtige Gesetze.
Das Besoldungs- und Versorgungsrecht für Landesbeamte und die soziale Wohnraumförderung wurde auf die Länder übertragen. Die Länder sind für die Bildungspolitik, Strafvollzug und Ladenschluss zuständig. Atomenergie und Terrorabwehr sowie Meldewesen und Schutz deutschen Kulturgutes gegen Abwanderung ins Ausland sind Bundessache. Mehr Rechte hat der Bund auch im Umweltbereich und in der Abfallwirtschaft. In Wissenschaft und Forschung an Hochschulen können Bund und Länder bei Vorhaben mit überregionaler Bedeutung zusammenwirken. In der zweiten Stufe der Föderalismusreform geht es um die Modernisierung der Finanzbeziehungen zwischen Bund und Ländern.

Autorentext

M 4 Kommentar: Bundesrat in seiner jetzigen Form abschaffen

Wolfgang Schäuble hat viel Widerspruch provoziert und Spott geerntet, als er [...] gefordert hat, die Enthaltungen im Bundesrat nicht mehr zu zählen. [...] Der Zeitpunkt, den Schäuble gewählt hat, war denkbar ungünstig, sein Anliegen hingegen ist nicht völlig falsch. Denn mit seiner Forderung nach einer Begrenzung der Bundesratsmacht weist er zumindest auf ein veritables Problem der föderalen Ordnung hin: Deutschland könnte schon in der kommenden Legislaturperiode unregierbar werden. Angesichts eines Fünfparteiensystems und einer noch nie dagewesenen föderalen Vielfalt droht eine parteipolitisch motivierte Dauerblockade im Bundesrat.

Schon nach der Bundestagswahl 2009 wird voraussichtlich keine denkbare Bundesregierung auf eine Bundesratsmehrheit zurückgreifen können. Nicht Schwarz-Gelb, nicht Jamaika, nicht Rot-Rot-Grün und auch nicht eine Große Koalition. Es droht ein völliger politischer Stillstand. [...]

Tatsächlich jedoch hat Wolfgang Schäuble seinen Vorschlag nicht konsequent zu Ende gedacht. Denn statt nur das Abstimmungsverfahren im Bundesrat zu ändern, sollte man den Bundesrat in seiner jetzigen Form ganz abschaffen. Er ist ein politischer Anachronismus. An seine Stelle sollte zum Beispiel nach dem Vorbild des US-Senats eine tatsächliche Länderkammer treten, die vom Wähler unmittelbar legitimiert wird. [...]

Schon jetzt sind im Bundesrat sechs verschiedene Regierungskonstellationen vertreten, und wenn es in den Bundesländern demnächst auch Dreierbündnisse gibt, könnten es noch mehr werden. Jeder der beteiligten Parteien wird versuchen, über die Länderebene Einfluss auf die Bundespolitik zu nehmen, der ihr im Bundestag fehlt. Deutschland würde unregierbar und stünde vor einer veritablen Verfassungskrise.

Die Lösung kann jedoch nicht sein, die föderale Macht der kleinen Parteien über einen verfahrenstechnischen Umweg zu begrenzen. Schließlich würden sich die beiden großen Volksparteien so nur mehr Macht sichern, als ihnen angesichts ihrer bröckelnden Verankerung bei den Wählern zusteht. Stattdessen wäre es an der Zeit, dem gewachsenen Einfluss der Länderkammer und der veränderten Parteienlandschaft durch eine echte Bundesrats-Reform Rechnung zu tragen. Die Mitglieder sollten nicht mehr von den Landesregierungen gestellt werden, sondern sie sollten sich alle vier Jahre an einem Termin in allen Ländern gleichzeitig zur Wahl stellen. Endlich erhielte der Bundesrat so eine unmittelbare demokratische Legitimation, der seinem gewachsenen demokratischen Einfluss entspräche. Deutschland bekäme ein echtes Zweikammern-Parlament.

Zudem könnte so dem Missstand begegnet werden, dass jede Landtagswahl mittlerweile eine kleine Bundestagswahl ist, und die Landespolitik, für die die Ministerpräsidenten eigentlich gewählt werden, in den Hintergrund treten lässt. Deutschland braucht eine Demokratiereform. Es wird Zeit, den Föderalismus wieder vom Kopf auf die Füße zu stellen.

Christoph Seils, Zeit online, 24.11.2008

Aufgaben

1. Stellen Sie dar, welche Funktion der Bundesrat im politischen System der BRD erfüllt (M 1).
2. Erläutern Sie mögliche Auswirkungen eines Fünfparteiensystems auf das Gesetzgebungsverfahren (M 4).
3. Diskutieren Sie die Forderungen nach einer Direktwahl der Ländervertreter im Bundesrat (M 4).

Wissen kompakt

Der Bundesrat
M 2, M 3

Der **Bundesrat** ist die Interessenvertretung der Länder auf der Bundesebene. Über den Bundesrat nehmen die Länder Einfluss auf die Bundespolitik. Er ist dadurch ein Element der vertikalen Gewaltenteilung in einem föderalen Staat. Je nach Bevölkerungszahl hat jedes Bundesland zwischen drei Stimmen (z.B. Mecklenburg-Vorpommern) und sechs Stimmen (z.B. Baden-Württemberg). Jedes Land kann seine Stimmen nur einheitlich abgeben. Wichtig ist, dass die Landesregierungen und nicht die Landesparlamente die Vertreter in den Bundesrat entsenden.

Beteiligung der Länder an der Gesetzgebung des Bundes

Der Bundesrat gibt den Ländern ein **Mitwirkungsrecht** an der Gesetzgebung und Verwaltung des Bundes.
Die Kompetenzen des Bundesrates sind:

- Initiativrecht bei der Gesetzgebung, d.h. der Bundestag kann Gesetzesinitiativen in den Gesetzgebungsprozess einbringen.
- Er kann eine Stellungnahme zu den Gesetzesentwürfen der Bundesregierung abgeben.
- Bei Ablehnung eines Bundesgesetzes kann er den Vermittlungsausschuss anrufen.
- Bei zustimmungspflichtigen Gesetzen besitzt er ein Vetorecht.
- Er kann Einfluss nehmen auf die europapolitischen Aktivitäten des Bundes - soweit Länderinteressen berührt werden.

Besonders die Möglichkeit, zustimmungspflichtige Gesetze abzulehnen, verleiht dem Bundesrat eine herausragende Stellung bei der Gesetzgebung des Bundes. Im komplizierten Vermittlungsverfahren hat der Bundesrat erheblichen Einfluss auf die Ausgestaltung von Bundesgesetzen.

Kritik
M 4

Oft wird dem Bundesrat auch der Vorwurf gemacht, er nutze seine politische Macht, nicht um Interessen der Länder durchzusetzen, sondern um parteipolitische Opposition gegen die Bundesregierung zu machen. Dadurch werde der Bundesrat zu einem Blockade-Instrument der Opposition. Ein weiterer Kritikpunkt betrifft die Intransparenz des Systems: Die komplizierte Verschmelzung von Bundesrat und Bundestag in der Gesetzgebung führe dazu, dass Bürger eine Entscheidung oder das Scheitern einer Reform keiner Institution oder Person zurechnen und so niemanden für den Reformstau verantwortlich machen können.

8.3 Die Rolle des Bundespräsidenten

M 1 Die Bundespräsidenten der Bundesrepublik Deutschland

dpa-Grafik 12963

M 2 Die verfassungsrechtliche Stellung des Bundespräsidenten

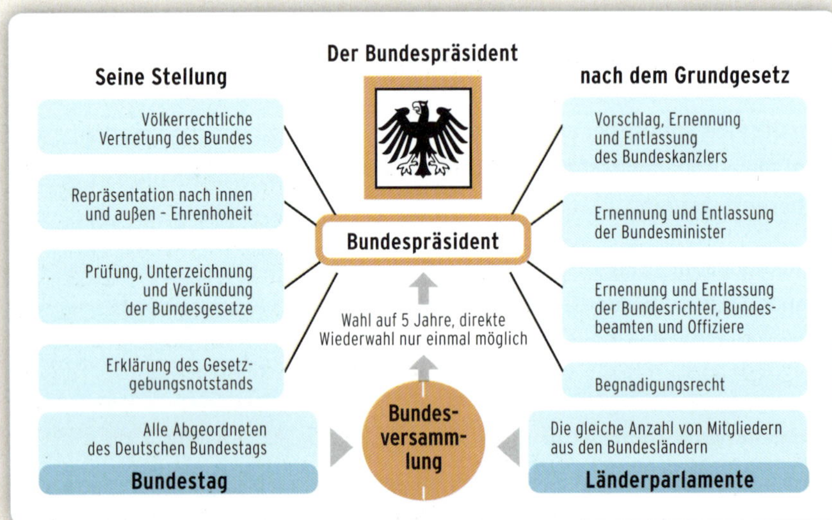

Trotz seiner geringeren Machtfülle verfügt der Bundespräsident über vielfältige Wirkungsmöglichkeiten, die sich aus seinen grundsätzlichen Aufgaben wie aus seiner persönlichen Autorität herleiten. Der Bundespräsident vertritt den Bund völkerrechtlich und schließt im Namen des Bundes Verträge mit anderen Staaten ab.

Nach einem entsprechenden Beschluss des Bundestages ruft er den Verteidigungsfall aus. Im Gesetzgebungsverfahren fällt ihm die Aufgabe zu, die Bundesgesetze auszufertigen und zu verkünden. Dabei hat er das Recht, sie auf ihre Übereinstimmung mit dem Grundgesetz zu überprüfen. Im Falle des Gesetzgebungsnotstands (Art. 81 GG) kann er zur Lösung des zwischen Regierung und Bundestag entstandenen Konflikts beitragen. Weitgehend eingeschränkt ist aber das Recht des Bundespräsidenten zur Auflösung des Bundestags (Art. 63, 68 GG).

Auf Vorschlag des Bundespräsidenten wählt der Bundestag den Bundeskanzler. Nach der Wahl nimmt der Bundespräsident die Ernennung des Kanzlers vor und ernennt auf dessen Vorschlag auch die Bundesminister. Nicht zu unterschätzen ist die Rolle, die der Bundespräsident als oberster Repräsentant des Staates spielt. Durch Gespräche und Gesten, Empfänge und Ehrungen, Reisen und Reden trägt er maßgeblich zu dem Bild bei, das man sich im In- und Ausland von der Bundesrepublik macht.

Erich Schmidt Verlag, Zahlenbilder 67100

Es ist ein Wunder geschehen … M 3

Stuttmann/CCC, www.c5.net

Der Bundespräsident – Staatsnotar oder Politiker? M 4

Im Mittelpunkt steht die Kritik einiger Koalitionspolitiker am Amtsverständnis von Bundespräsident Köhler. Der hatte sich jüngst zum zweiten Mal geweigert, ein Gesetz zu unterzeichnen. Die Medien reagierten unterschiedlich:

„Ein Bundespräsident darf deutliche Worte sagen, er muss aber immer festlich und feiertäglich, vulgo: unverbindlich bleiben. An diese ungeschriebene, aber mächtige Regel hält sich Horst Köhler nicht. Und so ist der Unpolitische, ohne dass es weiter aufgefallen wäre, zum möglicherweise politischsten Präsidenten in der Geschichte der Republik geworden. Er bildet ein Ein-Mann-Widerlager gegen die große, fast alle Schichten und Parteien umgreifende Gemeinde derer, die sich sicher sind, dass Reformen klein ausfallen müssen und die Freiheit sich in Deutschland mit dem Platz hinter der Sicherheit begnügen muss. Aus dem steifen Herold einer liberal-konservativen Wende ist ein unverzagter Einzelkämpfer für den Mut zum Wagnis geworden“, notiert DIE WELT.

Nach Ansicht der EMDER ZEITUNG hat Köhler nur seine Pflicht getan:
„Und die besteht nun mal auch darin, Gesetze auf ihre Zulässigkeit vor der Verfassung zu prüfen und notfalls zu verwerfen. Wenn Struck und Co. das kritisieren, erinnert das stark an Schüler, die wegen einer Mangelhaft-Benotung die pädagogischen Qualitäten des Lehrers anzweifeln.“

Zwar habe ehedem auch Bundespräsident von Weizsäcker Kanzler Kohl verärgert, als er den Parteien Machtversessenheit und Machtvergessenheit vorwarf, „aber Weizsäcker machte sich Sorgen um das Gemeinwesen im Allgemeinen. Köhler setzt sich für eine höchst spezielle Reformpolitik ein. Jenseits des Parteienstreits der eine, der andere mittendrin. Führe er auf diesem Wege fort, wäre die Rolle des Staatsoberhaupts stärker verändert als durch jede weitere Unterschriftsverweigerung. Horst Köhler steigt herab vom Podest. Wie modern. Aber mit jedem Schritt verwirkt er ein Stück mehr das Recht auf spezielle Würde und Schonung im politischen Kampf. Am Ende bliebe vom Präsidenten ein Politiker wie jeder andere. Dann wäre er überflüssig“, schließt die FRANKFURTER RUNDSCHAU.

„Gewiss hat das Handwerkliche beim Gesetzesmachen in letzter Zeit sehr gelitten. Das betrifft sowohl den Inhalt wie das Verfahren. Und deshalb sind Warnschüsse des Bundespräsidenten angebracht. Allerdings sollte sich Köhler hüten, sein ‚Njet' zu einer Staatspraxis auszuweiten. Profil gewinnt das Staatsoberhaupt durch – auch unbequeme – Anregungen, nicht dadurch, dass er seine Grenzen überdehnt und den Akteuren in den Arm fällt“, gibt die SÜDWEST PRESSE zu bedenken.

Dlf-Presseschau, 14.12.2006

M5 „Makler und Mahner“

Interview mit Ernst Benda (CDU): Er war von 1971 bis 1983 Präsident des Bundesverfassungsgerichts.

SZ: Welchen politischen Handlungsspielraum gibt das Grundgesetz dem Bundespräsidenten?
Benda: Er kann die notwendigen politischen Entscheidungen selbst nicht fällen. Die sind Sache des Gesetzgebers. Der Bundespräsident kann politische Tätigkeiten anregen und unterstützen. Er kann als ehrlicher Makler zwischen den politischen Parteien vermitteln und sie veranlassen, sich den gemeinsamen Fragen zu stellen.
SZ: Wie weit kann und darf der Makler auch als Mahner auftreten?
Benda: Der Makler ist immer auch ein Mahner. Selbstverständlich kann und soll er mahnen. Es gehört gerade zu den wichtigsten Aufgaben des Bundespräsidenten, die politisch Handelnden auf die großen Probleme des Landes hinzuweisen.
SZ: Wie konkret kann der Mahner werden?
Benda: Der Bundespräsident kann auch Anregungen geben, wie die großen Probleme gelöst werden können.
SZ: Haben die bisherigen Bundespräsidenten diese Mahner-Rolle ausgefüllt?
Benda: Dies hängt natürlich sehr von den einzelnen Persönlichkeiten ab. Unvergessen ist die so genannte Ruck-Rede des Bundespräsidenten Herzog im Jahr 1997. Sie hat bisher keine unmittelbaren Aktionen ausgelöst, obwohl sie der Sache nach eine dringende Mahnung an alle politisch Aktiven gewesen ist, tätig zu werden. Wäre man ihm damals gefolgt, so wären möglicherweise manche der bestehenden Probleme weniger gravierend, als dies heute der Fall ist.
SZ: Kam es vor, dass ein Präsident für Ihren Geschmack zu weit ging?
Benda: Nein. Ich sehe kein konkretes Beispiel. Es hat immer Bundespräsidenten gegeben, die versucht haben, die Grenzen ihres Amtes auszuloten. Unvergessen sind etwa die Bemühungen des Bundespräsidenten Walter Scheel, insbesondere auf dem Gebiet der Außenpolitik.
SZ: Der amtierende Präsident neigt jedenfalls nicht zur Zurückhaltung.
Benda: Es ist bemerkenswert, dass er im Gegensatz zu allen seinen Vorgängern nicht aus der aktiven Parteipolitik kommt. Das ermöglicht es ihm, sich mit einer gewissen Unbefangenheit in die politischen Tagesfragen einzubringen und einzumischen. Das macht er mit weniger Hemmung als manche Vorgänger. Es spricht vieles dafür, dass dies dem Amt gut bekommt.

Helmut Kerscher, Süddeutsche Zeitung 15.3.2005

M6 Kontrovers diskutiert: Soll der Bundespräsident direkt vom Volk gewählt werden?

Sollte der Bundespräsident direkt vom Volk gewählt werden? Darüber führte Blickpunkt Bundestag ein Streitgespräch mit dem innenpolitischen Sprecher der SPD-Fraktion, Dieter Wiefelspütz, und dem Parlamentarischen Geschäftsführer der FDP-Fraktion, Jörg van Essen.

Blickpunkt: Herr van Essen, warum will die FDP eine Direktwahl des Präsidenten? Sind wir mit dem bisherigen Verfahren nicht gut gefahren?
van Essen: Durchaus. Es war ja auch nach den Erfahrungen der Weimarer Republik, in der der Reichspräsident fast so etwas wie ein Ersatzkaiser mit weitgehenden Befugnissen war, eine sehr bewusste Entscheidung unserer Verfassungsmütter und -väter. Sie wollten eine repräsentative Figur mit eingeschränkten Rechten. Daran wollen wir auch keine Änderungen vornehmen. Aber wir glauben, nach fünfzig Jahren stabiler Demokratie sollten wir darüber nachdenken, wie wir die Menschen stärker in die politischen Entscheidungen einbeziehen können. Wir halten die Wahl des Bundespräsidenten für ein solches Feld. Dazu gehören könnte auch eine Volksabstimmung über den Europäischen Konvent und viele andere Fragen.
Wiefelspütz: Ich kann keine besondere Notwendigkeit für eine Änderung des Wahlverfahrens erkennen. Wir haben mit dem bisherigen Verfahren immer sehr überzeugende Personen in das Amt des Bundespräsidenten gewählt. Sie waren immer Persönlichkeiten, die das ganze Volk repräsentiert haben. Also kann das Wahlverfahren so schlecht

nicht sein. Das bedeutet nicht, dass nicht auch ich für eine stärkere Bürgerbeteiligung etwa bei der Europäischen Verfassung bin. Aber eine Direktwahl des Bundespräsidenten passt nicht in unser Staatsgefüge, weil es dann Spitzenpolitiker unterschiedlicher Legitimation gäbe: der eine, der Bundespräsident, vom Volk gewählt, der andere, der eigentlich politisch mächtigere Bundeskanzler, indirekt vom Parlament gewählt. Das passt nicht zusammen.

Blickpunkt: In Österreich wird der Bundespräsident direkt gewählt, ohne dass er zur dominanten Figur der Politik wurde. Sind das nicht auf uns übertragbare Erfahrungen?

van Essen: Österreich hat mit der Direktwahl des Präsidenten positive Erfahrungen gemacht. Deshalb sollte es für uns auch keinen Grund geben, das nicht auf Deutschland zu übertragen. Im Übrigen werden bei uns ja auch die Oberbürgermeister als Persönlichkeit direkt gewählt, was die Bürger durchaus als Fortschritt empfinden. Wir Liberale finden, dass dies beim Bundespräsidenten in gleicher Weise geschehen kann.

Wiefelspütz: Natürlich ist eine Direktwahl eine interessante Erwägung. Aber: Würde der Bundespräsident direkt gewählt, müsste er, wie die Oberbürgermeister auch, einen konkurrierenden Wahlkampf führen. Das aber polarisiert und wäre schädlich für das Amt. Das jetzige, mit den anderen Positionen der Verfassung abgestimmte Verfahren sollte nicht isoliert verändert werden.

Blickpunkt: Wäre eine Direktwahl nicht ehrlicher, als wenn der Kandidat innerhalb von Parteien und Koalitionen ausgehandelt wird?

van Essen: Ja. Eine Direktwahl würde zudem auch das Selbstbewusstsein der Person, die das Amt wahrnimmt, in der Weise stärken, als sie darauf verweisen kann, dass wirklich eine Mehrheit der Bürger hinter ihr steht. Gerade in der wichtigen Funktion des Präsidenten, Brücken innerhalb der Gesellschaft zu bauen, erscheint mir dieser Rückhalt sehr bedeutsam.

Wiefelspütz: Natürlich ist der Bundespräsident nicht der Frühstücksdirektor der Republik, sondern eine für unsere Gesellschaft äußerst wichtige Institution. Aber gerade deshalb bleibe ich dabei: Es wäre nicht gut, wenn der Kanzler vom Parlament und der Bundespräsident direkt vom Volk gewählt würde. Ich finde schlicht und einfach, dass dafür keine Notwendigkeit besteht. Denn die Personalauswahl hat doch bislang immer zu überzeugenden Ergebnissen geführt. So überzeugend sogar, dass ich beispielsweise bei der einen oder anderen Präsidentenwahl einen Kandidaten gewählt habe, der nicht das Parteibuch meiner Partei hatte. In dieser Frage bekenne ich mich als stur konservativ: Wir haben etwas durchaus Bewährtes. Mehr Bürgerbeteiligung, für die auch ich bin, kann und sollte sich auf andere Felder wie Volksinitiativen und Bürgerentscheide erstrecken.

van Essen: Gut, dass wir bei einer stärkeren Bürgerbeteiligung einer Meinung sind. Die geringe Wahlbeteiligung ist ein Alarmsignal, das uns Sorge machen muss. Deshalb sollten wir den Bürger mit seinem Wunsch, stärker und direkter bei der Auswahl wichtiger Amtsträger beteiligt zu sein, ernst nehmen. Das ist ja auch der Anlass für uns, für die Direktwahl des Bundespräsidenten zu werben. Wir haben inzwischen in Deutschland eine wirklich stabile Demokratie. Da sollten wir dem Bürger mehr zutrauen. Im Übrigen wollen wir dem Präsidenten keine zusätzlichen Kompetenzen geben; es sollte bei seinen jetzigen Rechten und Pflichten bleiben. Deshalb sehe ich auch keine verfassungspolitischen Gefahren in unserem Vorschlag.

Blickpunkt Bundestag, 6/2003

Aufgaben

1. Stellen Sie die verfassungsrechtliche Stellung des Bundespräsidenten dar (M 2).
2. „Der Bundespräsident – potentiell mehr als nur Repräsentant?" Erläutern Sie Möglichkeiten und Grenzen, wie der Bundespräsident Einfluss auf die Politik nehmen kann (M 3 – M 5).
3. Soll der Bundespräsident direkt vom Volk gewählt werden? Stimmen Sie dazu zuerst in Ihrem Kurs ab. Lesen Sie anschließend das Streitgespräch (M 6). Hat sich Ihre Meinung geändert? Bestimmen Sie für beide Positionen das Argument, das Sie am meisten überzeugt hat.

Wissen kompakt

Verfassungsrechtliche Stellung des Bundespräsidenten

Der **Bundespräsident** wird von der Mehrheit der Mitglieder der Bundesversammlung auf fünf Jahre gewählt. Eine einmalige Wiederwahl ist möglich. Um seine überparteiliche, keinerlei Interessen verpflichtete Stellung nicht zu gefährden, lässt er eine Parteimitgliedschaft oder berufliche Verpflichtung für die Dauer seiner Amtszeit ruhen.

Aufgaben des Bundespräsidenten
M 2

Der Bundespräsident hat eine Reihe von **Aufgaben** zu erfüllen:

- Er vertritt den Bund völkerrechtlich und schließt im Namen des Bundes Verträge mit anderen Staaten ab.
- Ihm unterliegt die Prüfung, Unterzeichnung und Verkündung von Gesetzen.
- Vorschlag, Ernennung und Entlassung des Bundeskanzlers
- Ernennung und Entlassung der Bundesminister
- Begnadigungsrecht

Bei diesen Aufgaben handelt es sich im Wesentlichen um formale Kompetenzen, bei denen der Bundespräsident keinen Entscheidungsspielraum hat. Nur wenn er offenkundige Zweifel an der Verfassungskonformität des Gesetzgebungsverfahrens oder am Inhalt eines Gesetzes hat, kann er seine Unterschrift verweigern und eine Überprüfung anregen. Deshalb wird er auch als „Hüter der Verfassung" oder „Staatsnotar" bezeichnet.
Echte Kompetenzen besitzt der Bundespräsident vor allem in politischen Krisenzeiten, wenn im Deutschen Bundestag unklare Mehrheitsverhältnisse herrschen: Wird der Kanzler nur mit relativer Mehrheit gewählt, so kann der Bundespräsident den Kanzler ernennen oder den Bundestag auflösen. Wenn eine Vertrauensfrage des Bundeskanzlers scheitert und der Bundeskanzler die Auflösung des Parlaments vorschlägt, so kann der Bundespräsident dies auch ablehnen.

Der Bundespräsident – ein politisches Amt?
M 5

Der Bundespräsident hat jedoch durchaus **Einfluss** auf die Politik. So kann der Bundespräsident in öffentlichen Ansprachen politische Themen bestimmen und so die Politik der Bundesregierung indirekt beeinflussen. Auch sein Auftreten im Ausland ist für das Erscheinungsbild der Bundesrepublik Deutschland in der Welt von großer Bedeutung. Die Rede wird deshalb als das mächtigste Instrument des Bundespräsidenten bezeichnet.

Direktwahl des Bundespräsidenten
M 6

Immer wieder wird eine Direktwahl des Bundespräsidenten durch das Volk diskutiert. Befürworter der Direktwahl wollen so die Bürger stärker in politische Entscheidungen mit einbeziehen. Gegner der Direktwahl betonen, dass dies zu einer Politisierung des Amtes und zu einer Schwächung des Bundeskanzlers führen könnte.

8.4 Das Bundesverfassungsgericht als Hüter der Verfassung

Flugzeuge als Waffen?

M 1

5. Januar 2003: Der geistig verwirrte Franz Stephan S. drohte mit einem Motorsegler in ein Frankfurter Bankenhochhaus zu fliegen. Der Staat reagierte prompt mit der Entsendung von Abfangjägern, doch fehlte die Gesetzesgrundlage für einen Abschuss des Flugzeuges.

Der Gesetzgeber reagiert – das Luftsicherheitsgesetz

M 2

Am 15.1.2005 trat das vom Bundestag verabschiedete Luftsicherheitsgesetz in Kraft. Es soll der Bundesregierung die Möglichkeit geben, darauf zu reagieren, wenn Flugzeuge durch Terroristen entführt und als Waffen eingesetzt werden.

§ 1 Zweck

Dieses Gesetz dient dem Schutz vor Angriffen auf die Sicherheit des Luftverkehrs, insbesondere vor Flugzeugentführungen, Sabotageakten und terroristischen Anschlägen.

§ 14 Einsatzmaßnahmen, Anordnungsbefugnis

(1) Zur Verhinderung des Eintritts eines besonders schweren Unglücksfalles dürfen die Streitkräfte im Luftraum Luftfahrzeuge abdrängen, zur Landung zwingen, den Einsatz von Waffengewalt androhen oder Warnschüsse abgeben.

(2) Von mehreren möglichen Maßnahmen ist diejenige auszuwählen, die den Einzelnen und die Allgemeinheit voraussichtlich am wenigsten beeinträchtigt. Die Maßnahme darf nur so lange und so weit durchgeführt werden, wie ihr Zweck es erfordert. Sie darf nicht zu einem Nachteil führen, der zu dem erstrebten Erfolg erkennbar außer Verhältnis steht.

(3) Die unmittelbare Einwirkung mit Waffengewalt ist nur zulässig, wenn nach den Umständen davon auszugehen ist, dass das Luftfahrzeug gegen das Leben von Menschen eingesetzt werden soll, und sie das einzige Mittel zur Abwehr dieser gegenwärtigen Gefahr ist.

(4) Die Maßnahme nach Absatz 3 kann nur der Bundesminister der Verteidigung oder im Vertretungsfall das zu seiner Vertretung berechtigte Mitglied der Bundesregierung anordnen. Im Übrigen kann der Bundesminister der Verteidigung den Inspekteur der Luftwaffe generell ermächtigen, Maßnahmen nach Absatz 1 anzuordnen.

Auszüge aus dem Luftsicherheitsgesetz (LuftSiG)

M 3 Das Bundesverfassungsgericht urteilt über das Luftsicherheitsgesetz

Aufgrund einer Verfassungsbeschwerde u.a. der FDP-Politiker Gerhart Baum und Burkhard Hirsch hat sich das Bundesverfassungsgericht mit dem Luftsicherheitsgesetz befasst und am 15.2.2006 folgendes Urteil gesprochen.

§ 14 Abs. 3 Luftsicherheitsgesetz (LuftSiG), der die Streitkräfte ermächtigt, Luftfahrzeuge, die als Tatwaffe gegen das Leben von Menschen eingesetzt werden sollen, abzuschießen, ist mit dem Grundgesetz unvereinbar und nichtig. Dies entschied der Erste Senat des Bundesverfassungsgerichts mit Urteil vom 15. Februar 2006.

§ 14 Abs. 3 LuftSiG sei mit dem Grundrecht auf Leben und mit der Menschenwürdegarantie des Grundgesetzes nicht vereinbar, soweit von dem Einsatz der Waffengewalt tatunbeteiligte Menschen an Bord des Luftfahrzeugs betroffen werden. Diese würden dadurch, dass der Staat ihre Tötung als Mittel zur Rettung anderer benutzt, als bloße Objekte behandelt; ihnen werde dadurch der Wert abgesprochen, der dem Menschen um seiner selbst willen zukommt.

§ 14 Abs. 3 LuftSiG ist auch mit dem Recht auf Leben (Art. 2 Abs. 2 Satz 1 GG) in Verbindung mit der Menschenwürdegarantie (Art. 1 Abs. 1 GG) nicht vereinbar, soweit von dem Einsatz der Waffengewalt tatunbeteiligte Menschen an Bord des Luftfahrzeugs betroffen werden. Die einem solchen Einsatz ausgesetzten Passagiere und Besatzungsmitglieder befinden sich in einer für sie ausweglosen Lage. Sie können ihre Lebensumstände nicht mehr unabhängig von anderen selbstbestimmt beeinflussen. Dies macht sie zum Objekt nicht nur der Täter. Auch der Staat, der in einer solchen Situation zur Abwehrmaßnahme des § 14 Abs. 3 LuftSiG greift, behandelt sie als bloße Objekte seiner Rettungsaktion zum Schutze anderer. Eine solche Behandlung missachtet die Betroffenen als Subjekte mit Würde und unveräußerlichen Rechten. Sie werden dadurch, dass ihre Tötung als Mittel zur Rettung anderer benutzt wird, verdinglicht und zugleich entrechtlicht; indem über ihr Leben von Staats wegen einseitig verfügt wird, wird den als Opfern selbst schutzbedürftigen Flugzeuginsassen der Wert abgesprochen, der dem Menschen um seiner selbst willen zukommt. Dies geschieht zudem unter Umständen, die nicht erwarten lassen, dass in dem Augenblick, in dem über die Durchführung einer Einsatzmaßnahme nach § 14 Abs. 3 LuftSiG zu entscheiden ist, die tatsächliche Lage immer voll überblickt und richtig eingeschätzt werden kann. Unter der Geltung des Art. 1 Abs. 1 GG (Menschenwürdegarantie) ist es schlechterdings unvorstellbar, auf der Grundlage einer gesetzlichen Ermächtigung unschuldige Menschen, die sich in einer derart hilflosen Lage befinden, vorsätzlich zu töten. Die Annahme, dass derjenige, der als Besatzungsmitglied oder Passagier ein Luftfahrzeug besteigt, mutmaßlich in dessen Abschuss und damit in die eigene Tötung einwilligt, falls dieses in einen Luftzwischenfall verwickelt wird, ist eine lebensfremde Fiktion. Auch die Einschätzung, dass die Betroffenen ohnehin dem Tod geweiht seien, vermag der Tötung unschuldiger Menschen in der geschilderten Situation nicht den Charakter eines Verstoßes gegen den Würdeanspruch dieser Menschen zu nehmen. Menschliches Leben und menschliche Würde genießen ohne Rücksicht auf die Dauer der physischen Existenz des einzelnen Menschen gleichen verfassungsrechtlichen Schutz. Die teilweise vertretene Auffassung, dass die an Bord festgehaltenen Personen Teil einer Waffe geworden seien und sich als solcher behandeln lassen müssten, bringt geradezu unverhohlen zum Ausdruck, dass die Opfer eines solchen Vorgangs nicht mehr als Menschen wahrgenommen werden.

Pressemitteilung Nr. 11/2006 vom 15. Februar 2006/ Zum Urteil vom 15. Februar 2006 – 1 BvR 357/05

Auszüge aus dem Grundgesetz

Artikel 1
(1) Die Würde des Menschen ist unantastbar. Sie zu achten und zu schützen ist Verpflichtung aller staatlichen Gewalt.

Artikel 2
(2) Jeder hat das Recht auf Leben und körperliche Unversehrtheit. Die Freiheit der Person ist unverletzlich. In diese Rechte darf nur auf Grund eines Gesetzes eingegriffen werden.

Die Stellung des Bundesverfassungsgerichts

M 4

Das Grundgesetz ist die oberste Richtschnur allen staatlichen Handelns. Eine eigene Institution, das Bundesverfassungsgericht, wacht darüber, dass Parlament, Regierung und Rechtsprechung die Verfassung einhalten. Als Hüter der Verfassung kann es jeden Akt der gesetzgebenden Gewalt, der Regierung und Verwaltung und jede Entscheidung der Gerichte auf ihre Verfassungsmäßigkeit prüfen. Dabei schützt es besonders die Grundrechte der Bürger. Außer dem Schutz der Verfassung hat das Bundesverfassungsgericht die Aufgabe, das Grundgesetz rechtsverbindlich zu interpretieren. Eine Verfassung enthält nur grundsätzliche und allgemein formulierte Regeln. Sie muss ständig neu ausgelegt und dem gesellschaftlichen Wandel entsprechend fortentwickelt werden, Das Grundgesetz gilt so, wie das Bundesverfassungsgericht es auslegt. Es gibt kaum einen Artikel, zu dem keine interpretierende Entscheidung des Gerichts vorläge.

„Das Bundesverfassungsgericht ist ein allen übrigen Verfassungsorganen gegenüber selbstständiger und unabhängiger Gerichtshof des Bundes." So lautet Paragraph 1 Abs. 1 des „Gesetzes über das Bundesverfassungsgericht". Das bedeutet, dass das Bundesverfassungsgericht einerseits ein Gericht und andererseits ein Verfassungsorgan ist. Als Gericht ist es ein Teil der rechtsprechenden Gewalt. Allen anderen Gerichten gegenüber hat es eine einzigartige Stellung. Es ist das höchste Gericht des Bundes, die letzte Instanz für die Kontrolle der Verfassungsmäßigkeit des politischen Lebens. Es kann die Entscheidungen aller anderen Gerichte aufheben, wenn sie der Prüfung auf die Verfassungsmäßigkeit nicht standhalten. Seine Entscheidungen sind für alle verbindlich. Soweit sie die Rechtswirksamkeit von Bundes- und Landesgesetzen betreffen, haben sie sogar Gesetzeskraft und werden im Bundesgesetzblatt verkündet.

Die herausragende Bedeutung des Bundesverfassungsgerichts kommt darin zum Ausdruck, dass es ein Verfassungsorgan ist, gleichen Ranges mit den anderen Verfassungsorganen, dem Bundestag, dem Bundesrat, der Bundesregierung und dem Bundespräsidenten.

Horst Pötzsch, Die deutsche Demokratie, 4. Aufl., Bonn 2006, S. 115

Aufgaben

1. Charakterisieren Sie die verfassungsrechtliche Stellung des Bundesverfassungsgerichts (M 4).
2. Das Bundesverfassungsgericht hat das Luftsicherheitsgesetz für verfassungswidrig erklärt. Stellen Sie die Argumentation des Gerichts dar (M 2, M 3).
3. Stimmen Sie dem Urteil des BVerfG zu? Diskutieren Sie in der Klasse.

Die Aufgaben des Bundesverfassungsgerichts

M 5

Das Bundesverfassungsgericht wird nicht von sich aus tätig, sondern nur auf Antrag, es muss von einer Person oder Institution angerufen werden. Seine Zuständigkeit ist in verschiedenen Artikeln des Grundgesetzes geregelt, die wesentlichen Aufgaben sind in den umfangreichen Art. 93 und 100 detailliert aufgeführt.

Verfassungsbeschwerde

Mit einer Verfassungsbeschwerde kann jeder Bürger das Gericht anrufen, der glaubt, durch die öffentliche Gewalt in seinen Grundrechten verletzt worden zu sein. Das kann ein Verwaltungsakt, eine Gerichtsentscheidung oder auch ein Gesetz sein. Seit Gründung des Gerichts im September 1951 sind bis Ende 2001 rund 131.000 Verfassungsbeschwerden eingegangen. Die tatsächliche Verletzung von Grundrechten ist seltener, als diese Flut von Beschwerden vermuten lassen könnte. Nur 3268, das sind 2,5 Prozent aller Verfassungsbeschwerden, waren erfolgreich.

Verfassungsbeschwerde kann erst dann eingelegt werden, wenn der Rechtsweg ausgeschöpft ist, das heißt, wenn zuvor alle Instanzen des zuständigen Gerichts angerufen worden sind. Kammern, die mit je drei Bundesverfassungsrichtern besetzt sind, prüfen jede eingereichte Beschwerde auf ihre Zulässigkeit. Die Kammer kann die Beschwerde einstimmig annehmen oder ohne Begründung ablehnen, wenn sie unzulässig oder aussichtslos ist. Die weit überwiegende Mehrheit der Verfassungsbeschwerden scheitert an dieser Hürde.

Normenkontrolle

Von großer politischer Bedeutung ist die Zuständigkeit des Bundesverfassungsgerichts für die Normenkontrolle. Es kontrolliert, ob ein Gesetz, eine Norm, mit dem Grundgesetz übereinstimmt. Es gibt zwei Arten von Verfahren der Normenkontrolle:

Konkrete Normenkontrolle: Wenn ein Gericht bei der Verhandlung eines konkreten Falles zu der Überzeugung gelangt, dass das anzuwendende Gesetz nicht mit dem Grundgesetz vereinbar ist, muss es das Verfahren unterbrechen und die Entscheidung des Bundesverfassungsgerichts einholen.

Abstrakte Normenkontrolle: Auf Antrag der Bundesregierung, einer Landesregierung oder mindestens eines Drittels der Bundestagsabgeordneten prüft das Bundesverfassungsgericht, ob Bundesrecht oder Landesrecht mit dem Grundgesetz übereinstimmt. Das Gericht entscheidet in solchen Verfahren „abstrakt" über die Verfassungsmäßigkeit eines Gesetzes oder eines Vertrages, bevor das Gesetz in einem „konkreten" Fall angewendet worden bzw. der Vertrag rechtsgültig geworden ist. Hier geht es um Entscheidungen in wichtigen Fragen, oftmals um zentrale politische Kontroversen. In der Regel wird das Gericht von der parlamentarischen Opposition, entweder von der Bundestagsfraktion oder von einer Landesregierung gleicher partei-politischer Färbung, gegen Entscheidungen der regierenden Mehrheit angerufen.

Meinungsverschiedenheiten zwischen Verfassungsorganen

Verfassungsstreitigkeiten zwischen Organen sind verhältnismäßig selten. Dabei geht es um Meinungsverschiedenheiten über die Rechte und Pflichten von Bund und Ländern oder um Streitigkeiten zwischen Ländern. Antragsberechtigt sind Bundesregierung oder Landesregierungen. Streitigkeiten zwischen Verfassungsorganen des Bundes nennt man Organstreitigkeiten. Prozessparteien können die obersten Bundesorgane (Bundestag, Bundesrat, Bundesregierung, Bundespräsident), aber auch Bundestagsfraktionen und einzelne Abgeordnete, zu bestimmten Streitfragen (Zulassung zur Wahl, Parteienfinanzierung, Fünfprozentklausel) auch Parteien sein.

Von den weiteren Zuständigkeiten des Bundesverfassungsgerichts ist vor allem die Aufgabe zu erwähnen, über die Verfassungsmäßigkeit von Parteien zu entscheiden und gegebenenfalls ein Parteiverbot auszusprechen.

Horst Pötzsch, Die deutsche Demokratie, 4. Aufl., Bonn 2006, S. 115 ff.

M6 Droht eine „Verrechtlichung" der Politik?

Die deutsche Verfassungsgerichtsbarkeit öffnet sich ihrer Einbeziehung in den politischen Prozess ganz besonders, da es die abstrakte Normenkontrolle ermöglicht (anders als in den USA), einen politischen Konflikt durch die politisch unterlegene Minderheit unmittelbar in ein verfassungsgerichtliches Verfahren zu transformieren. Naturgemäß können sich Klagen nur gegen bestehendes Recht oder gegen Regierungsentscheidungen richten, Urteile mithin nur Handlungen der politischen Mehrheit (oder ehemaligen Mehrheit) korrigieren. So neigt die jeweilige Opposition dazu, ihren parlamentarisch unterlegenen Auffassungen durch den Gang nach Karlsruhe möglichst doch noch zum Siege zu verhelfen. Etwa zwei Drittel der abstrakten Normenkontrollverfahren und Organstreitverfahren gehen auf oppositionelle Klagen zurück, vor allem solchen von Landesregierungen.

Bei 40 % der politisch hochrangigen Gesetzesbeschlüsse des Bundestages wurde das Gericht angerufen. Dieses hat im Zeitraum von 1951-90 nicht weniger als 198 Bundesgesetze (neben zahlreichen anderen Rechtsnormen) für nichtig oder unvereinbar mit dem Grundgesetz erklärt, anderen eine verfassungskonforme Auslegung gegeben. Insgesamt sind etwa 5 % aller Bundesgesetze unter das Fallbeil des Gerichts geraten. Die Urteile strahlen auf den gesamten politischen Prozess aus und führen zum ständigen Seitenblick auf das, was „Karlsruhe" wohl dazu meinen könnte.

Diese „Judizialisierung der Politik" führt darüber

hinaus zu der Aussicht auf eine sich im Laufe der Zeit vermehrende Zahl gültiger und immer mehr Themen abdeckender Urteile, so dass im Ergebnis „eine fortschreitende Einschränkung des gesetzgeberischen Handelns folgen“ oder, anders formuliert, „das sich verengende Netz von Entscheidungen ... so dicht werden kann, dass der politische Spielraum gefährdet wird“. Greife das Bundesverfassungsgericht in Urteilen über die verfassungsrechtliche Prüfung des konkret vorgelegten Sachverhalts hinaus, d.h. äußere es sich zu weiteren Fragen (Diäten, Verfassungsfeindeurteil) oder skizziere selbst positiv eine verfassungskonforme Lösung (z.B. Hochschul-, Abtreibungs-, neuerdings Parteienfinanzierungs- und Kinderfreibeträgeurteil), so forciere es jene einschnürende Entwicklung noch zusätzlich und erhebe sich zum „Ersatz-Gesetzgeber“, so die Kritik. Tatsächlich sind Politikfelder wie das Medien- und Arbeitsrecht weithin durch Richterrecht geprägt, gesetzliche Regelungen dort nur zweitrangig. Dies bedeutet nicht allein Funktionsverluste des Parlaments, sondern auch überdehnende Auslegungen der Verfassung, aus der sich derart Konkretes kaum ableiten lässt.

Pepsch/CCC, www.c5.net

Selbst wenn manche Lösung, die das Gericht formuliert hat, durchdacht und begrüßenswert erscheinen mag, insbesondere bei Eigenbetroffenheit des Gesetzgebers (Diätenfragen, Parteienfinanzierung), sprechen die Argumente für eine zurückhaltende Rechtsprechung. Rücksicht auf das Demokratieprinzip verlange vom Gericht „Askese“, formulierte dessen ehemalige Präsidentin. Grenzen sind dem Bundesverfassungsgericht zwar insofern vorgegeben, als es nur auf eine Klage hin ein Thema aufgreifen kann. Auch hat es nur die Verfassungsmäßigkeit, nicht aber die Zweckmäßigkeit einer Regelung zu prüfen.

Wolfgang Rudzio, Das politische System der BRD, 7.Aufl., Wiesbaden 2006, S. 289 f.

Aufgabe

1. Untersuchen Sie anhand von M 5, um welche Art der Klage es sich bei folgenden Beispielen handelt:
   a) Klage der Linksfraktion gegen Tornado-Einsatz in Afghanistan zurückgewiesen
   b) Keine Ballungsraumzulage für Beamte zum Ausgleich der erhöhten Lebenshaltungskosten in München
   c) Durchsuchung und Beschlagnahme bei CICERO verletzen Pressefreiheit
   d) Klage der Abgeordneten gegen Offenlegung von Einkünften erfolglos

2. „Droht eine Verrechtlichung der Politik?“ Erläutern Sie die Argumentation aus M 6.

M 7 Tanja Kreil vs. Grundgesetz

Die 23-jährige Elektronikerin Tanja Kreil aus Hannover interessierte sich für die Instandsetzung von Waffen-Lenksystemen. Deshalb bewarb sie sich für den Instandsetzungsdienst bei der Bundeswehr. 1996 lehnte das Kreiswehrersatzamt ihre Bewerbung ab, da das Grundgesetz Frauen den Dienst an der Waffe untersage. Sie erhob daraufhin, unterstützt vom Deutschen Bundeswehrverband, Klage beim Verwaltungsgericht Hannover und trug u.a. vor, die Ablehnung ihrer Bewerbung allein aus geschlechtsspezifischen Gründen verstoße gegen die Gleichstellungsrichtlinie der Europäischen Gemeinschaft. Das Verwaltungsgericht setzte das Verfahren 1998 aus, um im Vorabentscheidungsverfahren den Fall dem Europäischen Gerichtshof (EuGH) vorzulegen.

Autorentext

Tanja Kreil vor dem Europäischen Gerichtshof.

M 8 Frauen an die Waffe?

Weg frei für Frauen zum Dienst mit der Waffe

Pepsch/CCC, www.c5.net

Der Europäische Gerichtshof

M 9

Der Europäische Gerichtshof (EuGH) ist das Rechtsprechungsorgan der Europäischen Union. Er hat seinen Sitz in Luxemburg. Die Aufgabe des Gerichts besteht darin, die Wahrung des EU-Rechts bei der Auslegung und Anwendung der Gründungsverträge der Europäischen Gemeinschaften sowie der von den Organen der Europäischen Union erlassenen Rechtsvorschriften wie Richtlinien und Verordnungen zu sichern.

Im Gerichtshof ist jedes Mitgliedsland der EU mit einem Richter oder einer Richterin vertreten. Acht Generalanwälte unterstützen die Arbeit des Gerichts bei der Rechtsfindung.

Die Rechtshüter sind für sechs Jahre im Amt, alle drei Jahre findet jedoch in beiden Gremien eine teilweise Neubesetzung statt. Über diese bestimmen die Regierungen der Mitgliedsstaaten im gegenseitigen Einvernehmen. Alle Personen müssen die Gewähr für die Unabhängigkeit des EuGH bieten und in ihren Staaten die Voraussetzungen für die höchsten Richterämter erfüllen oder höchstanerkannte Juristen und Juristinnen sein.

Funktionen des EuGH:

- Als *Verfassungsgericht* entscheidet er bei Streitigkeiten zwischen den EU-Organen und bei der Kontrolle der Rechtmäßigkeit der Gesetzgebung der EU;
- als *Verwaltungsgericht* überprüft er, ob die Verwaltungsvorschriften und das Verwaltungshandeln der EU-Kommission und der Behörden der Mitgliedsstaaten mit dem EU-Recht vereinbar sind;
- als *Arbeits- und Sozialgericht* entscheidet er bei Fragen, die die Freizügigkeit, die soziale Sicherheit der Arbeitnehmer und die Gleichbehandlung von Mann und Frau im Arbeitsleben betreffen;
- als *Strafgericht* überprüft er die Bußgeldentscheidungen der EU-Kommission;
- als *Zivilgericht* urteilt er bei Schadensersatzklagen und bei der Auslegung der Brüsseler Konvention über die Anerkennung und die Vollstreckung gerichtlicher Entscheidungen in Zivil- und Handelssachen.

Der EuGH kann von einem Mitgliedsstaat, einem Organ der EU sowie von unmittelbar und individuell betroffenen natürlichen und juristischen Personen angerufen werden. Jede Bürgerin und jeder Bürger kann sich also an den EuGH wenden.

www.bundesregierung.de, 2.8.2009

Die Entscheidung des EuGH im Fall Tanja Kreil

M 10

Das Urteil

Am 11. Januar 2000 entschied der Europäische Gerichtshof auf die Vorlagefrage des Verwaltungsgerichts, dass auch Frauen in der Bundeswehr zum Dienst an der Waffe zuzulassen seien. In dem Urteil wurde festgestellt, dass Artikel 12 a Absatz 4 des Grundgesetzes, wonach Frauen grundsätzlich der Dienst mit der Waffe verboten ist, gegen die EU-Richtlinie zur beruflichen Gleichstellung von Mann und Frau verstößt. Nur wenn das Geschlecht eine unabdingbare Voraussetzung für den Zugang von speziellen Kampfeinheiten darstelle, seien Ausnahmen bei dieser Gleichstellung möglich. [...]

Die Folgen

Der Artikel 12a Abs. 4 Satz 2 Grundgesetz wurde durch Gesetz vom 19. Dezember 2000 geändert. Der Absatz, dass Frauen „auf keinen Fall Dienst an der Waffe leisten“ dürfen lautet nun: „Frauen dürfen auf keinen Fall zum Dienst mit der Waffe verpflichtet werden“. Mit dieser Änderung des Grundgesetzes sowie weiterer gesetzlicher Vorschriften hat der Bundestag den freiwilligen Dienst von Frauen mit der Waffe rechtlich neu geordnet. Die bestehenden Beschränkungen auf Verwendungen im Sanitäts- und im Militärmusikdienst wurden aufgehoben. Damit konnten sich Frauen auf freiwilliger Basis als Berufssoldatin oder Soldatin auf Zeit zum Dienst in den deutschen Streitkräften bewerben. Bereits im Januar 2001 traten die ersten 244 Frauen ihren Dienst als Soldatinnen des Truppendienstes bei der Bundeswehr an. Inzwischen leisten über 15.000 weibliche Soldaten ihren Dienst, davon etwa 1400 Offiziere, was einem Anteil von 8 % der Berufs- und Zeitsoldaten (Stand: April 2008) entspricht. Tanja Kreil hat ihren Dienst bei der Bundeswehr nicht angetreten.

Wikipedia, 12.3.2009

M 11 Europäisierung der Rechtsprechung?

Auch das Bundesverfassungsgericht steht unter dem Vorrang eines europäischen Organs, des Europäischen Gerichtshofs. Denn nach den EU-Verträgen bricht europäisches Recht jedes nationale Recht. [...] Beispielsweise urteilte der Europäische Gerichtshof im Jahre 2000, angesichts der europäischen Gleichbehandlungsrichtlinie sei das grundgesetzliche Verbot eines Militärdienstes von Frauen mit der Waffe (Art. 12 a Abs. 4 GG) außer Kraft. Ende 2005 erklärte der Gerichtshof die wichtige Vorschrift des Hartz-Gesetzes für unwirksam, nach der Arbeitnehmer über 52 Jahre befristet eingestellt werden können (um ihre Einstellungschancen zu verbessern). Dies verstoße gegen das europäische Verbot der Altersdiskriminierung. Im Ergebnis reduziert sich die Aufgabe des Bundesverfassungsgerichts auf die Wahrung des Grundgesetzes, soweit dem nicht europäisches Recht entgegensteht. Es gerät in eine untergeordnete Rolle, vergleichbar mit der der Landesverfassungsgerichte gegenüber dem Bundesverfassungsgericht. Es zählt im Zuge der europäischen Integration zu den „Verlierern“, die ihre große Zeit hinter sich haben. Alles in allem: Mit dem Regime der EU wandelt sich unauffällig, aber gravierend auch das politische System Deutschlands.

Wolfgang Rudzio, Das politische System der BRD, 7. Auflage, Wiesbaden 2006, S. 506

Aufgaben

1. Stellen Sie dar, auf welcher Rechtsgrundlage der EuGH in der Sache Tanja Kreil entschieden hat (M 7 – M 10).
2. Nehmen Sie persönlich Stellung zur Entscheidung des EuGH.
3. Vergleichen Sie die alte und neue Fassung des Art. 12a GG (M 10). Wie hat der Gesetzgeber auf das Urteil reagiert?
4. Mit dem EuGH hat eine europäische Institution eine Änderung des deutschen Grundgesetzes eingeleitet. Was halten Sie persönlich von dieser Entwicklung?
5. Erläutern Sie, inwiefern man von einer Europäisierung der deutschen Verfassungsgerichtsbarkeit sprechen kann (M 11).

Wissen kompakt

Stellung des Bundesverfassungsgerichts
M 4

Dem **Bundesverfassungsgericht** ist vom Grundgesetz die **Aufgabe** übertragen worden, das Handeln aller anderen Staatsorgane daraufhin zu überprüfen, ob es mit der Verfassung zu vereinbaren ist. Als **oberstes Gericht** der Bundesrepublik Deutschland mit Sitz in Karlsruhe garantiert es somit die Verfassungsmäßigkeit staatlichen Handelns. Die Amtsperiode der Verfassungsrichter umfasst zwölf Jahre, eine Wiederwahl ist nicht möglich. Die insgesamt sechzehn Richter des Bundesverfassungsgerichts werden je zur Hälfte vom Wahlausschuss des Deutschen Bundestages und vom Bundesrat gewählt. Sie dürfen nicht gleichzeitig einer Regierung oder einer gesetzgebenden Körperschaft (Parlament) angehören. Wie jedes Gericht wird das Bundesverfassungsgericht nur tätig, wenn es von einem Kläger angerufen wird.

Aufgaben
M 5

Das **Bundesverfassungsgericht entscheidet** über:

- Streitigkeiten zwischen verschiedenen Organen des Bundes, zwischen Länderinstitutionen und Streitigkeiten zwischen Bund und Ländern
- Verfassungsbeschwerden: Einzelne Bürger können nach Ausschöpfung des Rechtsweges Beschwerde beim Bundesverfassungsgericht einreichen, wenn sie der Ansicht sind, dass die öffentliche Gewalt (durch ein Gesetz, eine Verwaltungsentscheidung oder ein Gerichtsurteil) eines ihrer Grundrechte verletzt.
- Abstrakte Normenkontrolle: Auf Antrag der Bundesregierung, einer Landesregierung oder mindestens einem Drittel der Bundestagsabgeordneten entscheidet das Gericht, ob ein Gesetz mit dem Grundgesetz vereinbar ist. Es entscheidet „abstrakt", d.h. bevor das Gesetz an einem „konkreten" Fall angewandt wurde.
- Konkrete Normenkontrolle: Auf Antrag eines Gerichts muss ein bestehendes Gesetz, das in einem „konkreten" Fall angewandt wird, auf seine Verfassungsmäßigkeit überprüft werden.
- Parteiverbote: Auf Antrag der Bundesregierung, des Bundesrates oder des Bundestages kann das Gericht eine Partei verbieten, die gegen die freiheitlich-demokratische Grundordnung verstößt.

„Verrechtlichung der Politik"?

Durch seine Rechtsprechung konkretisiert das Bundesverfassungsgericht die Normen des Grundgesetzes und entwickelt sie weiter. Doch ist umstritten, wenn die Richter des Bundesverfassungsgerichts in ihrer Urteilsbegründung dem Gesetzgeber detaillierte Vorschriften machen, wie eine verfassungsgemäßige Lösung aussehen müsste. Das Bundesverfassungsgericht wird dann als „Ersatzgesetzgeber" kritisiert. Zudem besteht die Gefahr, dass die politische Opposition mit dem Gang nach Karlsruhe versuchen kann, Gesetze zu stoppen, die sie im parlamentarischen Entscheidungsprozess nicht verhindern konnten (Justizialisierung der Politik).

Europäisierung der Rechtsprechung

M 9 – M 11

Das Bundesverfassungsgericht steht unter dem Vorrang einer europäischen Institution, dem **Europäischen Gerichtshof** (EuGH). Nach den EU-Verträgen bricht europäisches Recht jedes nationale Recht. Der EuGH kann von einem Mitgliedstaat, einem Organ der Europäischen Union sowie von unmittelbar betroffenen Bürgern oder Unternehmen angerufen werden. So entschied der EuGH, dass angesichts der Gleichstellungsrichtlinie der EU das Verbot eines Militärdienstes für Frauen mit der Waffe nicht zu halten ist. Daraufhin wurde Artikel 12a des Grundgesetzes geändert. Mit der zunehmenden Europäisierung des deutschen Rechts verliert das Bundesverfassungsgericht damit sein exklusives Recht der Prüfung und Kontrolle und ist deshalb nur noch als Teil einer verfassungsgerichtlichen Gesamtarchitektur in Europa anzusehen.

9 Demokratie der Zukunft – Zukunft der Demokratie

Mester/CCC, www.c5.net

Lange Zeit konnte die Demokratie in Deutschland auf eine überwältigende Zustimmung der Bevölkerung bauen, verbanden doch die meisten diese Herrschaftsform mit persönlicher Freiheit und wirtschaftlichem Wohlergehen.

Viele Meinungsumfragen der jüngsten Zeit konstatieren jedoch ein schwindendes Vertrauen in die Problemlösungsfähigkeit der demokratischen Institutionen in Deutschland. Die Wahlbeteiligung sinkt von Wahl zu Wahl und intermediäre Organisationen wie Parteien und Interessenverbände leiden unter einem nachhaltigen Mitgliederschwund.

„Das Vertrauen in die politische Klasse ist heute geringer als in der zweiten Hälfte des 20. Jahrhunderts", stellte Alt-Kanzler Helmut Schmidt in einem Zeitungsartikel fest.

Und die Rechnung „Freiheit gleich Wohlstand" geht längst nicht mehr für alle auf. Gleichzeitig zeigen Staaten wie China, dass auch pragmatisch-autoritär geführte Länder wirtschaftlich sehr erfolgreich sein können.

In Deutschland wird die Demokratie als Staats- und Herrschaftsform von den wenigsten in Frage gestellt. Die Kritik richtet sich meist auf die konkrete Ausprägung des politischen Systems in der Bundesrepublik Deutschland. Doch welche Reformen sind notwendig, um Wahlabstinenz, Parteienverdrossenheit und die generelle Unzufriedenheit mit den Leistungen des politischen Systems zu überwinden?

Das Kapitel zeigt grundlegende Probleme auf und gibt Denkanstöße für mögliche Ansätze zu einer Erneuerung der Demokratie in Deutschland. Dabei wird auch der Frage nachgegangen, ob Demokratien überhaupt angemessen mit Zukunftsproblemen umgehen können.

M 1 Einstellungen zur Demokratie

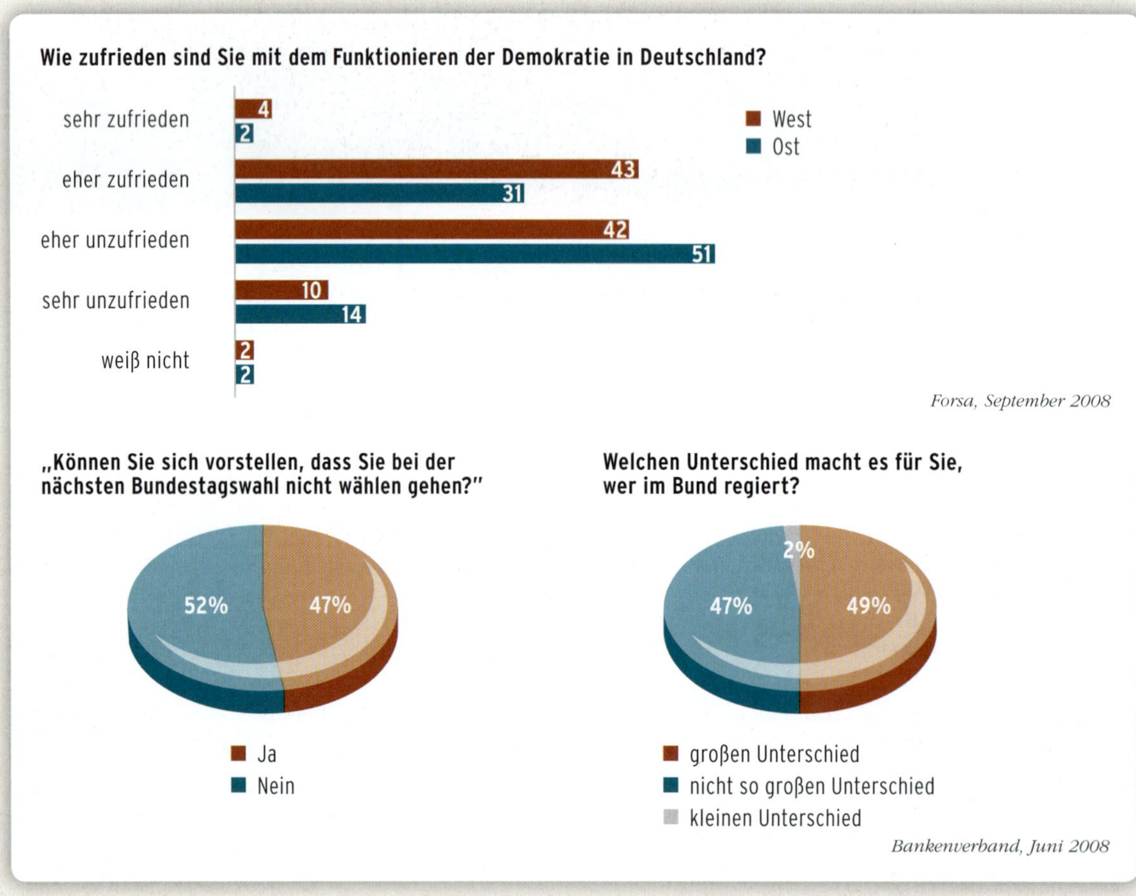

M 2 Packen, wo es weh tut – das politische System benötigt Reformen

Die Demokratie in Deutschland ist in der Krise: Die Volksparteien schrumpfen, die Bildung stabiler Regierungen wird schwieriger, die Bürger verlieren das Vertrauen in die Politik. […] Die Zeit ist reif für grundlegende Reformen. Die Bürger müssen wieder das Gefühl bekommen, dass Politik wichtig ist. Sie müssen die Erfahrung machen, dass es sich lohnt, an der Demokratie mitzuwirken.

Eine Reform sollte sich an einigen zentralen Fragen orientieren:

- Was muss passieren, damit die Wähler wieder klar erkennen können, wer für politische Entscheidungen verantwortlich ist?
- Unter welchen Bedingungen muss eine Regierung gebildet werden, die wirklich handlungsfähig ist?
- Wie lässt sich die Distanz zwischen Gesellschaft und Politik verringern?
- Wo bekommt man Politiker her, die den Mut haben, zu ihren Überzeugungen zu stehen?

Die politische Kultur lässt sich nicht allein durch neue Gesetze verbessern. Aber gegen die Strukturen lässt sich nur schwer bessere Politik machen. Einige Vorschläge für eine bessere Demokratie.

Das Wahlrecht

[…] Es gibt Staaten, in denen sorgt das Wahlrecht für größere Klarheit, in Großbritannien zum Beispiel. Dort gibt es bei der Unterhauswahl das Mehrheitswahlrecht – wer die Mehrheit der Stimmen im Wahlkreis erringt, hat gewonnen. Die übrigen Stimmen verfallen. […] Das Mehrheitswahlrecht zwingt zur politischen Entscheidung, es ist ein System der Alternative, es fördert eine Konzentration der politischen Kräfte. Das tut der Demokratie gut.

Im Mehrheitswahlsystem kann der Sieger umsetzen, was er vorher versprochen hat. Er muss die Verantwortung dafür übernehmen, wenn er es nicht tut. [...] Das ist wichtig in einer Demokratie.

Im Mehrheitswahlrecht ist die Stellung des einzelnen Abgeordneten stark. Auch das spricht für dieses Wahlsystem. Die Parteiführung kann unbotmäßige Abgeordnete nicht bestrafen, indem sie ihnen einen guten Listenplatz verweigert. Abgeordnete, die direkt gewählt werden, haben in der Regel einen engeren Kontakt zu ihren Wählern als Kollegen, die auf der Liste abgesichert sind. Sie sind weniger empfänglich für Druck aus den Parteizentralen.

Für das relative Mehrheitswahlrecht der Briten spricht ein weiterer Punkt, den der konservative Politikwissenschaftler Dolf Sternberger schon vor mehr als 40 Jahren hervorgehoben hat. Es ist einfach zu verstehen und zu handhaben: „In jedem Wahlkreis gilt derjenige Kandidat als gewählt, der die meisten Stimmen erhalten hat. Punkt“, schrieb Sternberger.

Das deutsche Wahlsystem versteht vermutlich nur eine Minderheit. Wofür Erst- und Zweitstimme gut sind, muss den Bürgern vor jeder Wahl neu erläutert werden. Dass es Überhangmandate gibt, die das Ergebnis einer Wahl deutlich verschieben können, wissen nur wenige. Wie sie zustande kommen, müssen selbst Fachleute nachschlagen. Ob der Wähler seinen Willen in einem solchen System wirklich ausdrücken kann, ist fraglich. [...]

All das spricht dafür, das Mehrheitswahlrecht in Deutschland einzuführen. Das garantiert keine bessere Politik. Es sorgte aber für klare Verhältnisse und Verantwortungen. Und das ist nicht wenig.

Der Föderalismus

[...] Der Bundesrat ist das Verfassungsorgan, in dem – bei entsprechenden Mehrheitsverhältnissen – der Verlierer der Bundestagswahl gegen die Bundesregierung Politik machen kann.

Die seit Herbst 2006 geltende Föderalismusreform hat daran nur wenig geändert. Die Zahl der zustimmungspflichtigen Gesetze ist deutlich zurückgegangen. All die Vorhaben, mit deren Hilfe der Bundesrat seinen Ruf in den vergangenen Jahren so gründlich ruiniert hat, wären weiterhin zustimmungspflichtig, von der Steuerreform bis zum Zuwanderungsgesetz.

Die Ministerpräsidenten lieben den Bundesrat. Er gibt ihnen die Möglichkeit, sich bundespolitisch zu profilieren. Sie spielen dann gern Theater, wie der saarländische Ministerpräsident Peter Müller 2002 offen zugab. Das erhöht den Bekanntheitsgrad. [...]

Man kann den Föderalismus in Deutschland nicht abschaffen. Er ist im Grundgesetz verankert. Er wird durch die so genannte Ewigkeitsgarantie gesichert. Selbst wenn alle Politiker sich einig wären, dürften sie keinen Zentralstaat aufbauen.

Es gibt weniger radikale Wege, um den deutschen Föderalismus zu verbessern. Mit zwei einfachen Reformen könnte man die Blockademöglichkeiten des Bundesrats deutlich verringern und den Wettbewerb unter den Ländern stärken. Damit wären die beiden Grundübel des Systems beseitigt.

Der Bundesrat muss nicht zwangsläufig zum Instrument parteipolitischer Interessen werden. Es gibt eine Verfassungsvorschrift, die das begünstigt. Es ist nur ein einzelner Satz, der geändert werden müsste. „Der Bundesrat fasst seine Beschlüsse mit mindestens der Mehrheit seiner Stimmen“, heißt es in Artikel 52. Für eine Zustimmung ist also immer die absolute Stimmenmehrheit nötig. Eine Enthaltung wird wie eine Neinstimme gewertet. Das ist eine unsinnige Regelung

Es bedeutet, dass der Bundesrat einem vom Bundestag beschlossenen Gesetz in bestimmten Fällen auch dann nicht zustimmt, wenn mehr Länder für das Gesetz sind als dagegen. Wenn einige Länder sich enthalten, stimmen sie faktisch gegen das Gesetz. Viel sinnvoller wäre es, wenn künftig im Bundesrat die einfache Mehrheit reichte. [...] Wer sich nicht entscheiden will, entscheidet nicht mit. [...]

Die Bürger

Wer als Tourist in den ersten Märzwochen des Jahres 2008 nach Berlin kam, konnte glauben, 40 Jahre nach 1968 lebe die Vergangenheit wieder auf. „Alle Macht geht vom Volke aus“, schrie es von unzähligen Plakaten. Der Geist der Revolution schien durch die Stadt zu wehen. Es ging aber nicht um die Revolution, sondern nur um die Frage, ob der Flughafen Tempelhof geschlossen werden soll. Darüber sollten die Bürger in einem Volksentscheid abstimmen. Das stand auch auf den Plakaten, aber eher versteckt. Die unterschwellige Botschaft hieß: Es geht darum, dass sich das Volk die Macht zurückerobert. [...] Die wichtigste Frage lautet: Ist direkte Demokratie wirklich demokratischer? [...]

Es gibt bessere Möglichkeiten, die Bürger am politischen Prozess zu beteiligen. Womit man wieder bei Hans-Jürgen Papier wäre. Der Präsident des Verfassungsgerichts plädiert für ein Gesetzesinitiativrecht, wie es der Vertrag von Lissabon auf EU-Ebene vorsieht.

Nicht mehr nur Bundestag, Bundesrat und Bundesregierung hätten dann das Recht, ein Gesetzgebungsverfahren anzustoßen. Es könnte auch von den Bürgern initiiert werden.

Das hätte Vorteile gegenüber einer Volksbefragung. Wichtige politische Fragen brauchten nicht auf Ja-Nein-Alternativen verkürzt zu werden. Der Bundestag bliebe das Gremium, das Gesetze beschließt. Per Volksinitiative eingebrachte Gesetze würden das normale Verfahren durchlaufen. Sie könnten vom Parlament akzeptiert, verändert oder abgelehnt werden. „Meine Hoffnung ist, dass die Bürger sich wieder stärker im parlamentarischen System politisch engagieren“, sagt Papier.

Man kann den Bürgern auch mehr Einfluss bei der Auswahl des politischen Personals geben. Falls sich das Mehrheitswahlrecht nicht durchsetzen lässt, sollte man den Wählern ermöglichen, die Reihenfolge der Kandidaten auf den Listen zu ändern. Auf Länderebene gibt es das bereits. [...]

Die Politiker

Der gemeine Abgeordnete ist in den vergangenen Jahrzehnten auf der gesellschaftlichen Beliebtheitsskala dramatisch abgerutscht. Nur sechs Prozent der Bevölkerung haben laut einer Allensbach-Umfrage eine besondere Achtung für Berufspolitiker. Selbst Journalisten schneiden besser ab. Die Berufspolitiker, sagt der Politologe Wilhelm Hennis, verstünden von nichts etwas, „außer davon, wie man im Ortsverein seine Mehrheit organisiert“.

Das ist natürlich etwas ungerecht. Es gehört zum demokratischen Prozess, Mehrheiten zu organisieren. Es gibt ein paar Änderungen, die würden es den Politikern leichtmachen, ihr Ansehen zu verbessern.

Zunächst: Es müsste weniger von ihnen geben. Es wäre sinnvoll, den Bundestag zu verkleinern. 612 Abgeordnete hatte er in der 15. Wahlperiode. Die Hälfte reichte völlig. Entscheidungen werden nicht besser, wenn möglichst viele mitreden können.

Zudem sollte man dem Bundestag die Möglichkeit geben, sich selbst aufzulösen. Kein Kanzler müsste mehr wie Gerhard Schröder die eigenen Leute bitten, ihm das Vertrauen auszusprechen, indem sie ihm das Misstrauen aussprechen. Kein Präsident müsste diese Komödie mehr mitspielen, um die politische Klasse nicht völlig der Lächerlichkeit preiszugeben. [...]

Symbol für einen ausufernden Föderalismus? Die repräsentativen Landesvertretungen von Niedersachsen/Schleswig-Holstein, Rheinland-Pfalz und Saarland in Berlin (v.l.).

Die Qualität der Abgeordneten könnte gesteigert werden, wenn sich das Auswahlverfahren ändert. So unterschiedliche Charaktere wie der SPD-Gesundheitspolitiker Karl Lauterbach und der Unions-Fraktionsgeschäftsführer Norbert Röttgen plädieren dafür, die Bundestagskandidaten direkt von den Parteimitgliedern wählen zu lassen, nicht mehr von Funktionären. „Die üblichen Absprachen würden nicht mehr funktionieren“, sagt Lauterbach. „Wer die Leute begeistert, könnte sich leichter durchsetzen.“ [...]

Eine Reform könnte stärker als alle anderen dazu beitragen, die Politik wieder zu einem echten Wettstreit um die besseren Ideen zu machen: Die Amtszeit des Bundeskanzlers sollte auf zwei Wahlperioden begrenzt werden.

Man stelle sich vor, Angela Merkel würde wiedergewählt. Sie wüsste, dass die kommenden vier Jahre über ihr Bild in der Geschichte entscheiden. Sie brauchte nicht mehr auf die Wähler im Jahr 2013 zu gucken. Sie hätte die innere Freiheit, für das zu kämpfen, was sie für richtig hält. Das wäre eine echte politische Revolution.

Würden diese Vorschläge umgesetzt, dann bestünde die Chance, dass Politik künftig offener, klarer und für die Bürger interessanter wird. Ob sie besser würde, ist schwer vorherzusagen. Kein demokratisches System garantiert gute Politik. Aber man kann zumindest versuchen, die Bedingungen dafür zu schaffen.

Ralf Neukirch, Der Spiegel, 16.6.2008, S. 88

Die Demokratie in der Globalisierungsfalle

M3

„Demokratie gerät nicht nur international, sondern auch national immer mehr in die „Globalisierungsfalle". Durch die Prozesse der Globalisierung wird die Distanz zwischen der Repräsentation der Regierten und den Regierenden systematisch größer. Was aber sind die Ursachen für dieses Dilemma? Und wo liegen Optionen zu dessen Überwindung? Anders als allzu oft angenommen, haben die wachsenden nationalen und internationalen Demokratiedefizite ihren Ausgangspunkt nicht nur im internationalen System selbst. Ausschließlich von einem Souveränitäts- und Autonomieverlust der Nationalstaaten oder Entstaatlichung der Politik aufgrund von Globalisierungsprozessen zu sprechen, greift zu kurz. Tatsächlich wurden und werden internationale Institutionen wie die Europäische Union oder der UN-Sicherheitsrat, die Welthandelsorganisation (WTO) oder der Internationale Währungsfonds (IWF) erst auf dem Weg der bewussten Übertragung von Kompetenzen durch nationale Regierungen zu wichtigen Entscheidungsforen – wo dann Beschlüsse gefasst werden, denen anschließend nationale Parlamente und Regierungen Folge leisten müssen. Dies verstärkt die Machtasymmetrie verschiedener innerstaatlicher Akteure, insbesondere zwischen Exekutive und Legislative, zu Lasten der Parlamente und verletzt damit das demokratische Prinzip der Gewaltenteilung [...]. Wenn gleichzeitig die Relevanz der Entscheidungen internationaler Institutionen zunimmt, besteht ein gravierendes Demokratiedefizit darin, dass die von diesen Entscheidungen letztlich Betroffenen keine hinreichenden Partizipations- und Kontrollmöglichkeiten haben.

Allerdings gibt es bisher nur in Ansätzen Überlegungen, wie dieser offensichtlichen Misere der Demokratie im Zeitalter der Globalisierung durch neue Formen des Regierens (Governance) begegnet werden kann. Die westlichen Demokratiestrukturen mit Wahlen, Wählerschaft, Parteikonkurrenz, parlamentarischem System und gewählten Regierungen lassen sich offensichtlich nicht ohne weiteres auf die Ebene jenseits des Staates übertragen. Und auch transnational vernetzte Nichtregierungsorganisationen (NGOs) können, trotz ihrer Funktion als „Globalisierungswächter", diese Demokratiedefizite nicht alleine beseitigen.

In der Praxis wird im Rahmen der Vereinten Nationen noch am intensivsten überlegt, durch welche Partizipationsformen und -akteure die UN-Strukturen demokratisiert werden könnten. Andere Instanzen der Weltpolitik wie die WTO und der IWF zeigen sich gegenüber einer demokratischen Öffnung für andere Akteure als die Nationalstaaten zurückhaltend. [...]

Die bestehenden parlamentarischen Systeme wie die Parlamentarierinnen und Parlamentarier sind [...] kaum mehr dazu in der Lage, die Partizipationslücke zu schließen. Weder ihre Kontroll- noch ihre Kommunikationsfunktion üben sie aktuell in ausreichendem Maße aus. Am Agenda-Setting sind die Parlamente kaum noch beteiligt. [...]

Nicht nur der Nationalstaat wird [...] geschwächt, sondern das demokratische System: [...] erstens durch den relativen Machtverlust der Legislative gegenüber der Exekutive, zweitens durch die Überantwortung zentraler Entscheidungsmacht an inter- und supranationale Instanzen und drittens schließlich durch die forcierte Deregulierungspolitik dieser Institutionen, die wohlfahrtsstaatliche Steuerungsmöglichkeiten weiter begrenzen.

Während schon im Nationalstaat viele Widrigkeiten und Gefährdungen ungelöst sind, wie etwa die zunehmende Wahlabstinenz, verschärfen sich die Probleme im Zuge der Globalisierung weiter. [...]

In der öffentlichen Wahrnehmung sind es am ehesten noch die NGOs und andere gesellschaftliche Kräfte, wie Forschungseinrichtungen, Gewerkschaften oder auch Kirchen, die Kontrollfunktionen ausüben und auf das internationale Agenda-Setting einzuwirken versuchen.

Achim Brunnengräber / Marianne Beisheim, Die parlamentarische Demokratie in der Globalisierungsfalle (Auszug), in: Blätter für deutsche und internationale Politik, Heft 12 (2006), S. 1499 ff.

M4 Die Bürgergesellschaft – Plädoyer für eine Reform der Demokratie

Wenn man bedenkt, dass weniger als vier Prozent unserer Wahlbevölkerung Mitglieder von politischen Parteien und von diesen bestenfalls ein Viertel innerparteilich aktiv sind, dann sind das schon beunruhigend wenig Bürger. Und was ist das für eine repräsentative Demokratie, die nur von einer hauchdünnen Parteienoligarchie bestimmt wird? Etwa sechsmal so viele Bürger engagieren sich außerhalb der Parteien. Das wären dann immerhin über zwanzig Prozent aller Bürger. Dennoch, die Diskrepanz zwischen aktiven und – aus welchen Gründen auch immer – passiven Bürgern ist eklatant und für die Legitimation eines von Bürgern getragenen demokratischen Gemeinwesens keinesfalls befriedigend.

Wie aber ließe sich das politische Fundament des Gemeinwesens festigen?

Es gibt vielfältige Ansätze, der Verdrossenheits- und Zuschauerdemokratie, der oligarchischen Nur-Parteien-Demokratie entgegenzuwirken. Drei seien hier genannt. Erstens: Die Bürgergesellschaft. Obzwar ihr Wirken im etablierten Staats- und Parteiengefüge nicht immer geliebt, gelegentlich gefürchtet, nur selten dankbar anerkannt wird, ist sie sichtlich im Kommen und trägt in vielen Bereichen bereits zur Vitalisierung unserer Demokratie bei. Bürger gründen Initiativen mit sozialen, ökologischen, kommunalen, kulturellen Zielen, ohne darum gebeten zu werden – „Nichtregierungsorganisationen" im eigenen Land, jenseits von Parteien, Verbänden und Gewerkschaften.

Freilich hat diese sich ausbreitende und vernetzende Bürgergesellschaft im Gefüge unserer Verfassungswirklichkeit neben den Parteien und Institutionen noch keinen definierten Standort gefunden. Doch mit ihr kann unsere Verfassung als Alltagsdemokratie wieder lebendig werden – lebendiger als mit noch so gut gemeinter Staatsbürgerkunde oder mit Festtagsverkündigungen von oben.

Diese demokratische Bürgergesellschaft birgt ein enormes Reformpotential.

Ehrenamtliches Bürgerengagement ist nämlich durch und durch konstruktiv. Es verharrt, auf welchem Felde, in welcher Lücke oder Nische auch immer es stattfindet, nicht im Protest, es ist eine Quelle sachkundiger Innovationen, das Talente für Organisation, Konzeption und Aktion weckt. Es vermag an sozialen Brennpunkten erste und neuartige Hilfe zu leisten, lässt Solidarität in neuen Formen für alle Beteiligten erfahrbar werden. Die wichtigste Wirkung ist aber diese: gemeinsames Engagement schafft Zusammenhalt, und Zusammenhalt begründet demokratische Identität. [...]

Zweitens: Es wächst die Einsicht, dass Bürgerengagement der finanziellen Unterstützung – des seed-moneys, wie es die Amerikaner nennen – durch gemeinnützige Stiftungen und Stifter bedarf. Die einen stiften freie Zeit, also soziales Kapital, die anderen wiederum stiften Geld. Gemeinnützige Stiftungen sind es, die – eine geeignete Steuergesetzgebung vorausgesetzt – auf neue Herausforderungen flexibel, undogmatisch und unbürokratisch reagieren und vom Staat vernachlässigte oder gar nicht erst geleistete Aufgaben zumindest anfinanzieren können. Sie sind es, die weitere wohlhabende Mitbürger zum Stiften anstiften und ihnen die Genugtuung verschaffen können, Nützliches zu bewirken.

Drittens: Es entsteht so etwas wie eine gemeinsame politische Tendenz des bürgergesellschaftlichen Engagements, auch wenn sie noch nicht klar und deutlich zutage tritt. Sicher ist jedenfalls, dass die meisten Gruppen ihre sozialen oder politischen Projekte heute keinesfalls mehr nur als Reparaturwerkstätten für staatliche Versäumnisse verstehen, sondern als Antriebskräfte für und Teilhaber von demokratischer Erneuerung.

Unter ihnen fordert eine wachsende Zahl mehr partizipatorische Rechte wie die Stärkung des Petitionsrechtes, Volksinitiativen, Volksbegehren und Volksentscheide. Andere plädieren für die Einrichtung von institutionalisierten runden Tischen mit Verwaltungen, Parlamentariern und gewählten Abgesandten aus Bürgerinitiativen und Organisationen.

Gemeinsam ist allen die Überzeugung, dass die Überwindung des Formtiefs nicht nur unserer, sondern fast aller westlichen Demokratien, keineswegs von politischen Parteien, Parlamenten, Regierungen und Verwaltungen allein geleistet werden kann. Nein, nicht nur die Institutionen sind gefordert, sondern vor allem Bürgerinnen und Bürger, die mit Rat und Tat für unsere demokratische Ordnung – nun eben: bürgen wollen.

Hildegard Hamm-Brücher, Die Zeit, 24.9.1998

Ist die Demokratie zukunftsfähig?

M 5

Rhetorisch eindrucksvoller wäre jene eindeutig positive oder aber negative Bilanz, die die Demokratie für uneingeschränkt zukunftsfähig oder im Gegenteil für rundum zukunftsunfähig erklärt. Wer die bisherigen Argumente Revue passieren lässt, muss sich dieser Vereinfachung versagen. Weder verdient die Demokratie das pure Lob für eine bewundernswert hohe Zukunftsfähigkeit, noch ist bloße Schelte angebracht. Die erste, vermutlich sogar am schwersten zu überwindende Barriere für die Zukunftsfähigkeit ist nicht demokratiespezifisch: Die starke Diskontierung der Zukunft hat anthroplogische und ontologische Gründe, trifft daher alle Gemeinwesen. Auch Nicht-Demokratien scheuen sich, um der Zukunft willen die Gegenwart zu belasten. [...] Gegenwartsbezogen, nicht selten sogar gegenwartsfixiert sind Demokratien wegen des zweifach begrenzten Zeithorizonts. In der Tagespolitik ist man abhängig von Meinungsumfragen, innen- und außenpolitischen Kompromissen und der ständig „vor der Tür“ stehenden nächsten Wahl. Zusätzlich verlaufen politische Karrieren relativ kurz: Gewählte Politiker stehen selten länger als zwei oder drei Amtsperioden im ersten Glied. Begrenzt ist auch der Zeithorizont sowohl der Wähler als auch der Medien. Ferner erweisen sich Zukunftsinteressen als schwerer organisierbar denn Gegenwartsinteressen. Ein Rentnerbund lässt sich leichter und schlagkräftiger aufbauen als eine Gesellschaft zur langfristigen Sicherung der Rentensysteme. Indes tauchen hier Gegenkräfte auf: Um die „operative Kurzsichtigkeit“ zu überspielen, werden bestimmte Verantwortungen an unabhängige Organisationen und Institute delegiert. Auch beruft man wissenschaftliche Beratungsgremien, gibt es eine politisch selbstbewusste Öffentlichkeit, und die zur Bürgergesellschaft offene Demokratie lässt dem Engagement der Bürger freien Raum. Vor allem ihm ist zu verdanken, dass die Sensibilität für Umweltschutz und Generationengerechtigkeit in vielen Demokratien stark gewachsen ist, sichtbar an der Konjunktur der Ausdrücke „Nachhaltigkeit“ und „Klimaschutz“.

Außerdem darf man nicht in den Fehler [...] verfallen und Zukunftsleistungen, die uns selbstverständlich geworden sind, für gering erachten: Trotz der Bedrohung durch das organisierte Verbrechen sichern die hoch entwickelten Demokratien von Europa und von Nordamerika die beiden wichtigsten Zukunftsgüter ziemlich erfolgreich: den Rechtsfrieden im Inneren und den äußeren Frieden zumindest mit den Nachbarn. Trotz gelegentlicher Streiks und anderer Proteste ist auch der soziale Friede dieser Länder kaum gefährdet. Selbst die neuartigen Schwierigkeiten, der Terrorismus und Integrationsschwächen bei vielen Zuwanderern, gefährden in den europäischen Demokratien weder den inneren Frieden noch die Rechtssicherheit in einem kollektiv gesehen bedrohlichen Ausmaß. Vier weitere Zukunftsgüter sind ebenfalls, zumindest in den europäischen Demokratien, in erheblichem Maß gesichert: ein zufriedenstellendes Existenzminimum, für viele sogar ein gutes finanzielles Auskommen; zahlreiche Bildungsangebote; eine weithin zuverlässige materielle Infrastruktur (vom Wasser über Strom und Telekommunikation bis zu Verkehrswegen); und, von manchem Ausland beneidet, gibt es eine ziemlich gute medizinische Versorgung. Derartige Zukunftsgüter sind den Bürgern allerdings so selbstverständlich geworden, dass sie deren überragenden Wert nicht immer hinreichend schätzen; weithin gesichert sind die Güter gleichwohl. [...]

Infolgedessen darf man diese vorsichtig positive Bilanz ziehen: Über eine stupende Zukunftsfähigkeit verfügen Demokratien nicht. Sie besitzen aber Ressourcen, mit denen Nicht-Demokratien teils gar nicht, teils schwerlich mithalten können: eine engagierte Bürgerschaft, ein hohes Bildungs- und Ausbildungsniveau, soziale und kulturelle Funda-

Überalterung der Gesellschaft, Klimawandel, unzureichende Investitionen in das Bildungssystem, ... viele Zukunftsprobleme sind bekannt, doch entsteht der Eindruck, Politiker seien nicht fähig oder willens, die Probleme zu lösen.

mente und nicht zuletzt eine politische Ordnung, die auf neue Herausforderungen, zuletzt das Finanzdebakel, flexibel zu reagieren vermag. Auf diese Weise haben im globalen Wettbewerb der politischen Systeme die Demokratien einen facettenreichen Wettbewerbsvorsprung: Die aufgeklärt liberale, darüber hinaus Partizipationsdemokratie erfreut sich eines Legitimitäts-, eines Wissens- und eines Wirtschaftsvorsprungs sowie zusätzlich eines selbstkritischen Lernvorsprungs, der die fraglos noch bestehenden Defizite an Zukunftsfähigkeit inskünftig noch stärker ausgleichen könnte.

Otfried Höffe, Ist die Demokratie zukunftsfähig? Über moderne Politik, Bonn 2009, S. 309 ff.

Aufgaben

1. Der Autor in M 2 macht Vorschläge zur Reform des politischen Systems in Deutschland. Arbeiten Sie die Ansätze für Reformen heraus, und beurteilen Sie die Wirksamkeit der vorgeschlagenen Maßnahmen.
2. Erläutern Sie, inwiefern die Globalisierung in die Demokratisierungsfalle führt. Machen Sie gegebenenfalls Vorschläge, wie internationale Institutionen demokratisiert werden könnten (M 3).
3. Hildegard Hamm-Brücher fordert in M 4 ein stärkeres Engagement der Bürger für das Gemeinwesen. Stellen Sie Beispiele für aus Ihrer Sicht vorbildliches Bürgerengagement in Ihrer Gemeinde vor.
4. Ist die Demokratie zukunftsfähig? Verfassen sie einen Essay zu dieser Frage (M 5).

REGISTER